WHY LIBERALISM FAILED 왜
자유주의의 본질적인 모순에 대한 분석
자유주의는 실패했는가

WHY LIBERALISM FAILED 왜

자유주의의 본질적인 모순에 대한 분석

자유주의는 실패했는가

패트릭 J. 드닌 지음 | 이재만 옮김

책과함께

중세 기독교의 통치 원칙과 일상생활 사이의 간극은 중세의 커다란 함정이다. 그리고 에드워드 기번의 역사를 관통하는 문제이기도 하다. 기번은 인간의 자연스러운 기능에 반하는 기독교 이상의 위선을 찾아낼 때마다 미묘하게 악의적인 가벼운 어조로 따끔하게 꼬집었다. (…)

기사도, 즉 중세 지배층의 이념 때문에 생긴 이상과 실천 사이의 간극도 종교로 인해 생긴 간극 못지않게 컸다. 기사도에서 그리는 이상은 전사 계급에 의해 유지되고, 자연의 완벽한 형태인 원탁의 이미지대로 형성되는 질서였다. 아서 왕의 기사들은 용과 마법사, 사악한 자들에 맞서 올바른 자들을 위해 모험을 떠나 험난한 세상에서 질서를 세웠다. 따라서 그들에 대응하는 현실 속 기사들은 이론상 신앙의 수호자, 정의의 옹호자, 피억압자를 위해 싸우는 투사여야 했다. 그러나 실제로는 그들 자신이 억압자였으며, 14세기까지 칼을 든 자들의 폭력과 무법 행태는 무질서의 주요 원인이 되었다. 이상과 현실 사이의 간극이 너무 커질 때, 체제는 무너진다. 전설과 이야기에는 늘 이 이치가 반영되었다. 아서 왕 이야기에서 원탁은 내부의 분란으로 파괴된다. 명검은 호수로 돌아가고, 인간은 다시 노력하기 시작한다. 인간은 폭력적이고 탐욕스러운 데다 곧잘 오류에 빠질지 몰라도, 질서의 이상을 간직한 채 다시 찾아나선다.

— 바버라 터크먼, 《먼 거울: 비참한 14세기 A Distant Mirror: The Calamitous 14th Century》

일러두기

- 이 책은 PATRICK J. DENEEN의 WHY LIBERLISM FALIED(Yale University Press, 2018)를 완역한 책이다.
- 인·지명 등 고유명사의 표기는 국립국어원 외래어표기법을 따랐다.
- 옮긴이가 한국어판을 읽는 독자의 이해를 돕고자 덧붙인 해설은 괄호에 '옮긴이'를 표기하여 구분했다. 그 외 모든 텍스트는 지은이가 쓴 것이다.

예일대학 출판부에서 펴내는 《정치와 문화Politics and Culture》 시리
즈는 일찍이 미국과 서구가 채택했고, 세계 각지에서 점점 더 많은
나라들이 채택하고 있는 자치, 이들 국가의 특징이자 위업인 자치
가 오늘날 병들고 있다는 전제로부터 시작한다. 이 병을 감지한 사
람들은 그것이 무슨 병인지를 놓고 의견을 모으지 못하고, 더욱이
이 병을 어떻게 치료할지를 두고서는 더 큰 이견을 보이고 있다.
그리고 시간이 갈수록 커지기만 하는 의견 차이 자체가 실은 이 병
의 일부다. 21세기 들어 자유민주주의, 즉 다수결 원칙과 개인의
권리를 결합한 체제는 정당성 위기를 맞았다. 지난 수십 년 동안
국가 체제였고, 또 국제 질서의 원칙이던 자유민주주의는 점점 더
결집해 목소리를 높이는 사람들에게 약속을 이행하지 못했다.

　이 병의 징후는 쉽게 목격할 수 있다. 예컨대 갈수록 왜곡되는 부
의 분배, 시민단체부터 노동조합, 가족에 이르기까지 전통적인 제

도의 쇠퇴, 권위(정치·종교·과학·언론의 권위)와 시민들 자신에 대한 신뢰 상실, 모두에게 평등한 정의를 실현한다는 진보에 대한 환멸 등이 그런 징후다. 그리고 무엇보다 개방적이고 실험적인 사회를 원하는 사람들과, 다양한 전통 제도와 관습을 보존하려는 사람들 사이의 간극이 점점 더 벌어지는 징후가 있다. 이런 파편화는 지속되는 데 그치지 않고 심화된다. 사람들이 새로운 사회적·정치적 부족들로 갈라짐에 따라 전문가들조차 당혹스러워하는 선거 결과가 나오고 양극화가 더욱 깊어지고 있다. "중심은 버티지 못한다the center cannot hold"라는 W. B. 예이츠의 시구는 한 세기 전 그가 시를 쓸 때만큼이나 지금 우리의 파편화된 사회에 들어맞는다. 오늘날 트럼프 시대에는 중심이 어디에 있는지, 또는 우리가 중심을 다시 발견해 차지할 수 있을지조차 불분명하다.

패트릭 드닌의 《왜 자유주의는 실패했는가》는 《정치와 문화》 시리즈의 두 번째 책으로, 정당성 위기의 근원을 자유주의 자체에서 찾는다. 드닌이 염두에 두는 자유주의는 미국의 대중 담론에서 논하는 좁은 의미의 자유주의, 즉 (보는 시각에 따라) 진보적인 큰 정부 또는 보살피는 정부가 아니다. 그가 말하는 자유주의는 정치철학자들이 익히 아는 더 넓은 개념, 즉 전 세계 자유민주주의 국가들이 토대로 삼고 있는 일군의 원칙이다. 이 책은 오늘날 자유주의에 대한 불만의 여러 갈래들, 학계와 정계, 대중의 담론에서 찾아볼 수 있는 갈래들을 한데 모은다. 그 결과는 계몽주의 철학자 임

마누엘 칸트와 관련이 있는 자유주의의 근본 전제, 즉 개인의 자율성 전제에 대한 과감하고도 폭넓은 비판이다. 우리는 '근본'이라는 표현을 일부러 썼다. 드닌의 급진적인 비판은 자유주의의 개혁이 아닌 은퇴를 주장하기 때문이다. 자유주의의 문제는 악용되었다는 데 있지 않다. 개인의 자율성을 고양한 것이 처음부터 잘못이었고, 지난 수십 년 동안 이 잘못이 점차 분명하게 드러났을 뿐이다.

자유주의를 급진적으로 비판한 학자들은 전에도 있었다. 좌파 쪽에서는 카를 마르크스와 프랑크푸르트학파를 비롯한 그의 후예들이 공격을 퍼부었고, 미셸 푸코 같은 포스트모던 사상가들도 가세했다. 우파 쪽에서는 프리드리히 니체, 카를 슈미트, 가톨릭교회를 위시한 종교단체의 전통주의자들이 공격에 나섰다. 존 밀뱅크와 스탠리 하우어워스도 정확히 뭐라 규정하기 어려운 입장에서 맹공을 가했다. 그런 비판은 불가피하게 다른 학자들과 지식인들의 강한 반발을 불러일으킨다. 급진적인 비판이 목표로 하는 것이 바로 그런 것이다. 다시 말해 지배적인 담론을 교란하고 그 담론의 판에 박힌 이해와 비판 회피에 도전함으로써 현존하는 정치·사회·경제제도와 관습을 더욱 근본적으로 사유하지 않을 수 없게 하는 것이다.

독자들은 이 책이 사유뿐 아니라 정치와 정치질서에 관한 그들의 가장 소중한 전제에도 도전한다는 것을 알아챌 것이다. 드닌의 책은 사회의 병폐를 자유주의의 기본 원칙들과 연관 짓는다는 점뿐

만 아니라 관례적인 좌파-우파 스펙트럼대로 분류하기 어렵다는
점에서도 혼동을 준다. 이 책의 많은 내용은 사회민주주의자를 기
운 나게 하는 한편, 자유시장 옹호자를 화나게 할 것이다. 또한 어
떤 내용은 전통주의자를 고무하는 한편, 사회 혁신주의자를 소외
시킬 것이다. 그럼에도 독자 일부는 드닌의 비판을 좀 더 잘 다루
고 어쩌면 일축하기 위해 이 책을 이런저런 익숙한 범주에 집어넣
고픈 유혹에 빠질 것이다. 독자들은 그런 유혹에 저항해야 한다.
그런 유혹 자체가 우리 시대의 양극화를 나타내는 한 가지 징후이
기 때문이다. 그리고 어쩌면 드닌의 주장이 지금 우리에게 가장 필
요한 이유이기도 할 것이다.

제임스 데이비슨 헌터, 존 M. 오언 4세
《정치와 문화》시리즈 편집자

이 책의 집필을 마친 때는 2016년 미국 대통령 선거를 치르기 3주 전이었다. 책의 주요 주장들은 브렉시트나 트럼프 대통령을 생각할 수도 없었던 지난 10년에 걸쳐 숙성되었다. 나의 기본 가정은 우리가 물려받은 문명화된 질서를 지탱하는 기둥들(가정과 공동체 안에서 종교와 문화를 통해 배우는 규범들)이 자유주의 사회와 국가의 영향 아래 필연적으로 손상되리라는 것이었다. 하지만 나의 예상대로라면 자유주의는 앞으로도 전통적인 문화 규범과 관습을 국가주의적인 미봉책으로 가차 없이 갈아치울 터였다. 다만 그 과정에서 체제의 정당성 위기가 심화됨에 따라 자유주의 지지자들은 점점 더 반항하는 대중에게 자유주의 이데올로기를 강요할 수밖에 없을 것이었다. 요컨대 자유주의는 노골성을 드러낼수록 '우세'를 점하는 동시에 실패할 터였다.

이런 관점에서 나는 지금과 같은 정치적 조건이 대중의 지지를 받기란 궁극적으로 불가능하다고 암시했다. 그리고 억압 수위를 높여가는 자유주의 질서에 맞서 대중이 장차 권위주의적인 **비자유주의**의 형태로, 즉 시민들에게 더 이상 그들의 통제를 받지 않는 것으로 보이는 힘들(정부, 경제, 사회 규범의 해체와 불안정한 생활방식)에 대한 권력을 약속하는 비자유주의의 형태로 대응할 공산이 크다고 시사했다. 자유주의자들은 이런 변화에 직면해 자유주의 체제를 더 엄격하게 시행할 필요가 있다고 생각할 뿐, 이 정당성 위기가 어떻게 자유주의 자체에서 생겨났는지는 알아채지 못할 것이다. 나는 그런 역동적인 변화가 내 생전에 일어나리라 예상한다고 말하지 않았고, 최근 사태를 고려해 조금 다른 책을 쓸 수도 있었다. 그렇지만 애초의 분석이 현 시대의 기본적인 윤곽을 이해하고 또 언론 머리기사에 열중하다가 시야가 지나치게 좁아지는 문제를 피하는 데 여전히 도움이 된다고 믿는다.

오늘날 많은 이들이 강한 지도자, 자유주의의 형태로 관료제화된 정부와 세계화된 경제를 통제하는 힘을 다시 대중에게 돌려줄 지도자를 갈망한다. 이 갈망은 자유주의가 수십 년 동안 자치에 반드시 필요한 문화 규범과 정치 관습을 해체한 이후에 생겨난 것이다. 자유주의에 불만을 품은 사람들, 특히 전진하는 자유주의로부터 받은 혜택이 제일 적은 사람들은 가족, 공동체, 종교 규범과 제도가 붕괴하는 상황에서 기존 규범을 복구하려 나서지 않았다. 복구하자면 누군가 노력하고 희생해야 하는데, 오늘날의 문화에서는 그런 활동의 가치가 떨어지고 있다. 오히려 많은 사람들은 자유주의의 국가주의 권력을 이용해 자유주의 체제의 지배층에 대항하려한다. 그런가 하면 자치 입법과 숙의보다 대규모 시위에 엄청난 에너지를 쏟아붓고 있는데, 여기에는 민주적 통치를 쇄신하려는 마음보다는 정치적 분노와 절망이 더 많이 투영되어 있다. 자유주의는 최악의 악몽을 불러오는 여건과 도구를 만들어내고도 스스로에게 과실이 있음을 깨닫지 못하고 있다.

　이 책의 종결부에서 지금 우리를 옥죄고 있는 상황(근대 들어 자유주의를 시작으로 출현한 혁명적 이데올로기들이 정신을 옭아매는 상황)에서 벗어날 길을 찾도록 도와달라고 정치철학자들에게 요청하기는 했지만, 그 어떤 정치혁명보다도 나은 길은 우리의 비인격화된 정치경제 질서에서 안식처가 될 수 있는 새로운 형태의 공동체를 끈기있게 고무하는 것이다. 체코의 반체제 인사였던 바츨라프 하벨이 〈힘없는 자들의 힘The Power of the Powerless〉에서 썼듯이 "더 나은 체제가 더 나은 삶을 자동으로 보장하지는 않을 것이다. 실은 그 반대가 진실이다. 더 나은 삶을 만들어내야만 더 나은 체제가 발전할 수 있다."[1] 폴리스의 경험(공동 목적의식, 한 세대가 함께 겪는 슬픔과 희망, 기쁨에서 생겨나는 의무감과 고마움, 신뢰와 신의를 두텁게 하려는 노력 등을 공유하는 삶)에 기초하는 정치만이 현 시대의 불신, 불화, 적의, 증오를 대체해나갈 수 있다.

　내 스승이자 친구인 케리 맥윌리엄스는 어느 예리한 에세이의 결론에 이렇게 썼다. "〔우리가 공유하는〕 민주적 삶을 강화하는 일은 눈부신 위업 이상으로 희생과 인내를 요구하는, 어렵고 더 나아가 벅차기까지 한 과제다."[2] 희생과 인내는 국가주의적 개인주의 시대의 특징이 아니다. 그러나 우리가 자유주의 이후의 더 나은 시대로, 지금과 아주 다를 것이 틀림없는 시대로 나아가려면 그런 희생과 인내가 넉넉히 필요할 것이다.

차례

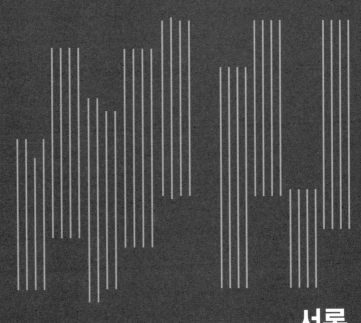

서론
자유주의의 종말

약 500년 전 한 정치철학이 구상되었다. 그리고 얼추 250년이 지나 미합중국이 탄생할 때 현실에 적용되었다. 그 정치철학은 새로운 토대 위에 정치사회를 세울 수 있다는 쪽에 내기를 걸었다. 그 정치철학에 따르면 인간은 권리를 가진 개인으로서, 저마다 나름대로 좋은 삶을 계획하고 추구할 수 있었다. 자유의 기회를 누리기에 가장 좋은 체제는, 국민의 '권리 보호'에 헌신하는 제한된 정부와 개개인에게 진취성과 야망을 추구할 여지를 주는 자유시장 경제를 갖춘 체제였다. 정치적 정당성의 근거는 개인들이 애초에 '사회계약'을 맺어 정치사회를 이루었다는 공통된 믿음에 있었다. 그 계약은 새로 온 사람일지라도 체결할 수 있었고, 유권자에게 응답하는 대표를 뽑는 자유롭고 공정한 선거를 통해 계속해서 비준을 받았다. 상승일로를 달리던 이 질서는 제한받지만 효과적인 정부, 법치, 독립적인 사법부, 응답하는 공무원, 자유롭고 공정한 선거 등의 특징을 가졌으며, 어느 모로 보나 내기에서 엄청난 승리를 거두었다.

오늘날 미국인의 약 70퍼센트는 고국이 그릇된 방향으로 나아가고 있다고 생각하고, 절반은 미국의 전성기가 이미 지났다고 본다. 대다수 미국인은 훗날 자녀들이 지금만큼 풍족하게 살지 못하고 이전 세대들만큼 기회를 잡지 못할 것이라고 생각한다. 정부 기관에 대한 공적 신뢰도는 떨어지고 있으며, 정치 스펙트럼의 전 영역에 걸쳐 나타나는 정치 · 경제 엘리트층에 반발하는 움직임에는 정치에 대한 깊은 냉소가 반영되어 있다. 선거는 한때 자유민주주의에 정당성을 부여하는 잘 조율된 연출로 여겨졌으나, 이제 손을 쓸 수 없을 만큼 부정하고 부패한 체제의 증거로 여겨지고 있다. 분명 누가 보더라도 정치체제는 고장 난 상태이고, 사회구조는 흐트러지고 있다. 특히 너무 많이 가진 자들과 너무 적게 가진 자들 사이의 간극이 점점 더 벌어지고 있다. 신자들과 비신자들 사이의 적대 관계가 심화되고, 세계에서 미국이 어떤 역할을 해야 하는지를 둘러싸고 심각한 의견 충돌이 계속되고 있다. 부유한 미국인들은 외부인의 출입을 제한하는 상류층 거주 지역으로 계속 이끌린다. 그런가 하면 점점 더 많은 기독교도들은 현 시대를 로마제국 후기와 비교하는 한편, 미국 사회를 떠나 베네딕트회 수도원을 오늘날에 맞게 바꾼 공동체로 들어가는 근본적인 방안을 궁리하고 있다. 이 시대의 징후들은 미국의 많은 것들이 잘못되었음을 시사한다. 점점 커지는 목소리들이 경고하는 대로, 우리는 공화정이 종말을 맞고 아직 이름이 붙여지지 않은 어떤 체제가 공화정을 한창 대체하는 과정을 목도하는 중인지도 모른다.

자유주의 설계자들과 창안자들이 했던 약속들은 거의 산산이 부서졌다. 자유주의 국가는 권한을 확대해 삶의 거의 모든 측면을 통제하는 반면 시민들은 정부를 멀리 있는 통제불능 권력으로, '세계화' 프로젝트를 가차 없이 추진해 자신들을 더욱 무력하게 만드는 권력으로 여긴다. 오늘날 안전한 권리는 부유하고 스스로를 지킬 지위를 가진 사람들의 전유물로 보일 뿐이다. 시민들의 자율성—재산권, 투표권과 이에 따른 대의기구 통제권, 종교의 자유, 언론의 자유, 신분증명서와 거주지의 보안 등을 포함하는—은 갈수록 의도적인 법률로 인해, 또는 기정사실이 된 기술로 인해 손상되고 있다. 경제는 세대 간 상속을 통해 유리한 위치를 영속화하는 새로운 '능력주의'를 선호하며, 승자와 패자를 사정없이 가려내는 교육제도로 '능력주의'를 보강한다. 자유주의의 주장과 현실 간의 거리가 멀어짐에 따라 장차 그 간극이 좁아지리라는 믿음이 생기기는커녕 그런 주장에 대한 의구심만 커지고 있는 실정이다.

자유주의는 실패해왔다. 어딘가 부족해서가 아니라 스스로에게 충실했기 때문이다. 자유주의는 성공했기 때문에 실패했다. 자유주의가 '더 완전'해질수록 자유주의의 내적 논리가 더 분명해지고, 자기모순이 더 드러날수록 자유주의 주장의 변질인 동시에 자유주의 이데올로기의 실현인 병폐들이 생겨났다. 공정성을 증진하고, 문화와 신념의 다원성을 옹호하고, 인간의 존엄성을 지키고, 자유를 확대하겠다던 정치철학이 실제로는 엄청난 불평등을 낳고, 균일성과 균질성을 강요하고, 물질적 · 정신적 퇴폐를 조장하고, 자유를 침해하고 있다. 자유주의가 얼마나 성공했는지 가늠하는 방법은 자유주의가 달성하겠다던 목표와 정반대되는 목표를 얼마만큼 달성했는지를 확인하는 것이다. 누적되는 재앙을 우리가 자유주의의 이상에 부응하지 못하는 증거로 여길 것이 아니라, 자유주의가 초래한 폐해가 바로 자유주의의 성공의 징후임을 직시할 필요가 있다. 자유주의적 조치를 더 많이 적용해 자유주의의 병폐를 치유하자는 주장은 불난 집에 기름을 붓자는 격이다. 그렇게 해서는 정치적 · 사회적 · 경제적 · 도덕적 위기가 더욱 심해질 뿐이다.

지금 해야 할 일은 그저 제도를 손보는 것 이상일지도 모른다. '정상정치'보다 더 근본적이고 변혁적인 어떤 사태가 일어나는 중이라면, 우리는 단순히 정치적 재조정(나이 많은 백인 노동계급의 마지막 숨결과 빚에 짓눌린 청년층의 맹비난을 특징으로 하는)의 한가운데에 있는 것이 아닐지도 모른다. 오히려 체제의 밑바탕에 놓인 정치철학의 파산, 우리가 대체로 당연시해온 정치체제의 파산 때문에 점점 악화되는 체제의 실패를 목격하고 있는지도 모른다. 얼추 250년 전에 미국 헌법을 시험하기 시작한 이들의 신념 구조가 종국에 가까워지고 있는지도 모른다. 미국 건국자들 다수는 모든 정체政體의 불가피한 추세, 즉 쇠퇴하다가 결국 최후를 맞기 마련인 추세에 저항할 '새로운 정치학'을 발견했다고 믿었다. 심지어 미국 헌정질서를 엔트로피를 거역하는 영구운동기관, '스스로 움직이는 기관'에 비유하기까지 했다. 그러나 우리는 미국이 영원한 삶의 초기를 지나는 것이 아니라, 인간이 만든 모든 산물의 수명을 제한하는 부패와 타락의 자연스러운 순환에서 그 종점에 가까워지고 있는 것은 아닌지 마땅히 의심해봐야 한다.

현대 미국인에게 자유주의 정치철학은 마치 물고기와 물의 관계 같았다. 이 정치 생태계 안에서 우리는 그 존재를 의식하지도 못한 채 헤엄을 쳤다. 자유주의는 근대에 서로 경쟁한 세 가지 주요 정치 이데올로기 중 맨 먼저 등장했고, 파시즘과 공산주의가 퇴조한 후로는 여전히 생존 가능하다고 주장하는 유일한 이데올로기다. 이 데올로기로서의 자유주의는 미리 구상한 정치적 계획에 순응하도록 인간 삶의 모든 측면을 뜯어고치려 시도한 최초의 정치적 구조물이었다. 우리는 이 이데올로기의 이미지대로 개조되어온 사회에서, 그리고 날이 갈수록 그런 세계에서 살고 있다. 미국은 자유주의 철학을 명시적으로 받아들여 세운 최초의 국가이며, 미국 시민들은 거의 전적으로 자유주의의 약속과 비전의 영향을 받고 있다.

그러나 눈에 띄게 권위주의적인 정권들이 전력을 다해 설파한 파시즘과 공산주의 이데올로기와 달리, 자유주의는 이데올로기적 성격이 덜 드러나고 오직 은밀한 방식으로만 세계를 제 이미지대로 재형성한다. 더 가혹한 경쟁 이데올로기들과 달리 자유주의는 교묘히 영향을 미친다. 이데올로기로서 자유주의는 중립적인 체하며 어떠한 선호도 주장하지 않고, 사람들의 정신을 빚어내려는 어떠한 의도도 부인한다. 자유주의는 안락한 자유, 오락거리, 그리고 자유와 쾌락, 부의 매력으로 환심을 산다. 마치 컴퓨터 운영체제가 (고장 나기 전까지는) 대체로 눈에 띄지 않게 돌아가는 것처럼 자유주의는 스스로 드러나지 않는다. 오늘날 자유주의가 날이 갈수록 눈에 띄는 까닭은 자유주의의 변형태들이 도저히 무시할 수 없을 만큼 두드러지기 때문이다. 플라톤의 《국가》에서 소크라테스가 말하듯이, 대부분의 시간과 장소에서 대부분의 인간은 동굴 안에서 살면서 그것이 완전한 현실이라고 믿는다. 이 동굴의 가장 교묘한 점은, 동굴 벽이 마치 오래된 영화 세트장의 배경처럼 제약이나 경계가 없는 무한한 풍경을 약속하는 듯이 보인다는 것이다. 그리하여 우리는 갇힌 현실을 보지 못하게 된다.

정치의 몇 안 되는 철칙 중에서도 정치 이데올로기가 궁극적으로 지속 불가능하다는 것보다 더 공고한 철칙은 거의 없어 보인다. 이데올로기는 두 가지 이유로 실패한다. 첫째, 인간 본성에 대한 거짓말에 근거하는 까닭에 실패할 수밖에 없다. 둘째, 그런 거짓말이 분명하게 드러날수록 이데올로기의 주장과 그것의 영향권 아래 있는 사람들의 실제 경험 사이의 간극이 커지다가 종국에는 체제가 정당성을 상실하기에 이른다. 이데올로기는 거짓말을 변호하려 애쓰며 순응을 강요하고, 그렇지 못하면 주장과 현실 사이의 간극 탓에 결국 대중의 신뢰를 완전히 잃고서 무너진다. 대개 전자가 후자에 선행한다.

이런 이유로 설령 자유주의가 지구상 거의 모든 국가에 침투했을지라도, 자유주의의 자유관은 갈수록 약속이 아닌 조롱거리로 비치고 있다. 1989년 마지막 경쟁 이데올로기(공산주의 — 옮긴이)가 무너졌을 때 '역사의 종점'에서 손에 잡힐 듯했던 유토피아적 자유를 찬양하기는커녕, 오늘날 인류는 자유주의의 전면적인 영향 아래 자유주의의 성공에 따른 고통을 떠안고 있다. 자유주의는 도처에서 스스로 만든 덫에, 순수하고 완전한 자유를 준다던 장치에 걸려 옴짝달싹하지 못하고 있다.

오늘날 이런 현상은 특히 서로 구별되지만 연관되는 공동생활의 네 영역에서 찾아볼 수 있는데, 정치와 정부, 경제, 교육, 과학과 기술이 그것이다. 각 영역에서 자유주의는 자유를 확대하고 우리 운명에 대한 장악력과 통제력을 강화한다는 명목으로 인간적인 제도를 바꾸어왔다. 그리고 각 경우에 우리를 해방하는 수단들이 실은 우리를 가두는 철창이었음을 깨달은 사람들이 늘어남에 따라 분노가 퍼져나가고 불만이 깊어져왔다.

정치

선진 자유민주주의 국가의 시민들은 정부에 맞서, 그들이 직접 지도자와 대표로 선출한 '기득권층'과 정치인들에 맞서 거의 반란을 일으킬 지경이다. 절대다수 시민들은 자국 정부를 멀리 있고 응답하지 않는 기구, 부자들의 수중에 있고 오로지 유력자들의 이익을 위해서만 통치하는 기구로 여긴다. 처음에 자유주의는 자유의 이름으로 낡은 귀족정을 대체하겠다고 약속했다. 귀족정에 반기를 들었던 선조들의 소망대로 자유주의는 옛 질서의 흔적을 남김없이 지우고 있다. 그럼에도 오늘날 후손들은 그렇게 대체된 질서를 어쩌면 더 해로울지도 모르는 일종의 새로운 귀족정으로 여기고 있다.

자유주의는 정부를 제한하고 임의적인 정치적 통제로부터 개인을 해방하는 목표를 전제했다. 그러나 점점 더 많은 시민들이 정부를 자신들의 의지와 통제에서 벗어난 하나의 실체로 여기고 있다. 그것은 자유주의 철학의 약속에 부합하는 산물이나 창안물이 아니다. 오늘날 자유주의의 '제한된 정부'는 이동과 금융, 더 나아가 사람들의 행동과 생각까지 폭넓게 감시하고 통제할 수 있다. 이런 능력을 꿈꿀 수밖에 없었던 과거의 폭군들이라면 현대 정부를 부러워하고 경탄을 금치 못했을 것이다. 자유주의가 애초에 지키려 했던 자유(개인의 양심, 종교·결사·언론·자치의 권리)는 정부의 활동이 삶의 모든 영역으로 확대됨에 따라 전면적으로 침해되고 있다. 그런데 정부의 활동 확대는 대체로 보아 너무나 많은 (경제를 비롯한) 영역에서 자기 삶을 스스로 꾸려갈 힘을 잃었다고 느끼는 국민들의 상실감에 응답하는 방식으로 이루어지고 있다. 심지어 명목상 국민의 통제 아래 있는 실체의 더 많은 개입을 그들 스스로 요구하는 형태로 나타나기까지 한다. 그런 요구에 선뜻 응하는 우리 정부는 마치 언제나 한 방향으로 돌아가는 스패너처럼 시민들의 고충에 응답해 활동을 확대하기만 한다. 그리하여 시민들은 역설적으로 거리감과 무력감을 더 많이 경험하게 된다.

이런 이유로 시민들은 민심을 '정제하고 확대하는' 일을 하는 정치 대표들과 자신들이 가느다란 끈으로만 연결되어 있다고 느낀다. 또 대표들은 그들 나름대로, 정부의 예산과 활동을 유지하거나 확대하려는 정규직들로 구성된 영원한 관료제와의 관계에서 상대적 무력감을 토로한다. 명목상 관료제를 통제하는 행정부는 권한을 키워가면서도, 행정 규칙을 따름으로써 적어도 겉으로는 고분고분하지 않은 정치체에 응답하는 모습을 보일 수 있다. 이론상으로는 국민으로부터 정당성을 얻는, 갈수록 인기를 잃어가는 입법부의 정치적 통치는 거액을 들여 직위를 획득하는 행정관의 명령과 지시로 대체되고 있다.[1] 자유주의는 대중의 선택을 받지 않은 멀리 있는 지도자들의 자의적인 통치를 선출된 공복들의 응답하는 통치로 대체하겠다고 주장했다. 그렇지만 포템킨의 연출(1787년 러시아 여제 예카테리나 2세가 크림반도 시찰에 나서자 이 지역 총독 그레고리 포템킨은 낙후된 현지 사정을 감추기 위해 겉만 번지르르한 가짜 마을을 조성했다—옮긴이) 이상으로 오늘날 미국의 선거 절차는 국내 정책, 국제 협정, 그리고 특히 전쟁 수행에 비할 바 없이 자의적인 권한을 행사할 인물에게 대중이 동의한다는 인상을 주기 위한 연출로 보인다.

통치계층이 멀리 있고 국민의 통제를 받지 않는다는 이런 뚜렷한 느낌은 더 나은 자유주의, 더 완전한 자유주의로 해결할 수 있는 문제가 아니다. 오히려 이 통치 위기는 자유주의 질서의 정점이다. 자유주의는 이따금씩 대중의 동의를 받는 방법으로 '적절한 성격'을 가진 사람들로 구성된 국가 지도층(알렉산더 해밀턴Alexander Hamilton의 비할 바 없는 표현대로 "열정에 사로잡힌 정신들에게 매력적인 모든 목표를 망라하는 교역, 금융, 협상, 전쟁"에 관심을 두는 사람들)을 충분히 고양할 수 있다고 주장했다. 자유주의 체제의 설계자들은 시민들에게 사적 관심사에 초점을 맞추는 생활을 장려하려 했다. 그 체제는 그들이 '공화국'이라 부른 '사적인 사람들res idiotica'의 체제였다. 그러나 체제 '유지'에 어려움을 겪을 경우, 공화국은 '공적인 것들' 없이는 생존할 수 없다. 사사주의를 장려함으로써 '잠정 협정modus vivendi'을 이루어낼 수 있다는 자유주의의 신념은 지배층의 거의 완전한 분리와 시민성 없는 시민들로 귀결되었다.

경제

시민의 불행은 경제적 불만에 그대로 반영된다. 시민은 '소비자'라 불릴 가능성이 더 높지만, 상상 가능한 모든 소비재를 구입할 수 있는 자유는 널리 퍼진 경제적 불안감과 심화되는 불평등에 대한 불만을 거의 달래주지 못한다. 경제 지도층은 싸구려 상품 구매력을 높이는 방법으로 경제적 안정의 결여와 대대로 승자와 패자로 나뉘는 세계를 보상할 수 있다고 가정하는 듯하다. 경제적 불평등은 예전부터 늘 있었고 앞으로도 있을 것이다. 그러나 승자와 패자를 이토록 완벽하게 분리하는 문명, 또는 성공할 사람과 실패할 사람을 가려내는 이토록 거대한 장치를 만들어낸 문명은 이제껏 거의 없었다.

마르크스는 언젠가 경제적 불만의 최대 원천이 반드시 불평등은 아니라고 주장했다. 마르크스에 따르면 그 원천은 소외에 있다. 즉 노동자를 생산물로부터 분리하고 그에 따라 노동의 목표이자 대상과 노동자 사이에 아무런 연관성도 없게 만드는 소외야말로 가장 큰 원인인 것이다. 오늘날의 경제는 이 소외를 유지하고 확대할 뿐 아니라 새롭고 심대한 지리적 소외, 즉 세계화된 경제로부터 혜택을 받는 사람들과 뒤처지는 사람들을 물리적으로 분리하는 소외를 더하기까지 한다. 이런 상황에서 승자들은 경제적 불평등을 개탄하면서도 세계화 추이를 비난하는 사람들을 퇴행적인 견해라고 낮은 목소리로 헐뜯는다. 한편 패자들은 과거의 가장 부유한 귀족과 비교해도 자신들이 훨씬 더 풍족하다는 생각으로 스스로를 위로한다. 물질적 안락은 영혼의 불만을 손쉽게 달래는 방법이다.

브렉시트 투표 결과와 도널드 트럼프의 대통령 당선에 도심지들이 반발한다는 사실로 분명하게 드러나듯이, 경제 지도층은 사회계약의 조건이 월마트 고객들에게는 받아들일 수 없는 조건으로 보인다는 데 충격을 받는다. 그럼에도 할 수 있는 일은 아무것도 없다. 세계화는 불가피한 과정, 어떤 개인이나 국가도 멈출 수 없는 과정이기 때문이다. 경제의 통합, 표준화, 균질화에 관해 어떻게 생각하든, 세계화의 대안을 궁리하는 것은 쓸데없는 일이다. 세계화의 응원단장 토머스 프리드먼Thomas Friedman은 세계화를 규정하면서 바로 불가피성과 같은 표현을 사용했다.

세계화는 시장, 민족국가, 기술을 이제껏 목격하지 못한 정도까지 불가피하게 통합하는 것이다. 세계화를 통해 개인, 기업, 민족국가는 세계 각지에 과거 어느 때보다도 더 멀리, 더 빠르게, 더 깊게, 더 값싸게 다가갈 수 있으며, 세계는 개인, 기업, 민족국가에 과거 어느 때보다도 더 멀리, 더 빠르게, 더 깊게, 더 값싸게 다가갈 수 있다.[2]

개인, 기업, 민족국가에 '다가가는' 세계를 사람들이 원하는지 여부는 논의할 문제가 아닌데, 그 과정을 멈출 수 없기 때문이다. 경제체제는 자유주의의 시녀인 동시에 엔진이며, 프랑켄슈타인 박사의 괴물처럼 스스로 살아간다. 그리고 역사상 최대의 자유를 누린다고 하는 현대인들은 경제체제의 과정과 논리를 더 이상 통제하지 못한다. 자유의 대가로 경제적 불가피성에 속박당하는 것이다.

교육

젊은 세대는 그들이 분명 두려워하는 경제·정치체제를 받아들이도록 세뇌당한다. 자신들의 미래를, 그리고 믿지도 신뢰하지도 않지만 그렇다고 피할 수도 없는 질서를 유지하는 데 동참해야 하는 현실 앞에서 그들의 태도는 냉소주의로 가득하다. 청년들은 역사상 가장 자유롭고 자율적인 세대라고 느끼기는커녕, 자신들의 당면 과제가 산비탈에서 바위를 밀어올리는 시시포스의 형벌보다 별반 나을 것이 없다고 생각한다. 그들은 윗세대가 요구하는 의무에 응하기는 해도 즐거움이나 기쁨을 느끼지는 않는다. 그저 다른 선택지가 없음을 예민하게 감지할 뿐이다. 운명에 대한 그들의 압도적인 반응(그들이 수년간 내게 교육 경험과 기대치에 관해 말하면서 표명한 수많은 의견)은 덫에 빠졌고 '출구가 없다'는 것, 승자와 패자를 무자비하게 생산하는 시스템에 냉소적으로 참여하고 있다는 것이다. 심지어 그들은 현행 체제를 '사회 정의'의 수단으로 이해하라는 요구까지 받는다. '승자들'조차 솔직할 때면 자신이 사기를 치는 동시에 당하는 존재임을 인정한다는 데 놀라는 사람은 거의 없을 것이다. 한 학생은 내게 제출한 에세이에서 자기 세대의 운명을 이렇게 묘사했다.

우리는 생존주의자 본능을 따르는 능력주의자다. 맨 꼭대기까지 경주하지 않을 경우 우리에게 남는 유일한 선택지는 바닥이 안 보이는 실패의 나락이다. 정상과 밑바닥, 두 가지 선택지밖에 없다고 믿을 경우 그저 열심히 공부하고 괜찮은 성적을 받는 정도로는 더 이상 충분하지가 않다. 이는 고전적인 죄수의 딜레마다. 식당에 앉아 두세 시간동안 '수다'를 떨든, 도덕적 · 철학적 쟁점에 관해 지적인 대화를 나누며 시간을 보내든, 데이트를 하러 가든, 모두 꼭대기에 이르는 데 써야 할 시간을 다른 일에 쓰는 것이다. 따라서 그런 사람은 나머지 모두에 비해 불리해질 것이다. (…) 우리는 인류(따라서 인류의 상황)가 타락했고 이기적이며, 의지할 사람은 우리 자신뿐이라고 여긴다. 그러므로 우리가 실패와 배반을 피하고 결국에 우리를 둘러싼 혼란스러운 세계에 굴복하지 않을 수 있는 유일한 길은 오직 우리 자신에게만 의지할 수단(재정적 안정)을 갖는 것이다.[3]

선진 자유주의는 자유교육liberal education을 이데올로기적으로나 경제적으로나 비실용적인 교육으로 간주하고서 매서운 의도와 열의로 제거하고 있다. 학생들은 대다수 인문학과 사회과학 교수들로부터 유일하게 남은 정치적 문제는 모든 사람에게 존중과 존엄을 동등하게 부여하는 것이라고 배운다. 심한 경우에는 대학이 경제적으로 생존 가능한 사람들과 교역, 이민, 국민의식, 종교적 신념에 대한 후진적인 견해 때문에 장차 조롱받을 사람들을 가려내는 기관인 것 같다. 대학 캠퍼스에서 거의 만장일치로 나타나는 정치적 견해는 널리 퍼진 신념과 공명한다. 교육은 반드시 경제적으로 실용적이어야 하고, 사고방식이 비슷한 대학 졸업생들이 모여 사는 도시에서 고소득 직업으로 귀결되어야 한다는 신념 말이다. 그런 도시에서 그들은 불평등에 격하게 분노하면서도 그 불평등의 풍성한 결실을 누릴 것이다. 대학들은 실용적인 '학습 성과'를 앞다투어 제시하고, 이를 위해 학생들을 즉시 고용할 만한 상태로 만들거나 기존 학과들의 이미지를 쇄신하고 지향을 재설정하는 것을 목표로 하는 새로운 프로그램을 다수 도입하고 있다. 세계화가 진행되어 경제적 경쟁이 치열한 세계에서는 이렇게 하는 것 말고 다른 **선택지가 없다**. 영원히 자유로운 선택을 보장한다는 선진 자유주의 체제에서 '선택지가 없다'는 말이 갈수록 흔해진다는 사실을 지적하는 사람은 거의 없다.

그리하여 자유주의가 정점에 이른 순간에 자유학예liberal arts(고대 로마의 라틴어 'artes liberales'에서 유래한 표현으로, 본래 '반복적인 기예'나 '돈벌이 학문'과 대비되는 자유민 소양에 필요한 학예를 의미했다. 말과 기호를 다루는 문법, 논리학, 수사학과 사물과 수를 다루는 산술, 기하, 음악, 천문학으로 구성되었으므로 7자유학예라고도 불렸다. 오늘날에는 보통 교양교육 또는 교양과목으로 번역되나 이 책에서는 저자의 의도대로 용어의 본래 의미를 살리기 위해 자유학예로 옮긴다 — 옮긴이)가 대학에서 내쫓기고 있다. 오래전부터 자유학예는 자유민에게, 특히 자치를 열망하는 시민에게 필수인 교육 형태로 이해되었다. 그런데 이제 위대한 문헌(단순히 오래되었기 때문이 아니라 자유로워지는 법, 특히 결코 채울 수 없는 욕망의 압제로부터 자유로워지는 법을 알려주는, 어렵게 얻은 교훈을 담고 있기에 위대한 문헌)을 폐기하고 그 대신 한때 '노예교육'이라 여겨지던 것을 선호하고 있다. 즉 오로지 돈벌이와 직업생활에만 몰두했고 따라서 '시민' 칭호를 누리지 못하는 사람들만 받았던 교육에 매달리는 것이다. 오늘날 자유주의자들은 한때 자유민과 농노를, 주인과 노예를, 시민과 하인을 구분했던 정체를 비난한다. 그러나 우리는 무지몽매했던 선조들보다 우리가 도덕적으로 우월하다고 기고만장하면서도 지난날 자유를 박탈당한 사람들만 받았던 교육 형태를 거의 전적으로 채택해왔다. 그리고 찬란한 자유를 누리면서도 자유학예라는 호사, 이름 자체에 자유민 함양을 근본적으로 지탱한다는 뜻이 담긴 이 교육을 더 이상 누리지 않는 이유를 물어볼 생각조차 하지 않는다.

과학과 기술

오늘날 학생들은 특히 STEM(과학, 기술, 공학, 수학)과 연관된 실용적인 분과를 공부할 것을 유달리 권유받는다. 자유주의는 다양한 형태의 속박으로부터 인류를 해방하기 위한 수단을 특히 정치와 경제, 과학을 바꾸어서 얻을 수 있다고 주장했다. 다시 말해 정치 영역에서는 이제 우리의 통제력을 벗어난 듯 보이는 대의제를 통해, 경제 영역에서는 경제학과 특히 저항할 수 없는 세계화 논리를 내세우는 시장자본주의를 통해, 그리고 인류 해방의 최대 원천이라는 과학과 기술의 발전을 통해 그런 수단을 얻을 수 있다는 것이다. 그러나 과학과 기술은 인류를 해방하는 동시에 환경위기, 인간성 변질, 혁신을 통제하지 못할 것이라는 깊은 불안감의 원인이 되고 있다. 자연의 압제로부터 인간을 해방하려는 현대 과학 프로젝트는 자연을 '지배'하거나 '통제'하려는 노력, 자연을 인간에게 종속시킬 도구를 제공하기 위한 연구를 뜻하는 자연과의 '전쟁'을 표방했다. 프랜시스 베이컨은 자연을 포로에 비유했다(그는 학습에서 지혜, 사려 깊음, 정의 같은 덕목을 지향해야 한다는 고전적 주장을 거부하고 "지식은 힘이다"라고 주장했다). 자연을 고문하면 오랫동안 감추어온 비밀을 누설하리라 생각했던 것이다.

이런 표현들은 더 이상 쓰이지 않지만, 현대 과학 프로젝트는 이른바 유용하고 보상을 가져다주는 탐구를 지배하고 있다. 그럼에도 자연은 항복하지 않은 것으로 보인다. 농부 겸 작가인 웬델 베리가 썼듯이, 현대 과학과 기술이 '자연과의 전쟁'으로 간주된다면 "그것은 완전한 의미의 전쟁이다. 우리가 자연과 싸우는 것 못지않게 자연도 우리와 싸우고 있다. 그리고 (…) 우리가 지고 있는 것으로 보인다."[4] 오늘날 말하는 환경위기의 많은 요소들(기후 변화, 자원 고갈, 지하수 오염과 부족, 종의 멸종)은 전투에서는 이기지만 전쟁에서는 지는 전황의 징후다. 우리는 기후 변화와 같은 쟁점에서 과학을 따라야 한다는 주장에 익숙하다. 현재 위기가 과학과 기술의 오랜 승리의 결과라는 사실, '과학을 따르는' 길이 문명의 진보나 마찬가지라는 믿음의 결과라는 사실은 외면한다. 탄소로 포화된 현 세계는 150년 동안 이어진 파티의 후유증이다. 이 파티가 끝날 때까지도 우리는 자연의 제약에서 벗어나는 꿈을 이루어가고 있다고 믿었다. 그리고 과학 프로젝트에 뒤따르는 문제들과 씨름하면서도 과학이 우리를 제약에서 풀어줄 수 있다는, 앞뒤가 맞지 않는 견해를 여전히 고수하고 있다.

한편 우리는 장소와 시간의 제약에서, 심지어 정체성의 제약에서도 자유롭게 해주겠다고 약속하는 기술의 영향을 점점 더 많이 받고 있다. 누구의 주머니에나 들어 있는 컴퓨터는 정신 구조를 바꾸어 우리를 다른 존재로 만들고, 진정한 자아를 표현하게 해준다는 기술의 요구와 속성에 순응하도록 유도한다.[5] 중독자처럼 휴대전화를 만지작거리고픈 열망, 차분히 생각하거나 집중하거나 반성하는 것을 방해하는 휴대전화에 대한 갈망 없이 한 시간 동안 앉아서 책을 읽거나 명상을 하거나 그저 생각에 잠길 수 있는 사람이 우리 중에 얼마나 될까? 우리를 더 폭넓고 긴밀하게 연결해준다는 기술이 정작 우리를 더 외롭게 만들고 더 갈라놓고 있다.[6] 일터에서는 기계가 갈수록 인간을 대체하고 있는데, 겉으로는 우리에게 자유를 주는 척하면서 실은 우리를 기술의 피보호자요 협력자로 만들고 있다. 그리고 자연을 조작하면 할수록 인간 자체를 개조할 가능성이 불가피하게 높아지는데, 여기에는 새로운 2.0버전 인간과 기존의 1.0버전에서 벗어나기를 거부하거나 그럴 수 없는 인간이 서로 대항할 가능성이 포함된다.[7]

우리에게 세계를 바꿀 능력을 주겠다던 자유주의는 도리어 우리를 다른 존재로, 우리 대다수는 아닐지라도 상당수가 '동의'한 적이 없는 존재로 바꾸고 있다. 문명과 법, 정부가 등장하기 이전에 존재했다는 '자연상태'에서의 인간 본성을 가진 생명체로 우리를 점점 더 변형하고 있다. 다시 말해 우리를 저마다 따로 떨어진 채 관계를 맺지 않는 자율적인 자아, 권리로 충만하고 자유에 의해 정의되는 자아, 그러나 불안하고 힘없고 두려워하는 외톨이 자아로 만들고 있다. 그러나 선사시대에 존재했다는 그 생명체는 공상의 산물이다. 사실 인간을 그런 생명체로 바꾸자면 현대 국가의 거대한 기구, 경제, 교육제도, 과학과 기술을 모조리 동원해야 한다. 이런 결과는 아이러니이지만 우연은 아닐 것이다.

오늘날 자유주의의 성공을 가장 부각하는 것은 점점 늘어나는 실패의 징후들이다. 자유주의는 특히 정치, 경제, 교육, 과학, 기술 분야에서 세계를 제 이미지대로 바꾸어왔다. 이 모든 영역에서 자유주의가 내세운 목표는 (개인이 직접 선택하지 않았을 경우, 가볍게 받아들일 수 없을 경우, 그리고 각자의 의지대로 변경하거나 포기할 수 없을 경우) 특정한 장소, 관계, 구성원 지위로부터, 심지어 정체성으로부터 개인을 해방함으로써 최고의 완전한 자유를 달성하겠다는 것이었다. 이와 같이 자율적인 자아는 오늘날 해방의 도구로 여겨지는 힘들의 궤도에 종속되어 있다. 우리는 해방되는 대가로 우리를 규정하는 이 힘들에 저항하지 못하게 된다. 자유를 약속받는 대가로 선택권 없이 복종해야 하는 불가피한 상황에 처하는 것이다.

이 도구들은 특히 '비인격화'와 '추상화'를 통해 개개인을 '주어진' 조건에서 해방하기 위해, 특정한 직분, 의무, 부채, 관계로부터 벗어날 자유(자유주의에서 말하는 자유)를 주기 위해 사용되었다. 이런 목표는 두 가지 주요 실체(국가와 시장)를 매개로 이루어진 비인격화와 추상화를 통해 달성되었다. 국가와 시장은 우리를 점점 더 벌거벗은 개인으로 만들기 위해 협공작전을 펼쳐왔건만, 정치 논객들은 두 가지 힘 가운데 어느 한쪽과 동맹을 맺어야 다른 한쪽의 침탈을 피할 수 있다는 주장으로 국가와 시장의 동맹을 감춘다. 그리하여 우리의 주된 정치적 선택은 어떤 비인격화된 메커니즘이 우리의 자유와 안전을 증진시킬 것인지 고르는 일이 된다. 다시 말해 시장 공간과 자유주의 국가, 둘 중에 하나를 선택하는 일이 된다. 시장 공간은 우리의 욕구와 필요를 채워줄 수많은 선택지를 제공하면서도, 타인의 욕구와 필요에 대한 그 어떤 구체적인 생각이나 견해를 우리에게 요구하지 않는다. 한편 자유주의 국가는 시장에서 충분히 다루지 못하는 욕구와 필요에 대처하는 비인격화된 절차와 메커니즘을 확립한다.

요컨대 개인의 자유 보호와 국가의 활동 확대 중에서 하나를 선택하라는 한결같은 요구는 국가와 시장의 진짜 관계를, 즉 국가와 시장이 항상 필연적으로 함께 성장한다는 사실을 감춘다. 국가주의는 개인주의를 가능하게 하고, 개인주의는 국가주의를 요구한다. 변혁을 다짐하는 온갖 선거 구호—'희망과 변화'든 '미국을 다시 위대하게'든—에도 불구하고 현대 자유주의가 우리를 더 개인주의적인 동시에 더 국가주의적인 존재로 만든다는 사실은 분명해 보인다. 이렇게 되는 이유는 한 정당이 개인주의를 촉진하면서 국가주의를 축소하지 않기 때문도 아니고, 다른 정당이 이와 반대로 하지 않기 때문도 아니다. 오히려 두 가지 움직임 모두 우리의 가장 깊은 철학적 전제와 조응하기 때문이다.

자유주의는 단단히 뿌리박은 문화, 전통, 장소, 관계로부터 개인을 해방하겠다고 주장하며 세계를 제 이미지대로 균질화해왔다—그러면서 아이러니하게도 '다문화주의' 주장이나 오늘날 말하는 '다양성' 주장을 원군으로 삼곤 했다. 자유주의가 제거해버린 관계는 한때 우리에게 이런저런 요구를 하면서도 우리의 자아상, 공동 운명을 공유하는 시민으로서의 자의식과 공동 세계를 공유하는 경제적 행위자로서의 자의식을 형성한 관계였다. 자유주의는 그렇게 뿌리 뽑힌 개개인을 해방의 도구들에 노출된 상태로 남겨두었다. 우리는 더 약한 상태로 남겨졌다. 우리를 해방한다는 삶의 영역들을 전혀 통제하지도 제어하지도 못하게 되었다. 이는—통념과 달리—개개인이 줄곧 자유주의 체제의 '도구'였지 그 역이 아니었음을 말해준다.

우리가 해야 하는 가장 힘겨운 과제는 자유주의 사회의 병폐를 더 많은 자유주의를 실현해서 바로잡을 수 있다는 신념을 거부하는 것이다. 자유주의가 강요하는 불가피성과 제어 불가능한 힘에서 해방되는 유일한 길은 자유주의 자체에서 해방되는 것이다. 우리 시대의 두 가지 주요한 정치적 선택지는 위조된 동전의 양면으로 이해해야 한다. 자유주의의 약속을 실현하는 방향으로 나아갈 때 자유주의가 실현될 것이라는 진보주의의 믿음도, 미국 헌법의 통치철학을 되살릴 때 미국의 위대함을 복원할 수 있을 것이라는 보수주의의 주장도 자유주의의 전진을 대체할 현실적인 방안을 전혀 제시하지 못한다.

과거를 가르칠 수는 있지만 과거로 돌아가거나 '복원'할 수는 없는 법이다. 자유주의는 물질적·정신적 자원의 저수지를 가차 없이 탕진했으나 그것을 다시 채우지 못한다. 자유주의의 성공은 언제나 미래를 담보로 하는, 훗날 상환할 수 있으리라 믿은 백지수표였다. 보수주의는 진보주의의 목적지가 막다른 골목이라고 올바로 지적한다. 진보주의는 보수주의가 복원할 수 없는 시절을 그리워한다고 올바로 꼬집는다. 보수주의자와 진보주의자는 공히 자유주의의 기획을 추진해왔고, 현재 상태로는 타성에 젖은 기존 경로 밖에서 찾아야 하는 새로운 진로를 제시하지 못한다.

자유주의의 자멸에 관해 숙고한다고 해서 단순히 자유주의의 반대를 고안하거나 자유주의의 성취 중에도 위대하고 영속적인 가치가 있음을 부인해야 한다는 뜻은 아니다. 자유주의의 호소력은 서구 정치 전통의 가장 뿌리 깊은 목표를, 특히 폭정과 임의적 통치, 압제를 제약함으로써 인간의 자유와 존엄성을 지키려는 노력을 이어간다는 데 있다. 이 점에서 자유주의는 고대 그리스 · 로마와 기독교의 사상과 실천 안에서 수백 년 동안 발전해온 근본적인 정치적 약속에 토대를 둔다고 인정받을 자격이 있다. 그러나 자유주의의 혁신(자유주의의 설계자들이 인간의 자유와 존엄성을 더 굳건히 지켜줄 거라고 믿었던 혁신), 특히 자유의 이상을 재규정하고 인간 본성을 재개념화한 혁신은, 스스로 공언한 약속의 실현을 방해해왔다. 자유주의를 넘어선다는 것은 자유주의의 주된 약속들―특히 서구의 가장 뿌리 깊은 갈망인 정치적 자유와 인간의 존엄성―중 일부를 포기하는 것이 아니라, 그릇된 인간학의 이미지대로 세계를 재형성하려던 자유주의의 잘못된 이데올로기적 전환 시도를 거부하는 것이다.

세계 최초의 이데올로기이자 마지막까지 살아남은 이데올로기를 거부한다고 해서 자유주의와 별반 다르지 않을 게 뻔한 새로운 이데올로기로 대체해야 하는 것은 아니다. 혁명적 질서를 뒤집으려는 정치혁명은 무질서와 비탄만을 가져올 것이다. 더 나은 길은 지역에 기초하는 더 작은 저항의 형태들에 있을 것이다. 이론보다는 실천에, 자유주의의 반문화에 맞서 회복력 있는 새로운 문화를 건설하는 활동에 있을 것이다.

알렉시스 드 토크빌은 19세기 초에 미국을 방문했을 때 미국 사람들이 자신들의 개인주의적이고 이기적인 이데올로기와는 다르게, 그리고 그보다 더 낫게 행동하는 경향이 있음을 관찰하고서 "그들은 그들 자신보다 그들의 철학에 더 경의를 표한다"라고 썼다. 오늘날 필요한 일은 우리의 철학을 더 완벽하게 만드는 것이 아니라 다시 우리 자신에게 더 경의를 표하는 것이다. 우리 자신을 새롭고 더 나은 자아로 도야하고 (공동체의 문화, 배려의 문화, 자기희생의 문화, 소규모 민주주의의 문화를 장려하는 방법으로) 다른 사람들의 운명을 서서히 물들이는 과정에서 더 나은 실천이 생겨날 것이다. 그리고 궁극적으로 그 실천에서 현재 실패하고 있는 자유주의의 프로젝트보다 더 나은 이론이 생겨날 것이다.

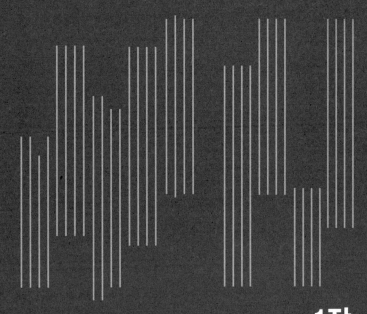

1장
지속 불가능한 자유주의

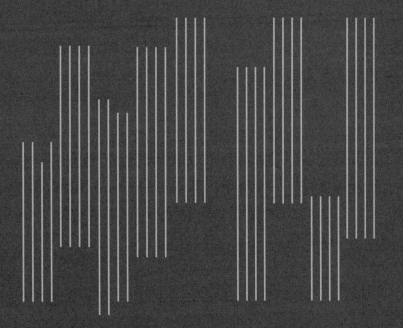

자유주의라는 이름 자체가 자유주의가 가장 열중하는 목표가 무엇인지 말해준다. 바로 자유다. 자유주의가 매력과 회복력을 겸비한 것으로 입증되어온 까닭은 무엇보다 인간의 영혼에 아주 깊숙이 박혀 있는 자유에 대한 갈망에 집중하기 때문이다. 자유주의가 역사적으로 부상하고 전 세계에서 매력을 발휘해온 것은 결코 우연이 아니다. 자유주의는 특히 임의적 통치, 부당한 불평등, 만연한 빈곤에 시달리는 사람들에게 호소해왔다. 자유주의를 뺀 다른 어떤 정치철학도 실제로 번영을 촉진하고, 비교적 안정적인 정치를 제공하고, 개인의 자유를 일정하고 예측 가능한 방식으로 증진시킬 수 있음을 입증하지 못했다. 1989년 프랜시스 후쿠야마가 이상적인 정체를 둘러싼 오랜 논쟁이 이제 끝났으며 자유주의가 역사의 종착역이라고 선언한 데에는 그럴듯한 근거가 있었던 셈이다.

물론 자유주의는 자유를 향한 인간의 갈망을 발견하지도 발명하지도 않았다. 리베르타스libertas는 먼 고대에 생긴 낱말이며, 자유를 지키고 실현하는 것은 고대 그리스와 로마에서 정치철학을 처음

시도할 때부터 주요한 목표였다. 서구 정치 전통의 근간을 이루는 문헌들은 특히 폭정의 충동과 주장을 어떻게 제약하느냐는 문제에 초점을 맞추었고, 폭정의 유혹에서 벗어나는 핵심 방안으로 덕성 함양과 자치를 꼽았다. 특히 그리스인은 자치가 개인 차원에서부터 정치체 차원까지 이어진다고 생각했고, 어느 차원에서든 절제, 지혜, 중용, 정의 같은 덕목들이 서로를 지탱하고 증진할 경우에만 자치를 실현할 수 있다고 보았다. 달리 말해 자치라는 덕목이 시민들의 영혼을 다스릴 경우에만 도시의 자치가 가능하고, 시민권 자체를 법과 관습을 통해 덕성을 몸에 익히는 일종의 지속적인 습관들이기로 이해하는 도시에서만 개인들의 자치를 실현할 수 있다고 보았다. 그리스 철학은 파이데이아paideia, 즉 덕성 교육을 폭정을 미연에 방지하고 시민의 자유를 보호하는 주된 방안으로 강조했다. 다만 이런 결론은 불평등을 정당화한 사례들과 (때로는 적어도 거북하게) 공존했다. 통치계급의 현명한 지도자가 통치해야 한다는 주장이나 그리스 세계에 만연했던 노예제도가 그런 예에 속한다.

로마와 중세 기독교의 철학 전통은 한편으로 그리스의 전통을 좇아 폭정을 막는 주된 방안으로 덕성 함양을 강조했다. 그렇지만 다른 한편으로 지도층의 권력을 제한하는 동시에 정치적 여론을 비공식적으로, 때로는 공식적으로 표현할 길을 (다양한 정도로) 열어두기 위해 제도적 형태들을 개발하기도 했다. 오늘날 우리가 자유주의와 연관 짓는 통치의 제도적 형태들 중 상당수, 이를테면 입헌주의, 권력분립, 정교분리, 임의적 통치를 막는 권리와 보호책, 연방주의, 법치, 제한된 정부 등은 적어도 처음에는 근대 이전에 수백 년에 걸쳐 구상되고 개발된 것이다.[1] 개인의 권리를 보호해야 하고 인간의 존엄성을 침해할 수 없다는 신념은, 비록 언제나 한결같이 인정되고 실천되지는 않았지만, 그럼에도 중세 유럽의 철학적 성취였다. 일부 학자들은 자유주의란 이처럼 근대 이전에 오랫동안 발전한 원原 자유주의적 사유와 성취로부터 자연스럽게 발전한 것으로 이 과정의 정점일 뿐 전근대와 근본적으로 단절된 것이 결코 아니라고 주장한다.[2]

전근대와 근대의 눈에 띄는 연속성을 감안하면 이 주장에 고찰할 만한 가치가 있기는 하지만, 전근대와 근대 사이에 중요한 단절이 일어났다는 다른 주장들—특히 전근대의 정치철학과 구분되는 새로운 정치철학이 등장했다는 주장—에는 상당한 근거가 있다. 고전적 · 기독교적 전근대와 결국 자유주의를 낳은 근대 사이에 제도적 연속성, 더 나아가 의미론적 연속성이 있는 까닭에 중요한 단절이 없었다고 착각할 수 있다. 그렇지만 자유주의의 성취는 단순히 선례들을 전면 거부하는 방법이 아니라 대부분의 경우 본래 공유하던 어휘와 개념을 재규정하고, 근본적으로 새로운 인간학적 가정에 입각해 기존 제도를 식민화하는 방법으로 달성한 것이다.

자유라는 단어는 그대로 유지되었다 해도 그 내용은 근본적으로 새롭게 인식되었다. 오래전부터 자유는 정치체 안에서나 개인의 영혼 안에서나 폭정을 미연에 방지하는 자치의 조건으로 여겨지고 있었다. 따라서 자유에는 개인 차원에서 욕구를 스스로 제한하는 규율과 훈련이 필요하고, 이에 상응해 정치체 차원에서 자치의 기술을 증진시키는 덕목들을 가르치는 사회적·정치적 합의가 필요하다고 여겨졌다. 고전고대와 기독교의 정치사상은 스스로 인정했듯이 '학문'보다 '기술'에 더 가까웠다. 그 정치사상은 다행스럽게도 사람들을 고무하는 창시자와 정치가가 출현해 정치적·사회적 선순환을 유지할 가능성에 크게 의존했고, 인간이 만든 모든 제도는 쇠퇴하고 부패할 가능성이 있다는 불가피한 특징을 인정했다.

근대의 현저한 특징은 이 오래된 정치관을 거부했다는 것이다. 사회적·정치적 합의는 효력도 없고 바람직하지도 않은 것으로 간주되었다. 자유주의의 뿌리는 사회 병리의 원천―즉 분쟁의 근원이자 개인의 자유를 제한하는 장애물―으로 치부되기에 이른 다양한 인간학적 가정과 사회 규범을 뒤집으려는 노력에 있었다. 자유주의의 토대를 놓은 사상가들의 주요 목표는 국내 평화를 위해 비합리적이라고 결론 내린 종교와 사회의 규범을 해체하는 것이었다. 이로써 안정과 번영을 증진하고 궁극적으로 개인의 양심과 행동의 자유를 증진할 것으로 그들은 내다보았다.

이런 사고와 실천의 혁명을 세 가지 주된 노력이 뒷받침했다. 첫째, 정치의 토대를 '높은 것'에 대한 염원이 아닌 '낮은 것'의 신뢰성에 두려는 노력이 있었다. 덕성을 함양하려던 고대와 기독교의 노력은 가부장적이고 비효과적인 데다 남용되기 쉽고 신뢰할 수 없다는 이유로 거부되었다. 니콜로 마키아벨리는 덕성을 교육해 폭정의 유혹을 누그러뜨리려던 고대 및 기독교의 염원과 단절했고, 근대 이전의 철학 전통을 비현실적이고 신뢰할 수 없는 일련의 공상으로 깎아내렸다. "많은 사람들이 현실에 결코 존재한 적이 없거니와 존재할 수도 없는 공화국이나 군주국을 상상해왔기 때문이다. 인간이 실제로 행동하는 방식과 마땅히 행동해야 하는 방식이 너무나 다르기 때문에, 이상에 부응하기 위해 일상의 현실을 무시하다가는 머지않아 자신이 스스로를 지키는 법이 아니라 파괴하는 법을 배웠음을 깨달을 것이다."[3] 마키아벨리는 비현실적인 행동 기준—특히 자기제한의 기준—을 장려하지 않았다. 그것은 과연 달성할 수 있을지 미심쩍은 목표였다. 오히려 그는 쉽게 관찰할 수 있는 인간의 오만한 행동, 이기적인 행동, 탐욕스러운 행동, 명예를 추구하는 행동 등을 정치철학의 토대로 삼자고 제안했다. 더 나아가 자유와 정치적 안전을 확보하는 더 나은 방법은 국내에서 계급들을 서로 대립시키는 것이라고 생각했다. 따라서 고상하게 '공동선'과 정치적 화합에 호소하기보다 계급들이 각자의 특수한 이해관계를 지키기 위한 '맹렬한 분쟁'을 통해 서로를 제한하도록 부추겨야 한다고 주장했다. 인간의 욕구를 다스리거나 제한하려 애쓰기보다는 근절할 수 없는 이기심과 물욕을 인정함으로써 그런 욕구를 활용할 방법을 생각해내야 한다는 주장이었다.

둘째, 고전고대와 기독교에서 강조한 덕성, 자제력 함양, 자치는 정치생활, 사회생활, 종교생활, 가정생활에 두루 영향을 미치는 규범과 사회구조를 강화하는 데 달려 있었다. 이처럼 덕성을 훈련하는 데 반드시 필요한 버팀목으로―따라서 폭정에서 벗어날 자유의 전제조건으로―여겨지던 것들이 근대 들어 압제, 임의성, 제한의 원천으로 간주되기에 이르렀다. 르네 데카르트와 토머스 홉스는 비합리적인 관습과 검증되지 않은 전통(특히 종교적 믿음과 실천)의 지배가 임의적인 통치와 비생산적인 내분의 원천이며, 따라서 안정적이고 번영하는 정체의 장애물이라고 주장했다. 두 사람은 각자 '사고실험'을 도입해 현재의 관습과 전통을 교정하자고 제안했다. 달리 말하면, 사람들을 그들의 선천적 본질로 환원하는―각자의 진정한 본성을 가리는 우연적 속성들을 개념상 벗겨내는―'사고실험'을 통해 철학과 정치를 합리적이고 반성적인 기반 위에 올려놓을 수 있다고 주장했다. 두 사람 모두 행동을 인도하는 오래된 사회 규범과 관습을 대체할 수 있는 한층 개인주의적인 합리성에 자신감을 보였다. 설혹 합리성에서 이탈하는 사례가 생기더라도 중앙집권화된 정치국가의 법적 금지령과 제재로 바로잡을 수 있다고 믿었다.

셋째, 안정성과 예측 가능성을 확립하기 위해, 그리고 (궁극적으로) 개인의 자유의 영역을 확대하기 위해 정치적 토대와 사회 규범을 바로잡을 필요가 있다면, 자연의 지배력과 한계에 인간이 종속되는 상태 역시 극복할 필요가 있었다. '새로운 정치학'은 새로운 자연과학과, 특히 인간에게 자연과 싸울 기회를 주고자 실용적인 응용을 추구하는 학문과 동행해야 했다. 홉스를 비서로 고용한 프랜시스 베이컨은 인간의 제국을 자연계로 넓혀줄 수 있는, 인간 지식의 유용한 응용을 확대함으로써 "인간의 삶의 조건을 개선"할 수 있는 새로운 형태의 자연철학을 장려했다.[4] 요컨대 근대 학문의 혁명은 스토아주의 같은 철학 전통과 '받아들임'을 강조하는 기독교 전통을 뒤집는 한편, 환경을 통제하고 세상을 원하는 대로 바꾸는 인간의 능력, 점점 커지고 잠재적으로 무한한 능력에 대한 믿음을 뒷받침하는 데에도 필요했다.

저마다 대중의 통치에 의구심을 보였음을 감안하면 이 사상가들은 모두 자유주의자가 아니었지만, 정치와 사회, 학문, 자연을 재개념화한 이들의 혁명적 사상은 근대 자유주의의 토대가 되었다. 뒤이어 수십 년 수백 년 동안 잇따라 출현한 사상가들은 자유를 재규정한 이들의 기본적인 사상 혁명을 기반으로 삼았다. 이들이 재규정한 자유는 기성 권위로부터 해방되는 것, 임의적인 문화와 전통에서 벗어나는 것, 학문적 발견과 경제적 번영을 통해 자연에 대한 인간의 힘과 지배력을 확대하는 것을 의미했다. 자유주의가 흥기하고 승리하는 데에는 꾸준한 노력이 필요했다. 즉 고전고대와 기독교의 자유관을 약화시키고, 널리 퍼진 규범과 전통, 관행을 해체해야 했다. 그리고 무엇보다 개인을 우연한 출생 성분으로부터 분리된 존재로, 국가를 개인의 권리와 자유를 지키는 주 보호자로 재개념화할 필요가 있었다.

자유주의가 이런 사유와 실천의 혁명을 받아들인 것은 엄청난 도박이었다. 다시 말해 기존의 철학 전통과 종교 · 사회 규범을 뒤집고 인간과 자연의 새로운 관계를 도입함으로써 완전히 새로운 자유를 추구하고 또 실현할 수 있다는 것이었다. 이른바 '휘그적' 정치사 해석에 따르면, 이 도박은 두말할 나위 없이 성공을 거두었다. 자유주의의 도래에 힘입어 무지몽매한 시대가 종언을 고하고, 인류가 어둠에서 벗어나 억압과 불평등을 극복하고, 군주정과 귀족정이 쇠퇴하고, 번영이 이루어지고, 기술이 발전하며, 지속적으로 진보하는 시대가 찾아온다는 것이다. 자유주의는 종교전쟁을 중단시키고, 관용과 평등의 시대를 열고, 오늘날 세계화로 정점에 이른 개인 자유의 영역과 사회적 상호작용의 영역을 확대하고, 성차별주의, 인종주의, 식민주의, 이성애 정상주의를 비롯해 사람들을 갈라놓고 비하하고 차별하는, 용납할 수 없는 온갖 편견에 계속 승리를 거두는 공적을 인정받고 있다.

프랜시스 후쿠야마는 자유주의와 경쟁하던 마지막 이데올로기가 무너진 이후 1989년에 쓴 중요한 기고문 〈역사의 종말The End of History〉에서 자유주의가 완전무결한 승리를 거두었다고 선언했다.[5] 후쿠야마는 자유주의가 유일하게 정당한 정체임을 스스로 입증했다고 주장했다. 그 근거로 모든 도전자를 견뎌내고 모든 경쟁자를 물리쳤다는 점, 더 나아가 인간 본성에 부합하기 때문에 **작동했다는** 점을 들었다. 대략 500년째 진행 중인 도박, 후쿠야마가 대담한 주장을 펴기 정확히 200년 전에 미국 건국자들이 자유주의적 공화국을 세우는 정치실험을 통해 처음으로 예시한 도박은 대개 혼탁하고 경쟁이 치열한 정치철학과 정치관행의 영역에서 유례없이 명백한 승리를 거두었다.

 자유주의의 승리가 완전하고 명백하다—실은 경쟁자들의 주장을 더 이상 고려할 필요가 없다—는 널리 퍼진 견해가 가져오는 주된 결과는, 자유주의 질서 안에서 시민적 영역과 사적 영역뿐 아니라 정치체까지 감염시키는 각종 질병을, 자유주의를 충분히 실현하지 않아서 생기거나, 또는 자유주의의 지평 안에서 정책이나 기술적 해법으로 바로잡을 수 있는 우연한 문제로 단정한다는 것이다. 자유주의의 성공 자체가 현재 자유주의를 가장 위협하는 요인이 자유주의 외부가 아닌 내부에 있을 가능성을 성찰하기 어렵게 만든다. 이 위협 요인의 잠재력은 자유주의의 근본적인 성격에서, 즉 사람들이 생각하는 자유주의의 강점(특히 자유주의가 스스로를 교정하는 능력을 갖고 있으며, 계속해서 진보하고 좋아진다는 믿음)에서 생겨난다. 그리하여 자유주의는 자신의 최대 약점을, 심지어 스스로 초래하는 쇠퇴마저 대체로 파악하지 못하고 있다. 현시대의 병폐가 무엇이든, 자유주의의 해법을 더욱 완벽하게 적용해 해결할 수 없는 문제는 없다는 입장인 것이다.

이런 병폐 중 하나가 사회와 시민을 좀먹는 자기이익이다. 고대의 덕성 의존을 극복하려는 치료법에서 생겨난 이 병폐는, 모든 사회적 상호작용과 제도에서 갈수록 뚜렷하게 드러날 뿐 아니라 자유주의 정치에까지 침투하고 있다. 자기이익은 공동선에 호소하는 모든 주장을 무력화하여 일종의 제로섬 게임 사고방식을 유도한다. 그 결과 시민들은 사적이고 대체로 물질적인 관심사에 점점 집착하다가 전국 규모로 양극화된다. 이와 비슷하게 권위적인 문화로부터 개인을 해방할 수 있다는 '치료법'은 사회적 아노미를 초래하는데, 그런 상황에서는 부득이 법적 교정책, 경찰의 통제와 감시를 확대해야 한다. 예를 들어 사회 규범과 예절이 약해졌거니와 인성을 강조하는 견해가 가부장적이고 억압적이라는 이유로 거부되어온 까닭에, 오늘날 전국에서 점점 더 많은 학구들이 학교에 감시 카메라(사후 처벌을 유발하는 익명 감독장치)를 설치하고 있다. 인간의 자연 지배라는 치료법은 그런 지배가 기껏해야 일시적이고 결국 환상에 지나지 않음을 보여주는 결과를 낳고 있다. 예컨대 화석연료 사용의 생태적 비용, 항생제 남용의 한계, 노동력을 기술로 대체하는 데 따르는 정치적 악영향 등이 그런 결과다. 오늘날 인류의 최대 난제 중 하나는 진보를 견디고 살아남는 능력을 갖추는 것이다.

자유주의는 무엇보다 자유주의 이전의 유산과 자원을 소진해왔다. 자유주의를 지탱해온 그 유산과 자원을 자유주의는 다시 채우지 못한다. 삶의 거의 모든 측면에서, 즉 가족, 이웃, 공동체, 종교,

심지어 국가의 측면에서 사회적 유대가 헐거워지는 현상에는 자유주의의 논리와 근원적인 불안정성이 반영되어 있다. 중앙집권화된 국가 정부와 심지어 세계 정부의 역할이 점점 더 중시되고 그 역할을 둘러싼 정치적 투쟁이 격화되는 추세는 자유주의의 균질화 추구에 따른 결과인 동시에 자유주의의 취약성을 드러내는 증거다. 세계시장은 비인격적 거래의 가차 없는 논리, 이제껏 자본주의의 위기를 불러왔고 오늘날 세계시장 자체를 파탄 내고 있는 논리를 강요함으로써 다양한 경제적 하위문화들을 대체한다. 교육과 보건 같은 정책 영역에서 벌어지는 전투에는 지역 수준의 노력과 헌신에 더욱 의지하는 보살핌의 형태들이 약해지는 추세가 반영되어 있다. 그런 보살핌은 국가도 시장도 똑같이 제공하거나 대체하지 못한다. 자유주의의 의기양양한 행진은 성공을 거두는 동시에 사회와 자연의 자원을, 스스로 만들어내지도 않았고 다시 채울 수도 없는 자원을 소진해왔다. 그러나 그 자원이야말로 자유주의를 지탱해온 토대다. 자유주의는 그것을 모른 채 앞으로 나아가며 자신의 토대를 허물어왔다.

자유주의는 투입되는 비용보다 더 많은 이익을 창출할 수 있다며 도박을 해왔다. 그동안 자유주의적 인류는 점증하는 비용이 널리 홍보된 이익의 결과라는 사실에 무감각해졌다. 그리하여 오늘날 대다수 사람들은 이 도박을 이미 결판이 난 내기로, 더 이상 결과를 따질 필요가 없는 문제로 여긴다. 그러나 쌓여가는 증거, 우연히 생기는 것이 아니라 분명 자유주의의 결실에서 직접 기인하는 것으로 보이는 증거들은 이제 도박장의 수금원이 돈을 갚으라며 문을 두드리고 있음을 드러낸다. 우리는 승산이 도박장 쪽에 있었음을 뒤늦게 깨달았다. 그러나 다름 아닌 자유주의의 성공에서 기인한다는 발뺌할 수 없는 증거는, 오직 편협한 이데올로기만이 자유주의의 지속 불가능성을 감출 수 있다는 것을 알려준다.

근대 입헌주의의 엄격한 법적 · 정치적 제도 자체가 자유주의 정체를 이루는 것은 아니다. 하지만 그 제도는 두 가지 근본적인 신념에서 생기를 얻는다. 자유주의는 가장 근본적으로 보면 자유주의 제도에 특정한 지향성과 특색을 부여하는 한 쌍의 인간학적 가정으로 이루어진다. 하나는 인간학적 개인주의와 주의주의主意主義적 선택 개념이고, 다른 하나는 인간이 자연과 별개이고 자연과 대립한다는 생각이다. 인간 본성과 사회에 대한 이해에 혁명을 일으킨 이 두 가지 가정은 근본적으로 새로운 '자유'의 정의를 도입했다는 점에서 '자유주의'를 구성한다.

자유주의적 주의주의

첫 번째 혁명이자 자유주의의 가장 기본적이고 뚜렷한 측면은 주의주의 이념—개인의 규제받지 않는 자율적 선택—을 정치의 토대로 삼는다는 것이다. 이 주장을 처음으로 분명하게 표현한 사람은 원형적 자유주의의 입장에서 군주정을 변호한 토머스 홉스다. 홉스에 따르면 인간은 근본적으로 독립적이고 자율적인 상태로 존재한다. 이런 취약한 조건에서의 삶이 "추하고 잔인하고 짧다"는 것을 인식한 사람들은 합리적인 자기이익에 따라 주권자로부터 보호와 안전을 보장받기 위해 자신의 자연권을 대부분 포기한다. 정당성은 사람들의 동의에서 생겨난다.

국가는 개개인의 외적 활동을 제약하고 근본적으로 개별 존재인 사람들의 잠재적 파괴 활동을 법적으로 제한하기 위해 만든 것이다. 법은 이기적인 개인들을 구속하는 일군의 실질적인 규제다. 홉스는 사람들의 자제가 상호 관심에서 생겨난다고 가정하지 않는다. 그가 《리바이어던》에 썼듯이, 법은 "보행자를 가로막기 위해서가 아니라 길을 따라 걷게 하기 위해" 세운 울타리와 비슷하다. 다시 말해 법은 "충동적인 욕구나 성급함, 경솔함"에 따라 행동하려는 사람들의 본성적 경향을 억제하고, 따라서 언제나 우리의 선천적 자유를 구속하는 외적 제약으로서 기능한다.[6] 반면 자유는 "법이 침묵하는" 곳에 있으며, 국가의 "공인된" 규칙이 명시적으로 있는 경우에만 제한된다.[7] 국가만이 우리의 선천적 자유를 제한할 수 있다. 국가는 실정법을 유일하게 창안하고 강제할 수 있으며, 어떤 신앙의 표현이 정당한지 아니면 부당한지까지 결정한다. 국가는 사회의 안정을 유지하고 자연적 무정부 상태로 돌아가는 것을 막는 책임을 지며, 그로써 우리의 자연권을 "보호한다."

요컨대 인간은 본래 서로 관계없는 존재, 개별적이고 자율적인 존재다. 자유주의가 프로젝트를 개시한 이래 모든 인간관계—정치적 결속으로 시작하지만 이것으로 국한되지 않는—의 정당성에서는 해당 관계를 선택했는지 여부, 그리고 합리적 자기이익에 도움이 되는지를 기준으로 선택했는지 여부가 갈수록 중시되어왔다.

홉스의 철학을 계승한 존 로크가 생각한 대로, 주의주의 논리는 궁극적으로 가족관계를 포함해 모든 관계에 영향을 미친다. 최초의 자유주의 철학자 로크는 《통치론》에서 자녀를 양육할 부모의 의무와 "네 부모를 공경하라"는 계명에 복종할 자녀의 의무를 인정하면서도, 모든 아이가 궁극적으로 동의의 논리를 통해 유산을 받아야 하고, 그리하여 사람들이 자율적 선택을 내리는 개인으로서 행동하는 일종의 자연상태에서(인간 사회의 기원을 가리키는 표현) 시작해야 한다고 주장했다. "모든 인간은 날 때부터 본래 자기 아버지 또는 자기 조상들과 마찬가지로 자유롭고, 그들이 자유로운 한 스스로 어떤 사회에 속할지, 어떤 국가의 지배를 받을지 선택할 수 있기 때문이다. 그러나 만약 조상의 상속재산을 향유하고자 한다면, 그들은 조상이 받아들였던 조건과 동일한 조건으로 상속재산을 취득해야 하고, 그 소유물에 부가되는 모든 조건에 복종해야 한다."[8] 심지어 부모의 유산을 물려받는 사람도 모든 면에서, 설령 암묵적일지라도 오직 동의의 논리를 통해 그렇게 하는 것이다.

로크에 따르면 결혼마저 결국에는 하나의 계약이다. 결혼 조건은 일시적이며 특히 자녀를 양육하는 의무를 끝마치고 나면 계약을 변경할 수 있다. 이 포괄적인 선택의 논리가 가장 기본적인 가족관계에 적용된다면, 더 헐거운 유대관계인 단체나 결사는 말할 것도 없다. 달리 말해 그런 단체와 결사의 구성원 지위는, 그것이 개인적 권리에 이로운지 아니면 지나치게 부담이 되는지 끊임없이 감시하고 평가해야 할 대상이다.

이 말은 자유주의 이전 시대에는 개인의 자유로운 선택이라는 생각을 일축했다는 뜻이 아니다. 자유주의 이전에 기독교는 여러 가지 방식으로 인간의 선택권을 넓히는 데 기여했다. 그중 하나가 결혼 관념을 바꾼 것이다. 즉 결혼은 가문과 재산을 고려하는 제도라는 관점에서, 개인이 성스러운 사랑을 바탕으로 서로 합의해서 내리는 선택이라는 관점으로 바뀌었다. 새로운 점은 사람들이 제도와 사회, 소속, 구성원 지위를 평가할 때, 심지어 개인적 관계를 평가할 때도 자기이익에 근거하는 개인의 선택을 가장 중시하게 되었다는 것이다. 이제 사람들은 자신의 선택이 공동체에 미칠 영향도, 창조된 질서에 대한 의무도, 궁극적으로 신에 대한 의무도 더욱 폭넓게 고려하지 않게 되었다.

처음에 자유주의가 명시적으로 내세운 주장은 우리의 정치적·사회적·사적 의사결정을 그저 기술할 뿐이라는 것이었다. 그러나 자유주의는 암묵적으로 하나의 규범적 프로젝트였다. 자유주의가 주장한 인간의 주의주의에 대한 기술은 사실 인간의 자기이해와 경험을 바라보는 기존의 시각을 매우 다른 시각으로 대체할 수밖에 없었다. 실제로 자유주의 이론은 사람들이 그들 자신과 그들의 관계에 대해 기존과 다르게 생각하도록 교육하려 했다. 자유주의는 사람들이 자유주의 사회에서 내리는 선택에 대해 중립을 지킨다고 곧잘 주장한다. 자유주의는 '권리'를 옹호하지 그 어떤 의미에서도 특정한 '좋음'을 옹호하지 않는다.

그러나 자유주의는 사람들이 결정을 내리는 토대에 대해 중립적이지 않다. 경제학 강의가 인간을 그저 효용을 극대화하는 개별 행위자로 기술할 뿐이라고 주장하면서도, 실은 학생들에게 영향을 끼쳐 더 이기적으로 행동하게 만드는 것과 마찬가지로, 자유주의는 사람들에게 헌신을 피하고 유연한 관계와 유대를 받아들이라고 가르친다. 자유주의에 따르면 정치적 · 경제적 관계만 대체 가능하고 끊임없이 재규정되는 것이 아니다. 장소와의 관계, 이웃과의 관계, 국가와의 관계, 가족과의 관계, 종교와의 관계를 막론하고 모든 관계가 그러하다. 자유주의는 느슨한 연계를 조장한다.

자연과의 전쟁

두 번째 혁명이자 자유주의를 구성하는 두 번째 인간학적 가정은 첫 번째 가정보다 정치적 성격이 확연히 덜하다. 근대 이전 정치사상, 특히 아리스토텔레스의 자연학에서 영향을 받은 정치사상은 인간을 포괄적인 자연계 질서의 일부로 이해했다. 인간은 텔로스telos, 즉 자연이 정하는 불변의 고정된 목적을 가진 존재라는 것이다. 인간 본성은 자연계 질서와 이어져 있었다. 따라서 인간은 자신의 본성에 순응하고 더 넓게는 자신이 속한 자연계 질서에 순응할 필요가 있었다. 사람들은 자신의 본성과 자연계 질서에 맞서 자유롭게 행동할 수 있었지만, 그런 행동은 그들을 추하게 만들고 인간의 이로움과 세계에 해를 입혔다. 아리스토텔레스의《니코마코스 윤리학》과 토마스 아퀴나스의《신학대전》은 둘 다 자연이 설정하는 인간의 한계―자연법―를 상세히 서술하려는 노력이다. 두 저작은 이 한계 안에서 덕성의 실천을 통해 가장 잘 사는 법과 번영의 조건을 달성하는 법을 인간에게 가르치려 한다.

자유주의 철학은 이런 인간의 자기제한이라는 요건을 거부했다. 자유주의는 먼저 인간을 구속하는 자연계 질서 관념을 대체했으며, 그런 다음 인간 본성 관념 자체를 대체했다. 자유주의는 자연과학과 인간과학, 그리고 인류와 자연계의 관계를 변형하기 시작했다. 이 혁명의 첫 번째 물결―르네상스 시대까지 거슬러 올라가는 근대 초 사상가들이 처음 일으켰다―은 인간이 자연과학과 변형된 경제체제를 이용해 자연을 지배해야 한다고 역설했다. 두 번째 물결―대체로 여러 역사주의 학파들이 특히 19세기에 일으켰다―은 고정된 인간 본성이라는 관념을 인간의 '가소성'과 도덕적 진보 역량에 대한 믿음으로 대체했다. 이 자유주의의 두 갈래('보수적' 자유주의와 '진보적' 자유주의)는 오늘날 우위를 차지하고자 서로 다투지만, 우리는 양자가 깊이 연결되어 있음을 이해해야 한다.

자유주의의 첫 번째 물결을 인도한 원형적 자유주의 사상가는 프랜시스 베이컨이다. 홉스(베이컨의 비서였다)와 마찬가지로, 베이컨은 아리스토텔레스와 토마스 아퀴나스의 자연과 자연법 이해를 공격했고, 인간에게 자연을 '지배'하거나 '통제'할 역량이 있다고 주장했다―심지어 인간의 필멸성을 극복할 가능성을 포함해 원죄의 결과를 뒤집을 수도 있다고 보았다.[9]

자유주의는 자연과학의 이런 새로운 지향과 긴밀히 얽히게 되었다. 아울러 자유주의는 자연과학과 비슷하게 인간의 자연계 이용과 정복, 지배를 조장한 경제체제―시장에 기초하는 자유기업 체제―를 받아들이고 발전시켰다. 근대 초에 자유주의는 인간 본성을 바꿀 수 없다는 견해를 취했다. 즉 인간은 본래 이기적인 존재이며, 인간의 기본 충동을 활용할 수는 있지만 근본적으로 바꿀 수는 없다는 것이다. 하지만 우리 본성의 이기적이고 소유욕 강한 측면을 유익하게 활용할 경우 경제적·과학적 체제의 발전을 촉진하고 자연현상에 지배력을 행사하는 인간의 역량을 키움으로써 자유를 확대할 수 있다고 보았다.

이 혁명의 두 번째 물결은 이런 인간관을 명시적으로 비판하며 시작한다. 루소부터 마르크스까지, 존 스튜어트 밀부터 존 듀이까지, 리처드 로티부터 오늘날 '트랜스휴머니스트'까지 아우르는 다양한 사상가들은 인간 본성이 불변이라는 생각을 거부한다. 그들은 인간이 자연을 정복할 수 있다는 첫 번째 물결을 이끈 이론가들의 생각을 받아들여 인간 본성에도 적용한다.

첫 번째 물결의 자유주의자들은 오늘날 '보수주의자들'에 해당한다. 이들은 과학적·경제적 자연 지배의 필요성을 강조하면서도 이 프로젝트를 인간 본성에까지 확장하는 것은 꺼린다. 그리고 경제적 목적을 위해 세계를 공리주의적으로 이용하는 거의 모든 방안을 지지하면서도 생명공학적 인체 '증강'의 형태들에는 대부분 반대한다.

두 번째 물결의 자유주의자들은 인체의 생물학적 본성으로부터 인간을 해방하는 거의 모든 기술적 수단에 점점 더 찬성하고 있다. 오늘날 정치적 논쟁은 대체로 이 두 부류의 자유주의자들 사이에 벌어진다. 양편 모두 자유주의 이전 전통에서 옹호했던 인간 본성과, 인간과 자연의 관계를 근본적으로 다르게 이해하는 견해를 직시하지는 않는다.

요컨대 자유주의는 흔히 말하듯이 입헌 정부와 사법적 권리 방어에 좁게 초점을 맞추는 정치 프로젝트가 아니다. 오히려 자유주의는 인간의 삶과 세계 전체를 변형하고자 한다. 자유주의의 두 차례 혁명—하나는 인간학적 개인주의와 주의주의적 선택 개념, 다른 하나는 인간이 자연과 별개 존재이고 자연과 대립한다는 주장—은 인간의 자율적 활동의 영역을 최대한으로 넓히는 새롭고 독특한 자유관을 낳았다.

자유주의는 고대의 자유 개념, 즉 자유란 저급하고 쾌락적인 욕구를 노예처럼 추구하고픈 유혹을 이겨내는 학습된 역량이라는 개념을 거부한다. 이런 자유는 도시와 영혼 둘 모두의 자치 조건으로서, 덕성을 도야하고 실천하는 개인의 활동과 스스로 법을 제정하는 집단의 활동을 긴밀하게 연결한다. 그런 사회에서는 개인과 시민을 양성하고 자치의 기술과 덕목을 가르치는 일이 중차대한 관심사가 된다.

이와 달리 자유주의가 이해하는 자유는 실정법의 제약을 받지 않는 영역 안에서 자유롭게 행동할 수 있는 상태다. 이 자유 개념은 지난날 이론에 지나지 않았던 상상 속 자연상태를 실제로 만들어낸다. 다시 말해 선천적 개인주의 이론이 점점 더 현실이 되는 세계를 만들어낸다. 오늘날 그 세계는 법과 정치, 경제, 사회라는 구조물의 보호를 받고 있다. 자유주의 체제에서 사람들은 갈수록 자율성의 상태에서 살아가며, 그 상태에서는 법을 시행하고 그에 상응해 국가의 역할을 확대하는 방법으로 이른바 자연적 인간 조건의 위협적인 무질서를 통제하고 억누른다. 사람들이 자신이 속한 공동체에서 해방되는(그리하여 느슨한 연계만 남는) 한편 자연을 이용하고 통제함에 따라, 자율적 자유의 영역은 한없이 팽창하는 것처럼 보인다.

아이러니하게도 자율성의 영역을 더욱 완전하게 보호하려면 국가의 역할을 더 확대할 수밖에 없다. 자율성의 영역에서 자유를 누리려면 가족부터 교회까지, 학교부터 마을과 공동체까지, 비공식적이고 익숙한 기대와 규범으로 행동을 통제하는 모든 형태의 결사와 관계로부터 해방될 필요가 있다. 이런 통제는 대체로 정치적인 통제가 아닌 문화적 통제였다—법은 가족과 교회, 공동체를 통해 배우는 비공식적인 행동 기대치인 문화 규범만큼 포괄적이지 않았고, 대체로 문화 규범의 연장선상에 있었다. 개인들이 이런 결사들로부터 해방됨에 따라 실정법을 통해 그들의 행동을 규제해야 할 필요성은 더욱 커진다. 그와 동시에 사회 규범은 권위를 잃어가면서 갈수록 과거의 임의적이고 억압적인 잔재로 느껴진다. 국가가 적극적으로 개입해 뿌리 뽑아야 할 잔재인 것이다.

자유주의는 결국 두 가지 존재론적 요소, 즉 해방된 개인과 통제하는 국가에 이른다. 홉스는 《리바이어던》에서 이 두 실체를 완벽하게 묘사했다. 국가는 오로지 자율적인 개인들로만 구성되고, 이 개인들은 국가에 의해 '억제'된다. 개인과 국가는 존재론적으로 가장 상위에 있는 두 가지 요소를 나타낸다.

오늘날 세계에서는 과거에 대한 존중과 미래에 대한 의무가 즉각적인 만족 추구로 대체되고 있다. 문화는 자제와 예의의 덕목을 도야할 수 있도록 과거의 지혜와 경험을 전달하기보다는 쾌락 자극,

본능만 좇는 천박함, 오락거리 등 소비와 욕구, 무신경함을 조장하는 것들과 동의어가 되어가고 있다. 그 결과 얄팍하게 자아를 극대화하는, 사회적으로 파괴적인 행위들이 사회를 지배하기 시작했다.

학교에서는 겸손, 바른 행실, 학문적 정직의 규범이 무법행위와 부정행위(그에 따라 갈수록 늘어나는 청소년 감시)로 대체되고, 우려스러운 성년 학생들 사이에서는 교제 규범이 '하룻밤 섹스'와 공리주의적인 성적 접촉으로 대체된다. 안정적인 평생 결혼생활의 규범은 결혼을 했든 안 했든 개인들의 자율성을 보장하는 다양한 합의로 대체된다. 자녀는 갈수록 개인의 자유를 제한하는 원인으로 간주되며, 이런 시각은 원하면 낙태를 할 수 있게 해주겠다는 자유주의의 약속을 강화한다. 그 결과 선진 세계 전반에서 출생률이 감소한다. 경제 영역에서는 대개 당장 이익을 내라는 끊임없는 요구에 쫓겨 단기 수익을 올리려는 충동이 투자와 신탁을 대체한다. 그리고 자연과의 관계에서 지구의 풍부한 자원을 단기적 시각으로 착취하는 것이 우리의 생득권이 된다. 설령 훗날 우리 자녀들에게 표토와 식수 같은 자원이 부족해질지라도 개의치 않는다. 이런 활동을 규제하는 일은 실정법을 시행하는 국가의 소관으로 치부되지 문화 규범의 산물인 교양 있는 자치의 결과로 여겨지지 않는다.

인생의 기본적인 활동은 홉스가 말한 '죽어야 멈추는 연이은 권력' 추구—훗날 토크빌이 말한 '불안' 또는 '안달'—라는 생각을 전제로 끊임없이 자기실현을 추구하고 갈망 충족을 위해 더 많은 권력을 원하는 이들에게는, 언제나 가속되는 경제성장과 사회에 만연한 소비가 필요하다. 자유주의 사회는 경제성장이 둔화될 경우 여간해서는 생존하기 어렵고, 경제성장이 얼마간이라도 멈추거나 역행할 경우 무너질 것이다. 이렇게 인간의 목적에 무관심한—'좋음'보다 '권리'를 강조하는—사람들의 유일한 목표이자 명분은 자유주의적 인간, 스스로를 형성하고 표현하는 개인을 받아들이는 것이다. 이 목표를 이루기 위해 진정으로 어려운 선택을 내릴 필요는 없다. 그저 선택할 수 있는 생활방식이 여럿 있기만 하면 된다.

자유주의 창시자들은 사회 규범을 지탱하는 여러 결사와 자기제한 교육으로부터 개인을 해방하려 하면서도 사회 규범의 존속을 대체로 당연하게 받아들였다. 초창기에 그들은 가족과 학교, 공동체의 건강과 연속성을 가정하면서도 이 결사들의 철학적 토대를 공격했다. 뒤이어 자유주의가 전진함에 따라 규범을 정하는 권위 있는 제도가 흔들리는 가운데, 이 이로운 결사들도 현실에서 약해져갔다. 나중에 자유주의는 이 결사들의 힘을 소극적으로 소진시키던 방침을 적극적으로 파괴하는 방침으로 바꾸었다. 지금은 역사상 규범 함양을 책임졌던 결사들의 잔재가 갈수록 자율적인 자유의 장애물로 간주되고 있다. 이제 국가 기구가 그런 구속으로부터 개인을 해방하는 과제를 직접 수행하고 있다.

물질적·경제적 영역에서 자유주의는 자연을 정복하기 위해 오래된 자원 저수지를 고갈시켜왔다. 오늘날 지도자들의 정치 프로그램은 그게 무엇이든 명백히 더 많은 자원을 요구한다. 자유주의가 기능하려면 이용하고 소비할 수 있는 물질적 재화를 끊임없이 늘려야만 하고, 따라서 자연 정복과 지배를 끊임없이 확대해야만 한다. 제한과 자제력을 요청하는 사람은 정치 지도자 자리를 넘볼 수 없다.

요컨대 자유주의는 오래된 행동 규범을 새로운 형태의 해방이라는 명목으로 철폐할 수 있고, 자연을 정복해 거의 무한한 선택에 필요한 연료를 공급할 수 있을 것이라는 거대한 도박이었다. 이 노력이 낳은 한 쌍의 결과—도덕적 자제력의 고갈과 물질적 자원의 고갈—를 마주한 우리는 자유주의 다음에 무엇이 올지 고민하지 않을 수 없다.

자유주의 프로젝트는 궁극적으로 자기모순이며 결국 자신의 토대인 도덕적 자원과 물질적 자원의 고갈로 귀결된다는 나의 생각이 옳다면, 우리는 한 가지 선택에 직면해 있다. 우리는 지역에 더 중점을 두는 자치의 형태를 자진해서 추구할 수 있다. 그렇지 않으면 악화되는 무정부 상태와, 점점 더 절박해지는 국가가 점점 더 강압적으로 부여하는 질서 사이에서 오락가락하며 고통받을 수도 있다. 자유주의의 논리적 결론을 고려하면, 자유주의의 마지막 단계는 어느 모로 보나 지속 불가능하다. 자유주의는 사회 규범을 잃어가는 자율적 개인들의 무리에게 언제까지나 질서를 강요할 수도 없고, 한계가 있는 세계에서 영원히 물질적 성장을 이루어낼 수도 없다. 우리는 지역 공동체에서 자치를 실천하고 경험하는 데서 유래하는 자기제한의 미래를 선택할 수도 있고, 극단적인 허가와 극단적인 억압이 공존하는 미래로 돌이킬 수 없이 나아갈 수도 있다.

인간은 정치적 동물이며 공동체에서 덕성을 익히고 실천함으로써 지역적·공동체적 형태의 자기제한—올바로 이해한 자유의 상태—을 달성할 수 있다는 오래된 주장을 영원히 부인하려면 그 대가를 치러야만 한다. 현재 우리는 자유주의에서 말하는 자유의 수많은 사회적·경제적·정치적 증상을 치료하려 시도하고 있다. 그러나 그런 증상들의 더 깊은 원인, 자유주의의 철학적 약속의 밑바탕에 있는 병리학에는 대처하지 못하고 있다. 대다수 논자들은 현재 위기—도덕적 위기로 이해하든 경제적 위기로 이해하든—를 더 나은 정책으로 해결할 수 있는 기술적 문제로 여긴다. 하지만 더 사려 깊은 시민이라면 이 위기가 앞으로 닥칠 더 큰 지진에 앞서 일어나는 작은 지진이 아닐지 생각해봐야 한다. 고대 로마인들은 자기네 도시가 영원하리라 자신만만했고 로마 이후의 세계를 상상하지 못했다. 그들과 달리 도시 안에서 생겨나는 야만에 직면한 오늘날의 우리는 앞으로 더 나은 길이 무엇일지 고민할 수밖에 없다.

2장
개인주의와 국가주의 통합하기

프랑스혁명 이래 근대 정치는 기본적으로 좌파와 우파로 나뉜다. 이 표현은 프랑스혁명기 국민의회의 좌석 배치에서 온 것이다. 당시 혁명파는 왼쪽에, 왕당파는 오른쪽에 모여 앉았다. 두 용어가 계속 쓰여온 이유는 두 가지 기본적이고 상반되는 세계관을 담고 있기 때문이다. 좌파의 특징은 변화와 개혁을 선호하고, 자유와 평등을 약속하고, 진보와 미래를 지향하는 것이다. 우파는 질서와 전통, 위계, 과거를 중시하는 기질의 파벌이다. 좌파 대 우파라고 하든, 파란색 대 빨간색이라고 하든, 자유주의자 대 보수주의자라고 하든, 이 기본적인 분열은 인간의 두 가지 근본적인 기질, 아울러 서로 배타적이면서도 공동으로 정치적 선택지들을 전부 포함하는 두 가지 세계관을 나타내는 것으로 보인다. 막 아기를 낳은 부모가 맨 먼저 받는 질문이 "아들이에요 딸이에요?"라면, 청소년기부터 우리를 규정할 가능성이 높은 질문은 정치적 좌파와 우파 중 어느 쪽에 속하느냐는 것이다.

현대의 삶은 대부분 이 기본적인 분열을 중심으로 돌아간다. 정당 조직을 비롯해 지나치게 많은 자유주의적 또는 보수주의적 논객, 매체, 고문, 여론조사원, 좌파와 우파 딱지에 따라 분류되는 정치인만이 아니라 이웃, 직업, 학교, 심지어 종교 선택까지 그렇다.[1] 사람들은 정치적 견해를 공유하는 사이라면 출신 지역이 다르든 (심지어 외국인일지라도) 종족이나 인종 배경이 다르든(종교전쟁의 역사를 감안하면 놀랍게도) 종교가 다르든, 서로 공통점이 많다고 느끼는 경향이 있다. 오늘날 보수적인 개신교 복음주의자는 자유주의적인 루터교도보다는 정통파 유대교도나 전통주의 가톨릭교도를 친구로 사귀고 신뢰할 공산이 크다. 백인이자 자유주의자인 남부 사람은 이웃에 사는 백인 보수주의자보다는 흑인이자 민주당원인 북부 사람에게 자신의 정치적 견해를 더 편안하게 드러낼 가능성이 높다. 진보주의자인 동성애자와 자유주의자인 기독교도는 금세 공통점을 발견할 것이다. 대학 캠퍼스에서 성을 구별하는 대명사를 사용하지 않기를 권하고 지역별 차이가 전국 단일 문화에 녹아 사라지는 현시대에는 과거 어느 때보다도 정치적 지향이 정체성을 나타내는 단 하나 남은 표지로 보인다. 그것은 정체성의 핵심을 규정하는 영원하고 벗어날 수 없는 표지, 심지어 자연스럽고 불가피한 표지다.

이 기본적인 분열이 오늘날 선진 자유주의 사회에서 정치적 의식을 갖춘 거의 모든 사람의 견해에 얼마만큼 영향을 주는지를 감안하면, 분열이 겉보기만큼 심하지 않다고, 사실 양편을 갈라놓는 메울 수 없어 보이는 간극은 양편이 공유하는 더 근본적인 세계관을 가릴 뿐이라고 주장하는 것이 거의 생각할 수도 없는 일처럼 보인다. 자유주의 질서를 구축하는 프로젝트는 표면상 완고한 적수들 간의 전투라는 형태로 나타나며, 이 다툼의 에너지와 신랄함은 전반적으로 보아 결국 자유주의의 전진을 돕는 더 깊은 수준의 협력을 보이지 않게 한다.

현대 미국의 풍경을 채우는 것은 영원한 전투에 갇힌 두 정당이다. '보수적'이라고 간주되는 한 정당은 개인의 자유와 기회의 평등 프로젝트를 특히 자유롭고 구속받지 않는 시장을 통해 추진한다. '자유주의적'이라고 간주되는 다른 정당은 중앙정부의 규제권과 사법권에 폭넓게 의지하는 방법으로 경제적·사회적 평등을 증진하고자 한다. 미국의 지배적인 정치 서사에서는―존 로크와 미국의 건국자들 같은 자유주의 전통의 저자들이 명료하게 주장한―개인 자유의 옹호자들과, 존 스튜어트 밀과 존 듀이 같은 인물들의 영향을 받아 국가주의를 옹호하는 '진보적' 자유주의자들이 서로 대립한다. 두 세계관은 양립할 수 없을 만큼 정반대라고 여겨진다.

겉보기에 상반되는 이 두 가지 입장은 오늘날 미국 정치를 무심하게 지켜보는 사람에게도 익숙할 것이다. (고전적 자유주의를 계승하는) 보수주의자들은 으레 국가주의를 비난하고, (진보주의를 계승하는) 자유주의자들은 개인주의를 비판한다. 양편은 이런 기본적인 대립 구도에서 모든 정책을 놓고 경쟁하고, 경제정책과 무역정책, 보건, 복지, 환경 등 뜨거운 쟁점들을 가지고 논쟁을 벌인다. 이 전투는 대개 정책의 목표를 달성하는 최선의 방법이 무엇인지를 둘러싼 기본적인 논쟁으로 요약할 수 있다. 보수주의자들은 그 목표를 국가가 비교적 적게 개입하는 가운데 시장의 힘으로 달성해야 한다고 주장한다. 반면 자유주의자들은 시장보다 더 공정하게 이익을 분배하고 자원을 지원할 수 있는 정부 프로그램으로 달성해야 한다고 주장한다.

요컨대 고전적 자유주의자들은 개인을 기본 단위로 삼아 계약과 동의를 통해 제한된 정부를 만들어낸다고 주장하는 반면, 진보적 자유주의자들은 개인은 결코 완전히 자립하지 못하며 우리 자신을 더 큰 단위의 구성원으로 이해해야 한다고 주장한다. 양편은 추구하는 정책도 딴판이고 인간학적 가정도 상이한 것으로 보이기 때문에 이들이 더 깊은 수준에서 공유하는 저류를 알아차리기 어려울 수도 있다.

개인주의와 국가주의는 나란히 전진하고, 언제나 서로를 지탱한다. 그리고 자율적 개인의 삭막함과 국가 안에서 추상화되는 구성원, 둘 모두와 대비되는 생생하고 필수적인 관계를 항상 훼손시킨다. 우파와 좌파는 서로 시각이 다르고 상이한 수단을 사용하고 상이한 의제를 주장하긴 하지만, 서로 구별되면서도 연관되는 방식으로 국가주의와 개인주의를 함께 확대한다. 깊은 수준의 이런 협력은 유럽이나 미국 등 현대 자유주의 국가들이 더 국가주의적인 동시에 더 개인주의적인 성격으로 변해온 이유를 설명해준다. 즉 권한과 활동이 중앙정부에 점점 더 집중되는 동시에 사람들이 자발적 결사, 정당, 교회, 공동체, 심지어 가족 같은 중재 단체들에 점점 덜 의존하게 된 이유 말이다. 자유주의자들에게나 보수주의자들에게나 국가는 개인주의의 주된 동력이 되어가고, 개인주의는 국가의 권력과 권한을 확대하는 주된 원천이 되어가고 있다.

우파와 좌파의 이런 심원한 연관성은 두 가지 주요 원천에서 생겨난다. 하나는 철학적 원천이다. 고전적 자유주의 전통과 진보적 자유주의 전통 모두 궁극적으로는 개인주의를 창출하고 확대하는 국가의 중심적 역할에 찬성한다. 다른 하나는 실천적·정치적 원천이다. 양편은 철학 프로젝트와 함께 추진하며 실제로 국가권력과 개인주의를 확대한다.

앞 장에서 나는 자유주의의 '양편'이 어떻게 격렬하게 충돌하는 듯 보이면서도 자유주의 프로젝트의 주요 목표들을 함께 추진하는지를 간략하게 묘사했다. 이 장에서는 양편의 깊은 협력을 특히 자유주의 전통 내부의 철학적 원천들과, 미국의 맥락에서 이 원천들이 적용된 방식에 초점을 맞추어 더 상세하게 탐구하고자 한다.

'고전적' 자유주의와 '진보적' 자유주의 둘 다 개인이 장소와 전통, 문화, 그 밖에 직접 선택하지 않은 관계의 제약으로부터 얼마나 해방되었는가에 근거해 자유주의의 전진을 평가한다. 두 전통 모두―수단을 둘러싼 온갖 차이에도 불구하고―자유주의 전통으로 여길 수 있는 이유는, 근본적으로 개인의 해방을 약속하고 또 국가의 지원을 받는 자연과학을 주요 수단으로 사용해 자연의 제한으로부터 실질적인 해방을 이루어내겠다고 약속하기 때문이다. 이런 이유로 국가주의와 개인주의는 함께 성장하고, 지역의 제도와 자연의 한계에 대한 존중심은 줄어든다. 자유주의의 야망은 존 로크부터 존 듀이까지, 프랜시스 베이컨부터 프랜시스 벨러미까지, 애덤 스미스부터 리처드 로티까지 다양한 사상가들을 (이들 사이의 온갖 차이에도 불구하고) 고무했다.

철학적 원천과 실천적 함의 ― 고전적 자유주의

이 말이 놀라운 주장으로 들릴지도 모르겠다. 고전적 자유주의 철학은 정반대되는 주장을 하는 것으로 보이기 때문이다. 다시 말해 국가가 개인을 만들어내는 데 일조하는 것이 아니라 오히려―사회계약론에 따르면―선천적으로 자유롭고 평등한 개인들이 동의를 통해 제한된 국가를 만들어낸다고 주장하는 듯하기 때문이다. 홉스와 로크는―서로 간의 온갖 차이에도 불구하고―둘 다 자연적 개인들을 전체의 부분들이 아니라 동떨어진 전체들로 가정한다. 우리는 '자유롭고 독립적으로', 지배받지 않고 심지어 아무런 관계도 없는 상태로 태어난다는 것이다. 베르트랑 드 주브넬Bertrand de Jouvenel이 비꼬듯 말했듯이 사회계약론은 "자녀도 없고 자신의 아동기도 잊은 것이 분명한 사람들"을 상상한 철학이었다.[2] 자유란 정부와 법이 전혀 없는, "모든 것이 권리"인 상태다. 다시 말해 개인이 원하는 모든 일을 할 수 있는 상태다. 이것이 성립 불가능한 상태로 보일지라도, '자연상태'에서 상정하는 자연적 자유의 정의─이상적인 자유란 자신이 원하는 일을 할 수 있는 행위자의 능력이다─는 규제의 이상이 된다. 고대 이론에서 유덕한 자치 정부를 통해서만 자유를 달성할 수 있다고 이해한 것과 달리, 근대 이론에서 정의하는 자유는 개인의 욕구를 최대한 추구하고 충족하는 것이고, 정부는 이런 추구에 한계를 두는 관습적이고 비자연적인 제약이다.

홉스와 로크 모두 우리가 사회계약을 맺는 까닭은 단지 생존을 보장받기 위해서가 아니라 자유를 더 안전하게 행사하기 위해서라고 생각한다. 또한 두 사람 모두(특히 로크) 정치체 이전 상태에서는 다른 개인들의 무법 경쟁뿐 아니라 우리 자신의 다루기 어렵고 적대적인 본성 역시 자유를 제한한다고 본다. 로크 철학의 주된 목표는 국가의 비호를 통해 우리의 자유─욕구를 충족하는 능력으로 정의된 자유─의 전망을 확대하는 것이다. 법은 자치를 위한 규율이 아니라 개인의 자유를 확대하기 위한 수단이다. "법의 목적은 자유를 폐지하거나 억제하는 것이 아니라 보존하고 확장하는 것이다."[3] 우리가 사회계약의 조건을 받아들이는 이유는, 이를 통해 개인의 자유를 제약하는 듯한 관습과 심지어 법까지 제거함으로써 실제로 우리 개개인의 자유를 확대할 수 있다고 생각하기 때문이다―관습과 법은 자연계를 통제할 전망을 넓혀줄지라도 개인의 자유를 제약하는 원인으로 여겨질 수 있다. 로크는 법이 자유를 확대한다고 말하는데, 이는 우리가 자연계의 제약으로부터 해방된다는 뜻이다.

따라서 자유주의 이론에 따르면, 개인들이 사회계약을 통해 국가를 '창출'함과 동시에 실질적 의미에서 자유주의 국가가 자유(환경에 대한 지배력을 확대하는 인간의 능력으로 점점 더 정의된 자유)를 확대할 조건을 마련함으로써 개인들을 '창출'하는 것이다. 현대의 숱한 정치 보도가 시사하는 것처럼 개인과 국가가 본질적으로 충돌하는 것은 결코 아니다. 오히려 자유주의는 양자 사이에 아주 깊은 연계를 확립한다. 자유주의의 이상적인 자유는 강력한 국가를 통해서만 실현할 수 있다. 자유의 확대를 법으로 보호해야 한다면, 확대되는 자유는 법의 확대를 필요로 한다. 국가는 경쟁하는 개인들 사이에서 그저 심판 역할만 하는 것이 아니다. 국가는 생산적 활동, 특히 상업활동에 관여하는 우리의 능력을 보호함으로써 자연상태에서는 이론으로만 존재하는 조건, 즉 자율적 개인이 자신의 성취를 끊임없이 확대할 수 있는 조건을 현실에서 확립한다.

요컨대 자유주의 국가의 주요 역할 중 하나는 모든 제한 조건으로부터 개인들을 적극적으로 해방하는 것이다. 자유주의 이론의 핵심 목표는 욕구 충족을 방해하는 자연적 제한으로부터 사람들을 해방하는 것이다—로크에 따르면 삶의 주요 목표 중 하나는 "신체의 고통 없음"이다. 해방의 주요 동인은 상업으로, 기회와 재화를 늘림으로써 기존의 욕구를 실현할 뿐 아니라 이제껏 알지 못했던 새로운 욕구를 만들어내기까지 한다. 국가는 상업 영역, 특히 교역과 생산, 이동의 범위를 넓히는 책임을 맡는다.[4] 시장 확대와 여기에 필요한 기반시설 확충은 '자생적 질서'의 산물이 아니다. 시장과 기반시설을 넓히려면 성장하는 광범한 국가구조가 필요하며, 때로는 체제 내에서 완강히 저항하는 구성원들로부터 복종을 이끌어내야 한다. 이를 위해 국가는 초기에 지역 가정경제를 겨냥해 경제를 합리화하고 비인격화된 현대식 시장을 도입할 것을 강요해야 한다. 그렇지만 이 프로젝트는 결국 자유주의적 제국주의의 주된 동인이 된다. 이 프로젝트를 다른 누구보다 정당화한 존 스튜어트 밀은 논저 《대의정부론》에서 "문명화되지 않은" 사람들이 생산적인 경제생활을 영위할 수 있도록 설령 그들에게 "인신 노예 상태"를 "한동안 강제하는" 한이 있더라도 지속적인 노동을 강요해야 한다고 주장한다.[5]

상업 확대의 주요 목표 중 하나는 개인들을 전통적인 유대와 관계로부터 분리하는 것이다. 자유주의 국가는 개인 자유의 심판과 보호자라는 소극적 역할만 하는 것이 아니다. 국가가 보기에 자유

로운 행위자로서 완전히 자유로운 선택을 내리지 못하고 있는 개
인들을 '해방하는' 적극적인 역할도 한다. 자유주의 이론의 핵심에
는 개인이 인간 존재의 기본 단위, 유일하게 자연적인 인간 실체라
는 가정이 있다. 그리하여 자유주의 국가는 이런 개인들을 만들어
내는 조건을 확대하고자 한다. 개인은 자유주의 국가 이전의 편파
적이고 제약적인 소속 집단들로부터 일체 해방되어야 하며, 국가
는 꼭 무력으로는 아니더라도 이런 소속에서 벗어나는 것을 막는
장벽을 끊임없이 낮추어야 한다. 자유주의 국가는 사회 내 모든 집
단을 통치한다고 주장한다. 자유주의 국가는 합법적·비합법적 집
단들의 최종 중재자이며, 자신의 관점에서 개인과 국가의 관계를
간소화한다.

　과학적 방법과 반대로, 자유주의 질서가 먼저 현실에서 예시된
다음에 일군의 철학적 논증이 제시되었다. 어디에도 구속받지 않
는 이기적인 경제행위자로서의 개인은 자연상태에서는 존재하지
않았다. 오히려 그런 개인은 근대 초 자유주의 질서의 초기에 출현
한 국가가 속속들이 개입해 만들어낸 것이다. 자유주의 질서를 강
요하는 과정은 구속받지 않는 개인들이 이런 질서의 형태를 자유
롭게 선택했다는 정당화 신화를 동반한다. 자유주의 질서가 대대
적인 국가 개입의 결과였다는 사실은 소수의 학자를 제외한 모두
에게 무시된다. 이 개입을 역사가이자 사회학자인 칼 폴라니의 고
전적 연구서 《거대한 전환The Great Transformation》만큼 분명하게 밝힌

저작은 드물다.[6] 폴라니는 도덕적 목적에 이바지하는 것으로 이해되던 경제적 합의가 기존의 문화적·종교적 맥락에서 어떻게 따로 분리되었는지 기술한다. 그리고 이런 문화적·종교적 맥락이 행위를 제한했을 뿐 아니라, 개인의 이해관계와 우선순위를 위해 정당하게 경제적 행위를 할 수 있다는 생각을 차단하기까지 했다고 단정한다. 그는 기존 질서에서 경제적 교환은 사회적·정치적·종교적 삶의 주요 목표, 즉 공동체의 질서를 유지하고 그 질서 안에서 가족의 번영을 이루는 목표에 역점을 두었다고 주장한다.[7] 자신을 극대화하는 개인들의 타산에 기초하는 경제는 엄밀히 말해 시장으로 이해되지 않았다. 시장은 사회질서 내부의 물리적 공간으로 이해되었지 효용을 극대화하는 추상화된 개인들이 교환을 하는 자율적·이론적 공간으로 이해되지 않았다.

폴라니에 따르면 이런 경제관을 바꾸기 위해 지역 경제를 의도적으로 그리고 대개 폭력적으로 재형성해야 했으며, 그 작업을 수행한 경제 엘리트들과 국가 행위자들은 전통적인 공동체와 관행을 교란하고 대체했다. 사람들을 '개체화'하려면 시장을 사회적·종교적 맥락에서 분리해야 했을 뿐 아니라, 사람들에게 그들의 노동과 생산물이 가격 메커니즘에 종속되는 상품에 지나지 않는다는 것까지 납득시켜야 했다. 이는 인간과 자연 모두를 새로운 공리주의적·개인주의적 관점에서 고찰하는 변혁적 방식이었다. 이에 더해 시장자유주의는 인간과 천연자원을 둘 다 '허구적 상품'—산업

공정에서 사용되는 재료—으로 다룰 것을 요구했다. 이는 시장을 도덕으로부터 분리하는 한편 사람들이 스스로를 자연과 서로의 관계로부터 분리된 개인으로 생각하는 상황을 '유지하기' 위한 요구였다. 폴라니가 핵심을 찌르며 말했듯이 이 전환, 즉 "자유방임주의는 계획되었다."[8]

이 과정은 근대 정치경제의 역사에서 수없이 되풀이되었다. 이를테면 중세 길드를 근절하려는 노력으로, 인클로저enclosure(미개간지나 공유지 등 공동 이용이 가능한 토지에 울타리를 쳐서 사유지임을 명시하는 일—옮긴이) 논쟁으로, 러다이트 운동에 대한 국가의 억압으로, 조직된 노동보다 기업 소유주를 지원하는 국가의 정책으로, 전국의 농지에 기계화된 산업적 농업을 도입하려는 정부의 노력으로 되풀이되었다. 이 과정은 미국 남북전쟁 기간에 여러 복잡한 방식으로 사태를 움직인 저변의 동력이었다. 남북전쟁은 노예제를 폐지했다는 정당성에도 불구하고 국가의 지지를 받는 전국 경제체제가 결정적으로 확대되는 결과를 가져왔다. 그 후 이 결과에 반대하는 사람은 남부의 노예제와 연관된 죄책감을 영원히 떠안게 되었다.[9] 오늘날 확인할 수 있는 이 과정의 유산으로는 자유무역협정을 통해 계속해서 팽창하는 세계시장이 있다. 이른바 미국 보수주의자들은 대개 토착문화(버크식 보수주의자들과 마르크스주의에 치우친 입장에서 가차 없는 세계화를 비판하는 이들 모두의 관심사일 것이다)를 교란하고 궁극적으로 대체하려는 의도로 자유무역협정을 열렬히 지지한다.[10] 전국 시장의 존재를 강요하는 국가의 역할은 근래에 주마다 각기 다른 환경 기준을 낮추려는 노력을 통해 강화되었다. 아이러니하게도 다른 사안에서는 '주들의 권리'를 단호히 옹호하는 '보수적' 공화당원들이 이런 노력을 가장 열렬히 받아들였다.[11]

근대의 여명기부터 현대의 머리기사에 이르기까지, 고전적 자유주의의 옹호자들과 계승자들 — 오늘날 '보수주의자'라 불리는 사람들 — 은 '전통적 가치'를 지키려는 입장에 기껏해야 립서비스를 해왔을 뿐이다. 그들의 지도층은 현대 세계에서 실질적 개인주의의 주요 수단인 세계 '자유시장'을 만장일치로 지지한다. 이 시장은 — 다른 모든 시장과 마찬가지로 — '자유방임주의'라는 명목으로 정당화되지만, 실은 국가의 에너지, 개입, 지원에 끊임없이 의존한다. 고전적 자유주의자들은 국가의 용해 효과, 즉 전통적 관계, 문화 규범, 여러 세대를 아우르는 사고, 그리고 시장의 고려사항보다 사람 사이 유대와 박애에서 생겨나는 관심사를 우선하는 관행과 습관 등을 용해하는 국가의 효과를 시종일관 지지해왔다. 그들은 자유주의 이론에서 상상한 근본적인 개인이 '기정사실'이었다고 주장하면서도, 자신들의 규범적 이상을 급성장하는 국가를 통해 추구해왔다. 국가는 개인주의에도 불구하고 부단히 팽창해온 것이 아니라 개인주의를 실현하기 위해 끊임없이 팽창해온 것이다.

철학적 원천과 실천적 함의 — 진보적 자유주의

고전적 자유주의는 정치적 · 사회적 · 경제적 역동성을 불러왔으며, 그 결과 중 하나로 그동안 인간의 변형 역량이 과소평가되었다는 점이 널리 인식되었다. 예를 들어 존 듀이는 얇은 저서 《신구 개인주의Individualism, Old and New》에서 '구'자유주의가 봉건시대에 만연했던 "정적인 속성을 액화"했다는 점과, 경제 · 정치체제가 눈에 띄게 국가적이고 '상호의존적'인 성격으로 변해가는 상황에서 사회생활의 지역 기반을 제거했다는 점을 높이 평가한다. 그리고 지난날 미국인들의 자립 신념을 고무했던 '낭만적' 개인주의를 일축하고(이 점에서 미국의 프런티어 시대가 끝났다는 프레더릭 잭슨 터너Frederick Jackson Turner의 관찰과 공명한다), 미국인들이 그 어떤 개인도 외따로 존재할 수 없는 '사회적 전체'의 일부였다는 것이 경험적 사실임을 인식하자고 요청한다.[12]

'구개인주의'가 귀족 사회나 제퍼슨식 농본주의의 모든 흔적을 약화하긴 했지만, 아직 미국은 개인과 사회를 조화시키는 새로운 '유기적' 단계로 도약하지는 못하고 있었다. '과거의 자유주의'는 스스로 조성한 조건에서 이제 새로운 자유주의로 대체될 필요가 있었다. 당시 새로이 출현하던 자유주의가 인간의 자기변형 잠재력을 실현하려면 듀이처럼 철학적 · 사회적으로 예민한 사상가들의 지원이 필요했다.

듀이와 비슷하게 허버트 크롤리Herbert Croly도 특히 전국의 상업·문화·정체성의 체제에서 변형이 일어나고 있다고 보았다. 그러나 이 전국 체제는 실제로는 상호의존성의 새로운 형태들을 반영하면서도 여전히 제퍼슨식 독립성에 대한 믿음에서 활기를 얻고 있었다. 크롤리는 "제퍼슨식 목표를 해밀턴식 수단으로" 달성할 '새로운 공화국'(자신이 공동 창간한 잡지의 이름이기도 했다)의 창설을 요청했다(토머스 제퍼슨은 작은 중앙정부와 권력 분산을 주장한 반면, 알렉산더 해밀턴은 강력한 중앙정부를 주장했다—옮긴이). 민주주의는 더 이상 자신이 원하는 대로 행동할 개인의 자유에 근거하는 개인적 자립을 의미하지 않았다. 오히려 민주주의에 일군의 사회적이고 심지어 종교적인 약속을 집어넣어 사람들을 '인류의 형제애'에 참여한다는 인식으로 이끌어야 했다. 크롤리가 보기에 당시까지 이 원대한 목표는 개인의 자결권에 대한 케케묵은 신념 탓에 좌절되었는데, 이제 이 신념은 "더 고귀한 유형의 개인과 더 고귀한 삶을 점차 창출"할 가능성을 만들어내고 있는 깊은 상호의존성을 경시하는 것이었다.[13] 이와 비슷한 맥락에서 월터 라우셴부시Walter Rauschenbusch는 지상에 "하나님 왕국", 즉 "인간 본성을 있는 그대로 받아들이지 않고 더 나은 방향으로 이끌" 새롭고 한층 사회적인 형태의 민주정을 수립하자고 요청했다. 라우셴부시는 개인주의적 자기이익이 심지어 전통적인 기독교 신학—예부터 개인의 구원을 목표로 삼아온 신학—에까지 스며든다고 보고서 그것을 극복했다. 그리고 듀이

와 크롤리처럼 '민주주의의 정점'은 '인간 본성의 완성'이 될 것으로 예상했다.[14]

누군가는 이 사상가들의 실천적 권고에서 집단주의적인 경제적 합의를 찾을지도 모르겠다. 예컨대 듀이는 '공공 사회주의'를 요청했고, 크롤리는 '노골적인 사회주의'를 지지한다고 썼다. 그러나 이들이 개인의 불가침성과 존엄성을 지지하지 않는다고 결론 내린다면 잘못일 것이다. 두 사람 저술의 일관된 주제는 '구자유주의'의 갑갑하고 제한적인 개인주의를 제거해야만 더 진실하고 더 나은 형태의 '개성'이 출현할 수 있다는 것이다. 다시 말해 비자유의 족쇄들—특히 경제적 퇴보와 불평등의 속박—에서 완전히 벗어나야만 새롭고 더 나은 개성이 출현할 수 있다는 것이다. 민주주의가 절정에 이르면 '여럿'과 '하나'가, 우리의 사회적 본성과 우리의 개성이 조화를 이룰 것이라고 이들은 주장한다. 예컨대 존 듀이는 이렇게 썼다. "개성을 안정적으로 회복하려면 그에 앞서 기존의 경제적·정치적 개인주의를 제거해야 하고, 그로써 상상력과 노력을 해방하여 공동사회를 그 구성원들의 자유로운 문화에 이바지하는 사회로 만드는 과제를 뒷받침해야 한다."

우리는 구자유주의가 말끔히 제거된 뒤에야 '개성'과 '공동사회'가 어떻게 조화를 이룰지 완전하게 알 수 있을 테지만, 진보적 자유주의 전통의 이런 핵심 주장들로부터 한 가지는 분명하게 알 수 있다. 바로 고전적 자유주의를 극복해야만 진정한 자유주의가 출현할 수 있다는 것이다. 이것이 자유주의 프로젝트의 근본적인 단절인지 아니면 근본적인 결실인지를 둘러싼 논쟁은 지금도 계속되고 있다.

개인을 '만들어내는' 진보적 국가의 역할을 보여주는 근래의 가장 적절한 상징으로는 2012년 오바마 대통령의 재선운동의 일환으로 널리 알려진 가상의 여성이 있다—셰어나 마돈나와 비슷하게 이 여성에게는 줄리아Julia라는 이름 하나만이 필요했다. 줄리아는 오바마의 선거운동 초기에 인터넷 슬라이드 광고에 잠시 나왔는데, 그녀가 이제껏 삶의 이정표가 된 일련의 정부 프로그램 덕분에 자신의 꿈을 이루었음을 보여주는 내용이었다. 이 광고 캠페인 '줄리아의 삶'은 공화당이 '여성과의 전쟁'을 벌이고 있음을 보여주려는 노력의 일환으로, 진보적인 자유주의자들만이 여성이 더 나은 삶을 성취하도록 돕는 정부 프로그램을 지지할 것임을 여성 유권자들에게 납득시키려 했다.[15]

이처럼 '줄리아의 삶'은 경제적 기회와 평등의 증진을 돕는 정부 프로그램을 대체로 지지하는 자유주의자들을 염두에 둔 캠페인이었다. 그렇다 해도 자율적 개인을 인간 자유의 규범적 이상으로서 중시하는 보수적 자유주의의 호소력이 없었다면, 줄리아는 찬양의 대상이 되지 못했을 것이다. 우파가 정부의 지원에 폭넓게 의존하는 줄리아를 긍정적으로 묘사하는 광고에 근본적으로 자유주의적인 자율성의 이상이 담겨 있음을 대체로 간파하지 못했다면, 좌파는 홉스와 로크가 자연상태를 생각해낸 이래 가장 완벽하게 자율적인 개인을 만들어내는 것이 이런 정부 지원의 목표임을 거의 인식하지 못했다. 줄리아의 세계에는 줄리아와 정부만 있다. 광고의 한 장면에서 정부의 지원을 받는 노란색 스쿨버스가 줄리아의 어린 아들—아버지의 존재는 보이지 않는다—을 태워 가는 아주 짧은 예외가 있을 뿐이다. 그 외에 줄리아는 거대하고 때때로 끼어들고 언제나 세심하게 배려하는, 늘 존재하는 정부 덕분에 완벽하게 자율적인 삶을 살고 있다. '줄리아의 삶'이 묘사하는 세계는 홉스의 《리바이어던》의 권두화卷頭畵를 업데이트한 버전으로, 이곳에는 단지 개인들과 주권국가만 존재한다—개인들은 주권국가를 만들어내고 정당성을 부여하며, 주권국가는 자신을 만들어낸 개인들을 위해 안전과 안정된 삶을 보장한다. 주된 차이점이라면 홉스의 이야기는 사고실험으로 여겨지는 데 반해 '줄리아의 삶'은 오늘날의 현실을 묘사하는 이야기로 여겨진다는 것이다. 그러나 사실 이 광고가 점점 더 분명하게 드러내는 것은 홉스의 이야기와 정반대되는 현실, 즉 자유주의 국가가 개인을 만들어내는 현실이다. 점점 더 거대해지는, 모든 것을 에워싸는 리바이어던에 힘입어 우리는 마침내 서로에게서 자유로워진다.

요컨대 자유주의 프로젝트의 양편은 개인을 공동체의 관계로부터, 선택하지 않은 전통으로부터, 속박하는 관습으로부터 해방하기 위한 이상적인 방안을 놓고 끊임없이 치열한 경쟁을 벌인다. 그렇지만 이 경쟁의 장 밖에서는 양편 모두 개인이 선호하는 생활방식을 영위할 수 있는 해방의 영역을 넓힌다는 목표를 일관되게 추구해왔고, 자율적 개인이 출현하는 데 반드시 필요한 환경으로서 국가의 팽창을 공히 지지하기에 이르렀다. '보수적' 자유주의자들은 국가 팽창에 불굴의 적대감을 보이면서도, 공동체의 삶에서 시장의 역할을 제한할 수도 있는 지역적인 통치 형태나 전통적인 관습을 극복하기 위해 국내 시장과 국제 시장을 보호하는 국가의 능력에 줄곧 의지한다.[16] 그리고 '진보적' 자유주의자들은 팽창하는 국가가 개인 자유의 궁극적인 보호자라고 열변을 토하면서도, 특히 성적 관행과 무한히 유동하는 성 정체성, 가족의 정의, 자신의 삶을 끝내는 개인의 선택 같은 문제를 개인 '구매자와 판매자'의 공개 시장에 맡기는 방식을 선호하는 까닭에 '품행과 도덕'에 관한 한 국가의 강요를 제한해야 한다고 역설한다.

현대 자유주의 국가는 끊임없이 팽창하면서 '소비자'—오늘날 '시민'보다는 자유주의 국가의 주민을 가리키는 의미로 더 많이 쓰이는 단어—라는 우리의 자기인식을 확대하는 한편, 두 편으로 나뉜 자유주의자들—많은 사람들이 양편이 결국 그리 다르지 않다고 올바로 의심하기 시작했다—이 벌이는 격렬한 전투로 우리를 즐겁게 해준다.

개인 만들어내기

자유주의 이론과 실천의 핵심에는 개인주의의 동인으로서 국가가 하는 두드러진 역할이 있다. 개인의 해방 자체가 자유주의의 자기강화 순환, 즉 개인이 속박에서 풀려날수록 결국 국가가 강화되어 개인을 만들어내는 순환을 낳는다. 이것은 자유주의의 관점에서 보면 선순환이지만, 인간 번영의 관점에서 보면 자유주의적 병리의 가장 깊은 근원 중 하나다.

이전 세대 철학자들과 사회학자들은 장소와 관계에서 갈수록 분리되는 개인들이 국가로부터 기본적인 자기정체성을 이끌어내는 심리적 조건에 주목했다. 한나 아렌트의 《전체주의의 기원The Origins of Totalitarianism》, 에리히 프롬의 《자유로부터의 도피Escape from Freedom》, 로버트 니스벳의 《공동체 추구The Quest for Community》 등 다양한 분과의 관점에서 이 심리적 조건을 분석한 기념비적인 저술들이 꼽은 현대 전체주의의 현저한 특징은, 고립과 외로움에 대한 사람들의 불만 때문에 전체주의가 생겨나고 권력을 잡았다는 것이다. 지역에 기초하는 구성원의 지위와 결속이 약해지면서 생긴 공백을 메우려던 사람들은 멀리 있는 추상적인 국가와 국민을 완전히 동일시하는 광적인 의지에 취약했다. 이 분석은 나치즘이 무너지고 공산주의가 흥기한 이후 한동안 지지를 받다가 쇠퇴했는데, 이는 현대의 많은 사상가들이 자유주의 이데올로기에는 이 분석이 적용되지 않는다고 생각한다는 것을 시사한다.[17] 하지만 오늘날 기본적인 정치심리가 지난날과 다르게 작동한다고 추정할 이유는 없다.

니스벳은 지금도 유익한 안내자다. 근대 이데올로기들을 분석한 1953년 저작 《공동체 추구》에서 그는 전통적인 인간 공동체와 제도를 해체한 결과, 인간의 기본적인 욕구인 '공동체 추구'를 더 이상 충족하지 못하는 상황이 도래했다고 주장했다. 국가주의는 원자화된다고 느끼는 사람들이 이런 상황에 폭력적으로 반발하는 가운데 등장했다. 정치적·사회적 동물로 태어나는 사람들은 제대로 된 인간으로서 기능하기 위해 일군의 두꺼운 집단 연대를 필요로 한다. 가족(확대가족뿐 아니라 핵가족까지), 장소, 공동체, 지역, 종교, 문화와 이어진 가장 깊은 유대를 빼앗겨 뿌리가 없어진 사람들, 이런 결속의 형태들이 인간의 자율성을 제한한다고 마음 깊이 믿게 된 사람들은 자신이 의지할 수 있는 단 하나 남은 정당한 조직, 즉 국가를 통해 소속감을 느끼고 자신의 존재를 규정하려 한다. 니스벳이 보기에 파시즘과 공산주의의 발흥은 자유주의가 국가보다 작은 결사와 공동체를 공격하는 데 따른 예측 가능한 결과였다. 이 이데올로기들은 기존 결사들을 대체한 뒤 그것들이 불러일으키던 감정과 이미지를 채택함으로써 새로운 소속 형태를, 무엇보다 유사종교적인 새로운 형태의 구성원 지위를, 일종의 국가교회를 제공했다. 이제 우리의 '공동체'는 외로움, 소외감, 고립감을 달래줄 정치체에 대한 추상적인 충성심을 공유하는 동료 인간들로 구성될 터였다. 그 새로운 공동체가 우리의 욕구와 필요를 채워줄 것이었다. 그 대가로 우리가 요구받은 것은 국가에 헌신하고, 국가와 개인을 중재하는 다른 어떤 실체에 대한 충성심을 버리는 것이 전부였다. 국가는 대규모 대중을 부양하기 위해 필요하다면서 더 많은 권력을 요구하고 승인받았다.

니스벳은 이렇게 결론 내린다. "19세기 내내 만연했던 개인주의와 국가권력의 긴밀한 관계와 양자 사이에서 개인과 국가를 중재하는 결사의 영역이 전반적으로 약화된 추세를 알아채지 못하는 한, 경제와 도덕 분야에서 한 세기 반에 걸친 개인주의의 시대가 지나간 직후 20세기 들어 정치권력이 대규모로 집중되는 상황, 너무도 역설적으로 보이는, 또는 그렇게 보여온 상황을 이해하기란 불가능하다."[18]

사람들이 심리적 갈망을 느끼게 된 것 외에 국가가 충성의 대상으로 부상한 것도 자유주의의 실질적 효과에 따른 필연적인 결과였다. 팽창하는 개인주의는 광범한 중재 제도의 망과 사람들을 연결하던 끈을 잘라낸 다음, 사람들을 지원하고 부양하던 전통적인 장소에 의지할 수단마저 빼앗았다. 그리하여 정치체가 개체화되면 될수록 수많은 개인들은 어려운 시기에 국가에 의지할 수밖에 없을 것으로 전망되었다. 토크빌이 처음 내놓은 관찰과 공명하는 이 관찰은 개인주의가 국가주의의 대안이 아니라 외려 원인임을 말해준다. 당대의 숱한 보수적·진보적 독자들과 달리 토크빌은 개인주의가 갈수록 모든 것을 아우르는 중앙집권화된 국가라는 문제의 해결책이 아니라 국가권력 증대의 원천임을 이해했다. 토크빌은 《아메리카의 민주주의Democracy in America》에서 이렇게 썼다.

평등의 시대에는 어느 누구도 타인을 도울 의무가 없고 동료로부터 상당한 지원을 받을 아무런 권리도 없으므로, 누구나 독립적인 동시에 취약하다. 따로 떼어서 생각해서도 안 되고 섞어서 생각해서도 안 되는 이 두 가지 상태는 민주정의 시민들에게 극히 상반되는 두 가지 본능을 부여한다. 시민은 독립적인 까닭에 서로 평등한 사람들 사이에서 완전한 자신감과 자부심을 갖지만, 취약한 까닭에 때때로 외부의 지원을 필요로 한다. 그러나 시민은 어느 동료에게도 지원을 기대할 수 없는데, 모두가 무기력하고 냉정하기 때문이다. 이런 극단적인 상황에서 그는 전반적으로 몸을 낮추는 가운데 홀로 우뚝 서 있는 거대한 실체[후견 국가]로 자연히 눈을 돌리기 마련이다. 그의 욕구는, 특히 갈망은 계속해서 그 실체를 생각나게 하며, 결국 그는 그 실체를 자신의 개인적인 취약함을 보강하는 유일하고도 긴요한 지지물로 여기게 된다.[19]

자유주의의 철학과 실천에서 생겨나는 개인주의는 점점 더 중앙집권화되는 국가에 근본적으로 반대하기는커녕 그런 국가를 필요로 하고 실은 국가의 권력을 증대한다. 실제로 강력하게 결합한 개인주의와 국가주의는, 국가주의적 개인주의와는 전혀 다른 철학과 실천에서 활기를 얻은 자유주의 이전 공동체와 비자유주의적 공동체의 흔적을 거의 전부 제거했다. 오늘날 고전적 자유주의자들과 진보적 자유주의자들은 제각기 선호하는 종반전 — 점점 더 완벽하게 해방되는 자율적인 개인들의 사회를 이룰 것인가, 아니면 점점 더 평등화되는 세계 '공동체'의 구성원이 될 것인가 — 을 놓고 다투고 있다. 그러나 이 논쟁이 빠른 속도로 전개된다 할지라도, 사실 자유주의의 목표에 동의하는 양편은 그런 분쟁을 통해 우리의 주의를 자기네 목표에서 수단으로 돌리고 있는 것이다. 요컨대 양편 모두 자기들이 경멸하는 고전적 실천과 덕성의 잔재를 없애기 위해 협공을 펼치고 있는 것이다.

자유주의의 확장은 갈수록 공고해지는 악순환에 달려 있다. 다시 말해 국가의 확장이 개인의 파편화라는 목표를 보장하고, 그 결과 사람들이 공유하는 규범과 관행, 믿음이 없는 사회를 통제하기 위해 국가를 더욱 확장해야 하는 악순환에 달려 있다. 이런 이유로 자유주의는 법적·행정적 체제를 점점 더 필요로 한다. 그 체제의 목표는 인간의 번영을 뒷받침하는 비자유주의적 형태의 지원(학교, 의료, 자선 같은)을 모조리 대체하고, 미래 또는 운명을 공유한다는 시민들의 깊은 의식을 전부 공허하게 만드는 것이다. 비공식 관계는 행정 지시, 정책, 법적 명령으로 대체된다. 그 결과 시민들의 자발적인 구성원 지위가 흔들리고, 사회적 협력을 보장하기 위해 국가기구를 계속 확장해야 할 필요성이 생긴다. 시민적 규범이 쇠퇴하는 위험한 상황에서는 중앙집권화된 감시, 곧잘 눈에 띄는 경찰, 그리고 권력 강화의 효과를 통제하는 한편 시민들의 상호 신뢰와 헌신을 약화하는 교도소 같은 국가가 필요하다.

고전적 자유주의의 개인주의적 철학과 진보적 자유주의의 국가주의적 철학이 결국 서로를 강화하는 방식은 대개 감지되지 않는다. 보수적 자유주의자들은 자신들이 자유시장만이 아니라 가족의 가치와 연방주의도 옹호한다고 주장한다. 그러나 보수주의자들의 의제 가운데 그들이 근래에 정치적 우위를 점하는 동안 계속해서 성공적으로 실행한 의제는 규제 완화, 세계화, 엄청난 경제적 불평등 등을 포함하는 경제적 자유주의뿐이다. 한편 진보적 자유주의자들은 자신들이 국가의 운명을 공유한다는 의식, 그리고 개인주의적인 경제의 발전을 저지하고 소득 불평등을 줄이는 연대감을 고취한다고 주장한다. 그러나 그들의 정치적 의제 가운데 성공을 거둔 것은 개인적 자율성, 특히 성적 자율성 프로젝트뿐이다. 상대편을 향해 정치적 속박에 갇혀 있다고 비난하는 두 정파가 자유주의적 자율성과 불평등이라는 대의에 함께 이바지하는 것이 단지 우연의 일치일까?

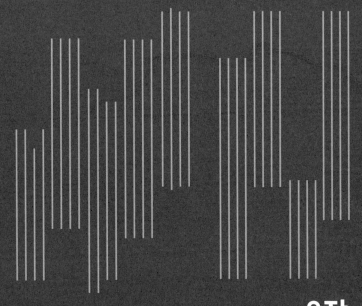

3장
반문화로서의 자유주의

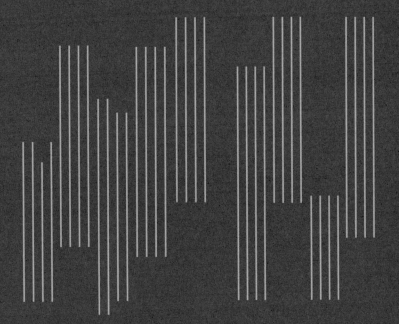

국가와 개인 자율성의 이중 확대는 특정한 문화들을 약화하고 결국 사라지게 하는 데, 그리고 그 문화들을 단일한 자유주의 문화가 아니라 사회 전체에 만연하는 반문화anticulture로 대체하는 데 달려 있다. 대중적으로 말하는 '문화', 흔히 수식어를 붙이는 '문화'(이를 테면 '대중문화'나 '미디어문화', '다문화주의'처럼)는 사실 특정한 지역 환경에 기반을 두는 일군의 세대 간 관습, 관행, 의례로서의 문화에서 핵심이 빠져나가고 있다는 증거다. 마리오 바르가스 요사Mario Vargas Llosa가 썼듯이, "문화의 관념이 지나치게 확대된 나머지, 비록 아무도 감히 명확하게 말하지는 않았지만, 문화가 사라질 지경에 이르렀다. 문화는 붙잡을 수 없는 수많은 부분으로 이루어진 비유적인 유령이 되었다."[1] 사람들이 공유하는 문화적 '전례'의 형태들 가운데 오늘날 남아 있는 것은 자유주의 국가와 자유주의 시장의 축하연뿐이다. 국경일은 쇼핑 행사를 위한 날이 되었고, 블랙프라이데이 같은 쇼핑 축제일은 국경일이 되었다. 이런 현상들에 담긴 추상적인 구성원 지위는 특정한 제휴 및 헌신과의 연결고리를 잃어버린 대중을 나타낸다. 기존의 제휴와 헌신은 (2012년 민주당 전당대회에서 상영된 비디오에서 주장하듯이) "우리 모두 속해 있는 유일한 존재"인 자유주의 국가로 옮겨갔다. 이 야심찬 주장이 간과한 사실은 우리 모두 속해 있는 유일한 존재가 세계시장, 즉 모든 정치조직과 이제 소비자로 재규정된 그 시민들을 아우르는 실체라는 것이다. 국가의 전례와 시장의 전례는 서로 긴밀히 얽혀 있다(양자의 결합은 슈퍼볼 경기 중간에 나오는 광고 축하연에서 절정에 이른다). 국가주의적인 동시에 소비주의적인 이런 전례는 추상적인 구성원들을 비인격화된 약속을 공유하는 개체화된 자아들로 구체화한다. 정치적으로는 국가주의적이고 경제적으로는 세계주의적인 환경에서 이런 수많은 전례들은 대개 스포츠 행사 중간에 등장하는 어느 군인에게 모든 사람이 2분 동안 정중하게 박수를 보낸 다음 산만한 소비라는 진지한 일로 되돌아가는 의무적인 애국심의 형태를 띤다. 직접적인 관련이 거의 없는 어느 군인에게 모두가 피상적인 감사를 표하는 이런 쇼는 우리의 주의를 더 어려운 질문으로부터 다른 데로 돌려놓는다. 그 질문이란 미국 군대가 궁극적으로 세계시장을 보호하는 기능을 하고, 그리하여 추상화되고 뿌리 뽑힌 소비적 자아의 구성을 뒷받침하느냐는 것이다.

자유주의적 반문화의 세 기둥

자유주의적 반문화는 세 가지 기둥에 의존한다. 첫째, 자연 완전 정복. 이로써 자연은 개념상 인간성을 제거한 독립적인 대상, 구원을 필요로 하는 대상이 된다. 둘째, 새로운 시간 경험. 다시 말해 과거가 없는 현재, 미래를 낯선 땅으로 여기는 현재로서의 시간을 겪는 새로운 경험이다. 셋째, 장소를 대체 가능하고 규정적 의미를 상실한 것으로 만드는 질서. 인간 경험의 이 세 가지 기둥—자연, 시간, 장소—이 문화의 근간을 이룬다. 자유주의 성공의 전제조건은 바로 이 기둥들을 뽑아내고 같은 이름을 가진 모사물들로 대체하는 것이다.

이 반문화의 전진은 두 가지 주요 형태로 나타난다. 반문화는 법을 표준화하는 체제, 두루 준수하는 비공식 규범들을 법으로 대체하고 결국 억압의 형태로 여겨 폐기하는 체제의 결과다. 또한 반문화는 보편적이고 균질한 시장의 결과다. 이 시장이 낳는 단일 문화monoculture는 이 단어의 다른 뜻(단일 재배—옮긴이)처럼 경험과 역사, 장소에 뿌리박고 있는 실제 문화를 식민화하고 파괴한다. 자유주의적 반문화의 두 가지 양상은 결국 우리를 다른 특정한 사람들, 유구한 관계들로부터 떼어놓고, 관습을 추상적이고 비인격화된 법으로 대체하며, 우리를 개인적인 의무와 빚으로부터 해방하고, 우리 개개인의 자율적 자유에 부담을 준다고 여겨지게 된 것을 만연한 법적 위협과 일반화된 금융 부채로 대체한다. 요컨대 자유주의적인 법과 시장은 개인들의 근본적인 자율성을 보장하기 위해 실제 문화를, 모든 것을 아우르는 반문화로 대체한다.

이 반문화는 우리 자유의 무대다. 그러나 갈수록 우리를 속박하는 장소로, 심지어 우리의 존속에 대한 위협으로 올바로 인식되고 있다. 해방된 인류, 유구한 문화의 특징인 전통과 유산이라는 나침반을 잃어버린 인류가 의기양양한 기쁨과 신경을 긁는 불안을 동시에 느끼는 현상은, 자유주의가 성공할수록 실패가 누적되고 있음을 나타내는 지표다. 역설적인 것은 우리를 해방하는 원천—기술을 이용한 자연 통제와 더불어 사회에 만연한 법적 감시 및 인간 통제—에 우리가 속박당하고 있다는 믿음이 점점 커진다는 점이다. 자유의 제국이 성장할수록 자유의 현실은 멀어진다. 우리 해방의 원천이라고들 하는 자유주의의 반문화는 자유주의의 성공과 소멸을 가속한다.

반문화와 자연 정복

자유주의의 주요 혁명 중 하나는 정치 영역에 좁게 한정된 혁명이 아니라 자연을 문화로부터 분리한 것이었다. 자유주의의 근본 전제는 인간의 자연적 조건이 다른 무엇보다 문화의 부재로 규정된다는 것, 그에 반해 문화의 현존은 인위성과 관습의 존재, 자연을 바꾸는 동시에 자연에 순응하려는 노력을 나타낸다는 것이다. 초창기에 자유주의적 인간학은 '자연적 인간'을 문화 없는 생물로, 인간이 만든 그 어떤 인위성도 없는 '자연상태'에 있는 생물로 가정했다. 원형적 자유주의자인 홉스가 보기에 자연상태는 분명 그 어떤 문화도 작동하지 않는 영역이었는데, 안정성과 연속성, 문화 전승, 기억이 존재할 수 있는 조건을 결여하고 있었기 때문이다.

루소는 홉스와 반대로 자연상태를 비교적 평화롭고 안정적인 상태로 상상하면서도, 다른 한편으론 홉스와 흡사하게 자연상태에는 문화적 형태들이 없다고 보았다. 그리고 홉스와 근본적으로 동일하게 자연상태에서 원형적 인간 주민들이 근본적인 자율성을 누렸다고 생각했다. 루소는 낭만주의적 입장에서 홉스식의 냉혹하고 합리주의적이고 공리주의적인 인간상을 거부했다. 그럼에도 루소의 원시주의적 대안은 자연과 문화를 분리하고자 한다는 점에서 자유주의의 여러 갈래들 사이에 근본적인 연속성이 있음을 드러낸다.

오늘날 우리는 '본성'과 '양육'의 차이에 대해 말할 수 있지만, 자유주의 이전의 사람들은 이 두 가지를 구분할 가능성조차 이해하지 못했을 것이다. 자유주의가 혁명적 성격의 단절을 불러왔다는 것은 '문화culture'라는 단어만 보아도 알 수 있다. '문화'는 자연적 형태 및 과정과 깊은 연관이 있는 단어다. 이를 가장 분명하게 보여주는 예가 'agriculture(농업)'과 'cultivate(경작하다, 함양하다)' 같은 단어들이다. 식물이나 동물을 기르지 않고는 그 잠재력을 실현할 수 없는 것과 마찬가지로 좋은 문화 없이는 인간의 최고 잠재력을 실현할 수 없다는 것을 자유주의 이전 사람들은 쉽게 이해했다. 이는 고대 사상가들에게도 명백했다. 예컨대 플라톤은《국가》의 처음 몇 장에서 정치적 형태가 아니라 어린이에게 적합한 이야기의 종류를 논했을 정도다. 또 아리스토텔레스는《니코마코스 윤리학》에서 최초의 입법자는 특히 '음식과 성', 즉 가장 교화하고 문명화할 필요가 있는 인간의 기본적인 욕구를 통제하기 시작했다는 점에서 칭송받을 자격이 있다고 단언했다. 음식의 경우 적당한 욕구와 문명인다운 소비를 장려하는 예법을 훈련해야 하고, 성의 경우 구애의 관습과 풍습, 양성 간의 예의 바른 소통을 익히고 결혼이란 자칫 불타오르기 쉬운 위험한 성욕의 영역을 담는 '그릇'임을 배워야 했다. 아리스토텔레스의 말마따나 음식과 성을 올바로 소비하도록 '함양되지 않은' 사람들은 가장 악덕한 존재, 천박하고 교육받지 않은 욕구를 채우기 위해 말 그대로 다른 인간을 소비하는 존재였다. 관습과 예의범절은 인간 본성과 반대되는 것으로 이해되기는커녕 인간 본성에서 유래한 것, 인간 본성에 의해 통제되는 것, 그리고 인간 본성을 실현하는 데 필요한 것으로 이해되었다.

자유주의의 핵심적인 야망은 인간의 이런 욕구를 문화의 인위적인 제약으로부터 해방하는 것이다—한 가지 길은 자유의 조건으로서 욕구를 완전히 해방하는 것이고, 다른 길은 제약이 필요할 경우 욕구를 각양각색 문화의 일관성 없는 제재와 변덕에 맡기는 것이 아니라 공표된 법의 한결같고 균일한 통제 아래 두는 것이다. 자유주의가 스스로를 주로 정부를 제약하고 제한하려는 노력으로 묘사하긴 하지만, 자유주의의 초창기 설계자들은 자유의 기본 조건과 자유에 필요한 안정을 보장하기 위해 강력하고 흔히 임의적인 정부—'대권'에 의거해 행동하는 정부—가 필요하다는 것을 선뜻 인정했다. 애초부터 자유주의 주창자들은 종전의 악덕들(탐욕 같은)을 경제적 역동성의 엔진으로서 자유롭게 풀어놓는 것을 전제하는 사회를 실현하려면 욕구의 표현과 추구에 대한 문화적 제약이 걸림돌이 된다는 것과, 욕구 제약을 책임지는 문화적 제도를 전복하기 위해 국가권력이 필요하다는 것을 알고 있었다.[2]

경제 영역에서 자유주의 프로젝트가 성공을 거두는 오늘날에는 예부터 소비욕과 성욕 통제를 책임졌던 문화적 제도를 대체하는 데 자유주의 국가의 권력이 점점 더 집중되고 있다—자유와 평등을 명분으로 내세우기는 하지만, 이는 무엇보다 문화적 형태들을 대체하여 자유주의적 자유의 기본 조건을 마련하려는 포괄적인 노력의 일환이다. 제약은 결국 자유주의 국가의 승인을 받아야만 용인될 수 있다. 이는 곧 동의에 기반하는 자유주의 국가 당국만이 자유를 정당하게 제한할 수 있다는 의미다.

자율적 개인을 해방하는 데에는 팽창하는 국가기구뿐 아니라 광범한 자연 정복 프로젝트도 필요하다. 이 프로젝트의 목표 역시 가장 근본적으로는 문화를 개념상 제거하고 뒤이어 현실에서 제거하는 것이다. 문화는 사람들이 자연과 책임감 있게 상호작용하는 '관습'이다. 이때 사람들은 자연의 통제를 따르는 동시에 자연의 한계와 경계 안에서 인간의 독창성과 창의성을 도입한다.

건강한 문화는 건강한 농업과 비슷하다. 농업은 인위성의 한 형태이기는 해도 지역의 여건(장소)을 고려하고 비옥한 토양을 여러 세대 동안(시간) 유지하고자 한다. 따라서 주어진 자연의 현실에 순응할 뿐 자연을 인간의 고삐 풀린 욕구를 채우는 데 방해가 되는 장애물로 대하지 않는다. 현대의 산업화된 농업은 자유주의 모델에 따라 자연의 제약을 단기적인 해결책을 통해 극복하고 그 대가를 미래 세대에 떠넘긴다.

이런 식의 해결책으로는 석유를 원료로 하는 비료의 도입(작물 수확량을 늘려주지만 호수와 대양에서 저산소 해역이 넓어지는 데 일조한다), 유전자 변형 작물(제초제와 살충제의 남용을 조장하거니와 유전자 계통을 한정하거나 예측할 수 없다), 광범위하게 퍼진 단일 작물 재배(지역별로 다양한 품종과 풍습을 대체한다), 가축용 항생제(박테리아의 유전자 돌연변이를 가속하여 인간에게 사용하는 약물의 효과를 떨어뜨린다) 등이 있다. 이런 산업 과정은 지역별 문화와 관행의 독특한 요구를 무시하며, 농업의 정수인 현존하는 농경문화를 제거하는 작업에 근본적으로 의존한다. 미래를 지향한다고 말은 하지만, 이는 완전히 현재주의적이고 무장소적인 접근법이다.

문화는 무엇보다 자연의 한계, 제안, 요구를 자각하는 가운데 발전한다. 이 자각은 '이론화된' 의식이 아니라 대개 소멸하기 전까지는 묘사할 수 없는 살아 있는 현실에 대한 의식이다.[3] 이에 반해 자유주의의 일관된 목표는 자연으로부터 문화적 형태들을 분리하는 것이었다. 그 결과 인간은 자연의 한계를 인정하던 태도에서 벗어났으며, 문화는 보편적이거나 영속적인 그 어떤 것에도 매이지 않는, 완전히 상대주의적인 믿음과 실천이 되었다. 인류를 자연의 한계로부터 해방하기 위해 자연을 정복한다는 목표 — 베이컨의 사상에서 출발한 프로젝트 — 는 자연과 나란히 발전한 문화 규범과 관행에 대한 공격이기도 했다.

자유주의의 위대한 영웅 중 한 명인 존 듀이는 자연을 지배하는 프로젝트의 일환으로서 문화를 극복해야 할 필요성을 단도직입적으로 표명했다. 듀이는 해방의 진전이 특히 적극적인 자연 통제에 달려 있으므로, 과거에 대한 퇴행적인 관심을 반영하는 전통적인 믿음과 문화를 대체할 필요가 있다고 역설했다. 그리고 인간과 자연의 관계를 대하는 두 가지 접근법을 '문명적' 접근법과 '야만적' 접근법이라고 불렀다. 야만인 부족은 황무지에서 환경의 자연적 한계에 적응함으로써 근근이 살아간다. 따라서 "그들의 적응은 있는 그대로의 환경을 최대한 받아들이고 견디고 참아내는 자세, 최대한 수동적으로 묵종하는 자세, 환경을 적극 통제하고 이용하는 활동을 최소화하는 자세를 포함한다." 동일한 황무지에 있는 "문명화된 사람들"도 적응을 한다. 그러나 "그들은 관개를 도입하고, 그런 여건에서 잘 자랄 법한 동식물을 찾기 위해 세계를 탐색하고, 그곳에서 자라고 있는 동식물을 신중한 선택을 통해 개량한다. 그 결과 황무지는 장미처럼 피어난다. 야만인은 그저 길들여질 뿐이다. 문명인은 환경을 바꾸는 습성을 갖고 있다."[4]

듀이는 자기 사상의 연원을, 자신이 역사상 가장 중요한 사상가로 여기는 프랜시스 베이컨에서 찾았다. 듀이가 《철학의 재구성 Reconstruction in Philosophy》에 썼듯이, 베이컨은 "과학 법칙들은 자연의 겉면에 있지 않다. 그것들은 숨겨져 있으며, 적극적이고 정교한 탐구 기법으로 자연으로부터 빼앗아야 한다"는 것을 가르쳐준다. 과학자는 "자연의 외견상 사실들을 그것들의 익숙한 외양과는 다른 형태로 만들어야 한다. 따라서 고분고분하지 않은 목격자를 고문해 그동안 숨겨온 것을 실토하게 하듯이, 자연의 사실들로 하여금 스스로에 대해 말하게 해야 한다."[5]

오늘날 자유주의자들은 이렇게 오만한 말을 노골적으로 하진 않지만, 자연을 지배하기 위해 문화를 제거하려는 듀이의 노력을 거부하기보다는 인간을 자연에서 분리해야 한다는 자유주의의 신념을 받아들여 인간성을 정복해야 한다―자연계를 기술로 통제하는 방법으로든('보수적' 자유주의자들), 인간 유전암호를 완전히 해독해 그 복제를 기술로 통제하는 방법으로든('진보적' 자유주의자들)―고 역설하는 경향을 보인다. 자유주의 프로젝트의 핵심적인 특징은 인간 본성을 규정하고 제한하는 자연과의 깊은 관계로서의 문화에 대한 반감이다.

자유주의적 영원성

자유주의는 통치체제 또는 법적·정치적 질서인 것 이상으로 인간의 시간 인식을 재규정하려는 노력이다. 다시 말해 시간 경험을, 특히 과거, 현재, 미래의 관계를 바꾸려는 노력이다.

사회계약론은 개인을 인간관계와 장소에서만 분리해냈던 것이 아니다. 시간에서도 분리해냈다. 사회계약론이 묘사하는 것은 역사가 없는 영원한 조건, 어느 시대에나 적용하려는 의도가 담긴 사고실험이다. 이렇게 기발한 착상을 하는 뻔한 이유—홉스가 궤와 문을 잠그는 것과 같은 일상활동을 지적하며 말한 유명한 주장대로, 사회계약론이 어떠한 상황과도 관련이 있음을 납득시키는 것—의 이면에는 인간이란 본래 영원한 현재를 살아가는 존재라는 생각이 숨어 있다. 이 착상은 우리가 참고하기 위해 되돌아봐야 하는 어떤 역사적 '사회계약'에 호소하는 것이 아니라, 우리가 언제나 본래 자율적인 선택을 하는 행위자, 계속 계약을 맺으면서 우리 자신에게 이로운 것을 인식하는 행위자라는 부단한 믿음에 호소한다. 그렇지만 이번에도 자유주의 이론은 자유주의 사회가 '자연적' 조건을 만들어내기 이전에 대다수 사람들이 실제로 경험했던 것과 상충하는 삶의 형태를 상정한다. 그러나 자유주의 정치질서가 우위를 점하는 경우에만 역사의 시간 차원을 온전히 경험하는 삶이 쇠퇴하고, 사회에 만연한 현재주의가 삶의 두드러진 특징이 된다. 자유주의는 이 조건을 특히 인간의 시간 경험을 담는 그릇인 문화를 해체하는 방법으로 만들어낸다.

자유주의 내에서 발전하는 진보주의는 이처럼 만연한 현재주의의 또 다른 갈래, 일종의 무기화된 영원성일 뿐이다. 고전적 자유주의처럼 진보주의도 과거, 특히 전통과 관습에 대한 깊은 적의에 기초한다. 진보주의가 미래를 지향한다는 것이 통념이긴 하지만, 사실 진보주의는 현재의 해결책을 과거의 해답으로부터 해방해야 한다고 전제하고, 그러면서도 우리가 과거를 존중하는 것만큼 미래도 우리의 현재를 존중할 것이라고 전제한다. 미래는 미지의 나라이며, 과거를 적대시하는 현재를 살아가는 사람들은 알 수 없는 더 나은 미래에 무관심해질 것이고, 그런 미래가 오리라고 단순히 믿는 데 그칠 것이다. 이런 시간관을 가진 사람들은 자신의 '성취'가 역사의 쓰레기통에 들어갈 운명임을 암묵적으로 이해한다. 미래 세대가 현재의 우리를 후진적이고 필연적으로 대체될 존재로 간주할 것이라 가정하기 때문이다. 자유주의는 모든 세대를 스스로를 위해 살게 하고, 인류를 하루살이로 만든다. 아니나 다를까 그 결과로 매 세대마다 자녀 세대에게 빚을 떠넘기면서 터무니없이 많은 빚이 누적되기에 이르렀다. 지금 세대도 미래 세대들이 자원 고갈에 대처하는 방법을 고안해내리라는 진보적인 믿음으로 자원을 계속 탐욕스럽게 남용하고 있다.

이런 시간 경험의 변화는 뚜렷이 다른 두 가지 시간 형태로 묘사되었다. 자유주의 이전의 인류는 순환하는 시간을 경험했던 반면, 현대의 인류는 시간을 선형線形으로 생각한다는 것이다. 시사하는 바가 많고 계몽적인 이런 선형 시간 개념만 해도 과거, 현재, 미래 사이에 근본적인 연속성이 있다고 전제한다. 이에 반해 자유주의는 조각난 시간 개념, 근본적으로 연결되지 않는 시간 개념을 몇 가지 외형으로 제시하고, 사람들로 하여금 상이한 시대들을 마치 근본적으로 상이한 나라들처럼 경험하게 한다.

토크빌은 자유주의 질서의 부상과 조각난 시간 경험 사이에 연관성이 있음을 알아챘다. 자유민주주의의 특징은 무엇보다 현재주의 경향이 될 것이라고 그는 전망했다. 평등주의를 지향하고, 특히 귀족을 부인하는 자유민주주의는 과거와 미래를 의심하고 그 대신 일종의 미숙한 개인주의를 장려할 터였다. 귀족은 "농민부터 국왕까지 모든 사람을 하나의 기다란 사슬로 연결한다. 민주주의는 이 사슬을 부수고 모든 연결고리를 제거한다. (…) 이렇게 민주주의는 사람들이 자기 조상을 잊고 살게 만들 뿐 아니라 후손에게 무관심하게 만들고 동시대인들로부터 떨어져 살게 만든다. 각 개인은 영원히 자기 자신에게만 기대야 하고, 자기 마음의 고독 안에 틀어박

힐 위험이 있다."[6]

　토크빌은 '조각난 시간'이 개인주의를 낳는 방식을 인식했고, 자유민주주의의 근본적인 논리에 따라 이런 개인주의가 다시 심대한 사회적 · 정치적 · 경제적 결과를 불러올 것으로 내다보았다. 그가 특히 우려한 점은, 자유민주주의 국가의 사람들이 자신의 삶과 행위를 시간 연속체의 일부로 보지 못하고, 따라서 자신의 행위가 오랫동안 지속되는 인간 공동체의 일부로서 장기적으로 어떤 영향을 미칠지 고려하지 못한다는 것이었다. 귀족 시대의 본질적 특징은 누구나 스스로를 세대 간 질서 안에서 차지하는 위치에 의해 규정되는 존재로 이해했다는 것이다. 이에 반해 민주주의의 특징은 개인을 해방한다는 명목으로 그런 사슬을 '부순다'는 것이다. 조각난 시간 경험은 세대 간 질서와 빛으로부터 개인을 해방하는 데에는 이로울지 몰라도 정치적 영향 면에서는 해로울 것이었다. 현대의 자유민주주의자들은 단기적 관점에서만 행동하고 따라서 미래 세대에 끼칠 영향을 도외시하는 경향을 보일 것이라고 토크빌은 생각했다.

〔자유민주주의자들은〕 자신들 사후에 무슨 일이 벌어질까 생각하지 않는다. 여기에 익숙해지고 나면, 미래에 대한 완전하고 짐승 같은 무관심에 쉽게 빠져든다. 이는 인간 본성의 특정한 성향들에 너무도 잘 들어맞는 태도다. 그들은 요원한 희망에 주로 의존하던 길을 잃어버리

자마자 자연히 가장 하찮은 욕구를 당장 채우려 한다. (…) [이런 이유로] 사람들이 덧없고 일상적인 욕구에 굴복할 위험, 오랫동안 노력해야만 달성할 수 있는 것이라면 무엇이든 단념한 채 위대한 것, 평온한 것, 영속적인 것을 결코 성취하지 못할 위험이 언제나 있다.[7]

토크빌은 각자의 생애라는 맥락 안에서만 생각하고 즉각적이고 저열한 쾌락을 채우는 데 급급한 것이 '인간 본성의 기본적인 성향'이라고 말한다. 이런 본능을 다스리고 교육하고 누그러뜨리는 것은 더 넓은 정치·사회·종교·가족구조와 관행, 기대 같은 것이다. 자유주의는 연속적인 시간에서 벗어나는 것이 우리 본성의 기본적인 특징이라고 강조하고, 인격 형성에 영향을 주는 제도와 구조, 관행이 구속받지 않는 개성을 발현하는 데 방해가 된다고 본다. 현재주의를 억제하고 인간의 뚜렷한 특징은 기억하고 약속하는 능력임을 가르쳐주는 문화적 형태들이 해체될수록, 우리는 자유로워지는 동시에 우리의 영원한 현재를 제외한 모든 시대에 대한 '짐승 같은 무관심'에 사로잡힌다.

토크빌은 이런 '짐승 같은 무관심'이 정치적 차원만이 아니라 경제적 차원에서도 나타나리라고 내다보았다. 그리고 우리를 시간적 편협함에서 꺼내주는 관행이 사회구조와 더불어 해체될 경우, 사람들이 서로 공유하는 운명을 알아차리는 능력을 잃어버리지 않을까 우려했다. 토크빌이 보기에 시간이 조각나고 그에 따라 사람들이 '우리 마음의 고독'으로 도피하는 추세는 결국, 경제적으로 성공한 이들이 자기네 성취를 자축하고 자신들보다 운이 없는 사람들과 심리적·육체적으로 분리되는 사태로 귀결될 터였다. 실제로 그는 새로운 귀족이 출현하리라 예견했다. 그러나 시간 파편화의 귀결인 '짐승 같은 무관심' 때문에 새로운 귀족은 기존의 귀족만 못할 것이었다. "지난 시대의 토지귀족에게는 법에 의해서든 관습에 의해서든 하인들을 돕고 그들의 곤궁을 덜어줄 의무가 있었다. 그러나 오늘날의 산업귀족은 자신이 이용하는 사람들이 빈곤해지고 짐승처럼 되었을 때 위급한 그들을 먹이는 일을 공공구호의 몫으로 떠넘긴다. (…) 노동자와 고용주 사이에 잦은 왕래는 있지만 진정한 유대는 없다."[8] 시간 파편화는 자유의 한 형태로, 특히 과거와 미래를 공유하는 사람들, 심지어 (결국에는) 현재 자체를 공유하는 사람들에 대한 개인적 의무에서 벗어나는 형태로 받아들여진다.

문화를 이해하는 더 나은 길은 일종의 집단 수탁으로 여기는 것이다. 문화는 시간성으로 가득한 관행, 현재를 과거와 미래에 연결하는 관례다. 고대 그리스인이 이해했던 대로 문화—아홉 뮤즈—의 어머니는 '기억'의 여신 므네모시네다. 문화는 우리에게 세대에서 세대로 이어지는 빚과 의무를 가르쳐준다. 최상의 문화는 과거로부터 물려받은 유형의 유산, 우리 모두 수탁자의 책임감으로 대해야 할 의무가 있는 유산이다. 문화는 그 자체로 인간의 시간성에 대한 총체적인 교육, 현재 안에서 살아가라는 유혹과 이런 편협한 시간관이 조장하는 고마움과 책임을 모르는 기질을 억제하려는 교육이다. 인류의 몇몇 유산—미술, 문학, 음악, 건축, 역사, 법, 종교—에 담겨 보존되는 문화는 인간의 시간 경험을 확대함으로써 문화가 없었다면 눈앞의 순간만을 경험했을 사람들에게 과거와 미래를 소개한다.

어디에도 없고 어디에나 있는 자유주의

자유주의는 무無장소성을 중시한다. 자유주의의 '자연상태'는 추상적인 개인들이 똑같이 추상적인 장소에 있다는 무장소 견해를 상정한다. 자유주의는 사람들이 그 누구에게서도 생겨나지 않는다는 인간학적 가정(홉스의 표현대로 "땅에서 버섯처럼 생겨나 서로에 대한 그 어떤 의무도 없이 자란" 사람들)뿐 아니라 우리가 그 어디에서도 생겨나지 않는다는 가정에도 의존한다.[9] 누군가 태어나고 자라는 장소는 그의 부모나 종교, 관습만큼이나 우연히 정해지는 것이다. 우리는 스스로를 무엇보다 자유롭게 선택하는 존재로 여겨야 한다. 모든 관계와 제도, 믿음과 마찬가지로 장소 역시 선택하는 존재로 말이다.

이 말은 문화적 환경에 단단히 박혀 있는 사람들이 때때로 새로운 환경을 찾아나서지 않는다는 뜻이 아니다. 그러나 자유주의는 근본적으로 장소가 없는 독특한 '기본 조건', 이론으로 시작하지만 결국 세상을 제 이미지대로 재형성하는 조건을 설정한다. 토머스 제퍼슨이 미국 독립선언문을 작성하기에 앞서 자기 견해를 로크식으로 조정한 글에서 언명한 대로, 자유주의적 인간을 규정하는 가장 근본적인 권리는 자신의 출생지를 떠날 수 있는 권리다.[10] 우리의 기본 조건은 집 없는 상태라는 것이다.

이렇게 장소 없는 기본 조건은 자유주의가 교묘하고 은밀하게 스며들어 모든 문화를 좀먹고 개인들을 해방해 반문화의 무책임성으로 이끄는 주된 방편 중 하나다. 켄터키주의 농부이자 소설가, 시인, 에세이 작가인 웬델 베리만큼 현대적 삶의 뿌리 뽑기 효과를 탁월하게 간파한 사상가는 없다. 장소 안에 있는 공동체의 당당한 옹호자인 베리가 생각하는 공동체란 일군의 풍부하고 다양한 인간관계, 공통 기억과 전통의 저장고에서 끄집어낸 관행과 전통의 복합체, 한 집단과 한 장소 사이에 생긴 일군의 유대, 위치 구속성 때문에 운반이나 이동, 대체, 양도를 할 수 없는 유대다.[11] 공동체는 각자의 출세를 위해 한데 모인 이기적인 개인들의 무리 그 이상이다. 오히려 공동체는 "신뢰, 선의, 인내, 자제, 연민, 용서 같은 공통 덕목들에 의거해 생활하고 행동한다."[12]

베리는 공동체가 제약과 한계의 장소라는 것을 주저 없이 인정한다. 실은 이 단순한 사실에 공동체의 큰 매력이 있다. 올바로 생각하면, 공동체는 번영—문화와 규율, 제약, 형식을 필요로 하는 번영—하는 인간 삶에 알맞은 환경이다. 가장 기본적인 수준의 공동체는 건강한 가족생활에서 생겨나고, 역으로 그런 생활을 가능하게 한다(베리는 의식하지 않았을지 몰라도 아리스토텔레스와 공명하는 견해다). 공동체 생활의 지원을 결여한 가족생활은 번영하는 데 애를 먹는다. 그가 보기에 그 까닭은 가족생활이 편협한 자기 충족, 특히 성적 충족을 추구하는 개인주의적 성향에 대한 규율을 전제하기 때문이다. 그는 이렇게 말한다.

> 합의 사항으로는 결혼, 가족구조, 노동과 권한의 분배, 자녀와 청소년을 지도할 책임 등이 있다. 이런 합의의 목적은 어느 정도는 성의 휘발성과 위험을 줄이고, 성의 에너지와 아름다움, 기쁨을 보존하고, 남편과 아내만이 아니라 부모와 자식, 가족과 공동체, 공동체와 자연까지 결합하는 성의 힘을 보존 및 정화하고, 장차 성행위를 물려받을 아이들을 그럴 자격을 갖춘 성인으로 길러내는 데 있다.[13]

공동체는 책임감 있고 공동의 승인을 받은 형태의 성적 결속을 장려하는 삶의 기준과 양식을 유지하고자 한다. 그 목표는 공동체 건강의 중추이자 문화와 전통의 매개체인 가족 간 강한 유대와 헌신을 빚어내는 데 있다. 이런 이유로 공동체는 '권리 소지자들'의 절대론적 주장을 제지한다. 예를 들어 베리는 공동체가 바람직한 도덕적 생태를 조성하고 유지하기 위해 내부에서 마련한 예절의 기준을 고수하는 것이 정당하다고 역설한다. 그리고 특정한 책들을 교과과정에서 빼라고 요구하고 '신의 말씀'인 성경을 교실에서 가르칠 것을 주장하는 공동체의 특권을 옹호한다. 심지어 "이 나라에서 공동체 생활의 미래는 사립학교와 홈스쿨링에 달려 있을지도 모른다"라고 생각하기까지 한다.[14] 가족은 지혜와 판단력, 지역 지식을 증진하여 공동체를 번영과 번창으로 이끄는 문화적 습관과 관행의 원천이며, 공동체 자녀들의 교육과 양육 과정에서 주요한 역할을 맡겠다고 정당하게 주장할 수 있다.

공동체는 가족에서 시작하지만 밖으로 확장하여 공동선을 실현하기에 적절한 장소를 포함하기에 이른다. 베리가 보기에 공동선은 작은 지역적 환경에서만 달성할 수 있는 것이다. 이런 환경의 크기를 정확히 정할 수는 없지만, 베리는 공동체의 기본적인 장소로서 타운을 지지하고, 지역은 주로 대인관계 영역이 아닌 경제적 영역으로 지지하는 것으로 보인다. 그는 국가적 공동선 개념이나, 더 나아가 국제적 공동선 개념에도 적대적이지 않지만, 이렇게 범위가 넓어질수록 단위가 추상화되는 경향이 있으며 그럴 경우 언제나 실생활의 번영을 희생하게 된다고 생각한다. 국지나 지역보다 큰 단위들은 엄밀히 말해 그것을 구성하는 부분들이 번영하는 경우에만 번영할 수 있다. 이에 반해 현대 자유주의는 가장 작은 단위에 대한 가장 큰 단위의 우위를 고집하고, 특이성과 다양성의 세계에 균일한 표준을 강요하려 한다. 이런 경향은 학교 교육부터 성도덕을 국유화하는 법원의 판결까지, 경제 표준화부터 상세하고 엄격한 규제 제도까지, 현대 자유주의 사회의 도처에서 찾아볼 수 있다.[15] 현대 정치의 이런 경향—인간의 통제력 확대를 옹호하는 철학의 산물—은 특수한 모든 것을 시장 역학의 논리에 종속시키고, 지역의 자원을 착취하고, 진보와 합리주의의 이름으로 지역의 관습과 전통에 적극 대항하는 방향으로 나아간다.

베리의 지적대로 현대 정치는 지역의 다양성을 못 견뎌 한다. 특히 지역이 현대의 교의인 물질적 진보, 경제성장, 그리고 이동성과 효율을 방해하는 모든 형태의 자연력이나 작용으로부터 개인을 해방하는 목표를 받아들이지 않을 때 못 견뎌 한다.[16] 베리는 현대의 국가와 경제적 가정假定이 강요하는 균질화를 강하게 비판한다.[17] 그리고 '상식'과 '전통의식', 즉 경제적·자유주의적 발전과 진보의 논리에 곧잘 저항하는 보통 사람들의 의식을 옹호한다. 베리는 일찍이 데카르트와 홉스의 뿌리 뽑힌 합리주의를 비판했던 잠바티스타 비코Giambattista Vico에 공감하면서 비코가 말한 **공동감각**sensus communis을 옹호한다. 그런 '공동지식'은 관행과 경험의 산물, 지역 환경에서 생활하고 고생하고 번영해온 사람들이 시행착오를 거쳐 얻은 지혜의 저장고다. 상식을 신중히 고려하고 존중하는 자세 없이 미리 상정한 권리 개념에 근거해 규칙과 관행을 강요해서는 안 된다.[18] 이 말은 전통을 바꾸거나 고칠 수 없다는 뜻이 아니라, 에드먼드 버크가 주장한 대로 자기네 관행을 바탕으로 삶과 공동체를 일구어온 사람들이 이해하고 동의하는 가운데 전통을 그들 내부에서 바꿀 수 있도록 응당 허용해야 한다는 뜻이다. 그러고 나면 베리의 생각대로 '상식'의 위엄, 즉 경험과 기억, 전통을 통해 세상을 이해하는 비전문가적인 방식이자, 자유주의가 대체로 묵살하는 아주 민주적인 의견의 원천인 '상식'의 위엄을 상당히 존중하게 될 것이다.

문화의 죽음과 리바이어던의 부상

미국의 주요 정치 행위자들은 자유주의 국가와 시장 중에 어느 쪽이 더 자유주의 시민을 잘 보호하는지를 두고 논쟁을 벌이곤 한다. 그러나 실제로 자유주의 국가와 시장은 서로 힘을 합쳐 현실의 문화들을 제거한다. 자유주의적 사법구조와 시장 시스템은 법적 · 경제적 단일 문화―더 정확히 말하면 단일 반문화―를 위해 문화적 다양성을 파괴하는 작업에 공히 힘을 보탠다. 특정한 역사와 관행에서 해방되고 분리된 개인들은 어디서나 교체 가능한 부품을 요구하는 정치 · 경제체제 안에서 그런 부품이 된다.

알렉산드르 솔제니친은 자유주의 질서의 핵심에 무법 상태―무엇보다도 '법치'를 중시한다고 주장하며 법규를 위해 모든 사회 규범과 관습을 도려내는 자유주의에서 기인하는 무법 상태—가 있음을 명확히 인식했다. 1978년 솔제니친은 하버드대학 졸업식에서 〈분열된 세계A World Split Apart〉라는 논쟁적인 연설을 하면서 현대 자유주의가 '법치주의적' 삶에 의존한다고 비판했다. 홉스와 로크를 좇아 법을 완벽한 자연적 자율성을 제약하는 인위적인 '울타리'로 이해하는 자유주의 사회에서 법치주의는 우리의 자연적 자유에 배치되고, 따라서 언제나 가능한 한 모면하거나 회피해야 할 강요로 간주된다. 그 어떤 '완성'—목적이든 번영이든—개념과도 단절되고 자연법의 규범과도 분리된 법치주의는 욕구를 최대한으로 추구하고 그 어떤 금지법이든 최소한으로 준수하려는 광범한 노력을 낳는다. 솔제니친이 지적한 대로

누군가 법적 관점에서 볼 때 옳다면 더 이상 아무것도 요구받지 않고, 아무도 그가 완전히 옳지는 않을 수도 있다고 말하지 않으며, 이런 권리를 자제하거나 포기하라고 촉구하지도 않고, 희생과 이타적인 위험을 요청하지도 않습니다. 이런 말은 그저 터무니없는 소리로 들릴 것입니다. 자발적인 자제는 지극히 드문 일입니다. 누구나 법의 틀을 극한까지 확장하고자 합니다.[19]

솔제니친은 자유주의의 커다란 결함과 궁극적인 약점의 정곡을 찌른다. 자유주의는 자치를 함양하지 못한다.

솔제니친이 미국에서 으뜸가는 대학인 하버드에서 연설한 것은 적절한 일이었다. 엘리트 대학들은 한때 문화를 형성했던 기관들이 자유주의적 반문화의 조달업자가 되었음을 여실히 보여주는 실례이기 때문이다. 엘리트 대학들, 그리고 더 넓게 보아 교육제도는 전진하는 자유주의의 최전선에서 과거로부터의 해방이라는 명목으로 문화 규범과 관행을 의도적이고도 전면적으로 해체하고 있다. 오늘날 반문화는 특히 성적 규범과 경제적 규범이라는 두 영역에서 교육당국의 도움과 지원을 받아 전진하고 있다. 다시 말해 특히 소비와 쾌락주의, 단기적 사고를 특징으로 하는 인간 의지를 해방한다는 명목으로 성적 규범과 경제적 규범을 해체하는 작업이 이루어지고 있다. 자유주의의 두 주요 당파인 '자유주의자들'과 '보수주의자들'이 각기 두 가지 해체 작업 중 하나는 문제로 보면서도, 다른 하나는 자유주의의 핵심 약속으로 여긴다는 사실에는 자유주의가 은밀하게 널리 퍼져나가는 현실이 반영되어 있다.

대학들은 성혁명의 최전선에서 개인 해방이라는 현대의 정통 신앙을 전도하는 교회다. 스티븐 가드너Stephen Gardner는 이 새로운 교리의 핵심 신조에 대해 이렇게 말했다. "현대 사회에서는 에로스를 종교적 숭배의 수준까지 끌어올려야 한다. (…) 현대의 개인은 육욕으로 자신의 '개성'을 확인한다고 믿는다. 육체는 욕구의 진정한 '주체'여야 하는데, 개인이 자기 욕구의 저자여야 하기 때문이다."[20] 자연상태에 있다고 상상된 '주체'는, 개인들의 자연적 자율성을 그저 존중할 뿐이라고 주장하는 동시에 교리문답을 통해 '규범 없는' 규범을 적극적으로 가르치는 자유주의 교육제도의 산물이자 창작품이다.

성혁명이 불러온 급격한 변화 중 하나는 미국의 대학에서 학생들의 행위를 규제해온 오래된 규칙과 지침을 거부하게 되었다는 것이다. 지난날 '부모 대신in loco parentis'으로 여겨진 대학은 기숙사 생활, 데이트, 통금, 방문, 처신과 관련한 규칙을 명령했다. 대학의 어른들(대개 성직자)은 부모를 대신해 청년들을 책임감 있는 성인으로 길러내는 책임을 맡았다. 학생들이 유모 같은 대학에서 해방되고 50여 년이 지난 지금, 우리는 성의 열반이 아니라 널리 퍼진 혼란과 무질서, 그리고 새로운 형태의 '부모 부재in absentia parentis', 즉 가부장적 국가를 보고 있다.

예부터 규범과 예절, 품행을 교육하고 함양함으로써 행위를 통제했던 지역의 규칙과 문화는 개인의 자유를 제한하는 억압으로 여겨지게 되었다. 이런 통제는 해방이라는 명목으로 해제되었다. 그 결과 특히 성교라는 우려스러운 영역에서 행위에 제한을 두는 관행이나 관습의 부재로 인해 성적 자유의 남용이 일반화되기에 이르렀다. 행위를 교정할 유일하게 적법한 당국으로 보이는 연방정부는 해방된 행위를 다시 규제하고자 권한을 행사했다. 그러나 지역 문화가 해체된 터라 이제 자기통제를 함양해줄 일군의 규범이 더 이상 없는 상태에서 그런 규범은 자유를 제한하는 부당한 속박으로 여겨질 뿐이다. 오늘날 할 수 있는 일이라곤 사후에 가혹하게 처벌하겠다고 위협하는 것이다. 대다수 교육기관들은 인격과 덕성의 함양을 통해 자유를 어떻게 행사해야 하는지 가르치는 임무를 회피해왔으며, 그 대신 한 사람이 다른 사람에게 해를 끼칠 경우 처벌받을 가능성을 강조하고 있다.

이 부도덕 이야기는 홉스 이야기의 축소판이다. 먼저 임의적이고 부당한 전통과 문화를 제거해야 한다('자연적 인간'). 그러고 나면 규범이 없어 무정부 상태가 뒤따른다('자연상태'). 이런 무정부 상태를 견딜 수 없음을 깨달은 우리는 유일한 보호자, 우리를 우리 자신으로부터 보호해줄 '필멸의 신'인 중앙의 주권자에게 의존한다('사회계약'). 이 이야기대로 우리는 지속되는 공동체라는 맥락 안에서 우리를 교육하려던 모든 관습과 전통, 모든 권위로부터 해방되었으며, 이것들을 멀리 있는 권위로, 우리가 자유를 남용할 때 우리를 처벌할 권위로 대체하기에 이르렀다. 그리고 이제 비공식적이고 지역적인 형태의 권위에서 완전히 벗어난 우리는 그렇게 자유가 남용되는 일이 자주 생길 것이고, 그렇게 되면 국가가 개인사에 점점 더 세세하게 개입할 필요가 있을 것이라고 사실상 확신하고 있다(국가의 '대권').

이와 동일한 욕구 해방을 찾아볼 수 있는 경제 영역에서는 균일한 경제 '법칙'을 적용한다는 명목으로 다채로운 경제 문화들을 해체하고 있다. 경제 '법칙'은 욕구 추구와 공동선을 분리하고, 시장의 추상적인 원격 규제라는 신뢰할 수 없는 방법에 의존한다. 그리고 자유주의 국가는 처벌 약속으로 이를 뒷받침한다. 원격 행정 감독이 저마다 독특한 대학 문화들을 파괴하고 점점 더 자유방임화되는 정글로 대체하여 결국 캠퍼스에 '강간 문화'를 불러온 것과 마찬가지로, '시장'은 독특한 경제 문화들의 세계를 대체해왔다. 2008년 세계경제가 거의 붕괴될 뻔했던 사태는 다른 무엇보다 주택담보대출 거래를 규제하고 관리하던 문화가 제거된 데 따른 결과였다. 역사적으로 주택담보대출은 특정한 시공간에서 발전한, 관계를 요하는 완전히 지역적인 활동으로 이해되었다. 지난날 특정 공동체에 기반을 둔 은행들은 다른 지역에 지점을 개설할 수 없었다. 이런 상황에서 대출 거래는 신뢰와 지역 지식을 바탕으로 이루어졌다. 이런 법률과 이를 뒷받침한 문화는 "은행가들의 이해관계와 더 큰 공동체의 이해관계가 동일하다"라고 상정했다.[21] 따라서 주택담보대출 시장은 익명의 추상적인 관계가 적나라하게 드러나는 무대가 아니라 공동체 사람들의 신뢰도와 평판, 의무 등에 대한 기억이 축적되어 있어야 작동하는 형태의 시장으로 이해되었다. J. P. 모건 사의 파트너 토머스 러몬트Thomas Lamont가 1928년 자신의 일에 관해 말한 대로 "하나의 전체를 이루는 공동체는 은행가에게 주변 조건을 정직하게 관찰할 것, 금융 · 경제 · 사회 · 정치 조건을 끊임없이 신중하게 탐구할 것, 그리고 이들 조건 전체를 넓게 바라볼 것을 요구한다."[22]

2008년경 금융업은 (대학 캠퍼스처럼) 자연, 시간, 장소에 뿌리박은 이런 문화를 완전히 제거해버린 상태였다. 실제로 대학의 기숙사 파티와 남학생 사교클럽에서 활동하는 것은 담보대출 시장에서, 더 넓게 보아 월스트리트의 금융 사교클럽 파티에서 경력을 쌓기에 이상적인 예행연습이었다. 담보대출업은 금융에서 대학의 '하룻밤 섹스'에 상응하는 것에, 즉 더 큰 공동체에 끼칠 영향은 전혀 개의하지 않고 낯선 사람을 무작위로 만나 욕구(지나치게 많은 부채를 지거나 이익을 얻으려는 욕구)를 채우는 행위에 의존했다. 비용을 들이지 않는 무책임한 대부는 쌍방 모두에게 만족스럽고 기존 금융질서의 제약에서 완전히 벗어난 거래였다. 그러나 대학 캠퍼스의 경우와 마찬가지로, 이런 방식은 공동체를 해치고 삶을 허물어뜨리는 엄청난 무책임과 남용으로 이어졌다. 대응도 똑같았다. 고삐 풀린 욕구의 결과에 대한 정부의 대응은 처벌 위협(실제로 처벌한 경우는 드물다)을 통해 규제와 감독을 강화하고, 행정국가를 대폭 확대해 인간의 기본적인 상호작용—주거지를 마련하려는 노력—에 대한 감독을 맡기자는 것이었다. 지역 시장 문화의 한도와 제한에서 벗어날 때 맞이하는 것은 완벽한 자유가 아니라 리바이어던의 팽창이다. 문화를 파괴해 얻는 것은 해방이 아니라 무력함과 속박이다.

문화 해체는 뿌리 뽑힌 개인의 해방, 구석구석 스며들고 에워싸는 시장, 국가의 권한 확대, 셋 모두의 전제조건이다. 사람들은 도움을 청하기 위해 당국에 개인 해방이라는 명목으로 문화 규범과 관행을 느슨하게 풀어달라고 호소하고, 당국은 다양한 압력을 가해 오래된 비공식 규범의 본질적인 특징을 축소하거나 해체한다. 규범이 사라진 상황에서 개인들은 해방된 자유를 추구하면서 법을 위반하거나 명백한 해를 가하지 않는 선에서 원하는 대로 하고 싶은 욕구를 채운다. 그러나 일반적으로 문화적 관행과 기대를 통해 발전하는 행위의 본보기가 없을 경우, 해방된 개인들은 필연적으로 분쟁을 벌이게 된다. 오늘날 그런 분쟁을 조정할 수 있는 유일한 권위는 국가다. 이런 이유로 국가는 한때 보통 문화 규범으로 해결했던 지역의 사안을 다루기 위해 법적·정치적 활동을 확대하고 있다. 자유주의적 개인주의는 문화 해체를 요구한다. 그리고 문화가 사라질수록 리바이어던은 커지고, 책임감 있는 자유는 작아진다.

기생하는 자유주의

어디서나 부인되기는 하지만 반문화의 증거는 우리를 에워싸고 있다. 자유주의는 지역의 문화와 전통이 포기한 장소를 차지한 뒤 기존 문화와 전통을 폐기하거나 억압하거나 (훨씬 더 자주) 끊임없이 재규정하는 방식으로 세력을 넓힌다. 우리는 우리 자신의 문화, 지역의 장소에 기반하고 시간을 담지하고 보통 친척과 이웃, 공동체의 유산에서 자라나는 문화—음악, 미술, 스토리텔링, 음식—를 만들어내기보다는 시장조사를 마치고 대중 시장에서 포장해 판매하는 소비재, 대개 상업성의 상징인 뿌리 없는 문화임을 감추는 소비재를 소비한다.

매슈 크로포드Mattew Crawford는 널리 읽히고 논의된 에세이에서 공예 교육의 쇠퇴는 물건을 스스로 만들고 고치는 법을 잊어버린 현실의 지표라고 말했으며, 최근의 보도는 가정에서 연주하던 음악이 대량생산된 음악으로 대체된 결과 가정용으로 판매되는 피아노의 수가 감소하고 있다고 했다. 이 같은 이야기들은 무언가를 자력으로 해내는 우리의 능력이 감소하고 있음을 잘 보여준다.[23]

탁란托卵의 최고봉인 갈색머리흑조는 200종이 넘는 조류의 둥지에 알을 낳아 자기 새끼를 기르게 한다. 자유주의는 이 교활한 수법을 모방해왔다. 자유주의 치하에서 '문화'는 진본에 기생하며 실제 문화를 대체하는 자유주의적 모조품을 가리키는 단어가 된다. 그러나 대중은 이런 바꿔치기를 모른 채 모조품을 열렬히 받아들인다. '문화'는 복수가 아닌 단수로 불리곤 하지만, 실제 문화는 다수이고 지역적이며 특수하다. 우리는 영리기업이 대량소비를 염두에 두고서 시장조사를 거쳐 표준화한 산물인 '대중문화' 같은 현상들에 대해 말하곤 한다. 문화는 지역적·역사적 경험과 기억의 축적인 반면, 자유주의 '문화'는 지역적 경험이 뿌리 뽑히고 기억이 사라지고 모든 장소가 다른 모든 장소가 될 때 남는 공백이다. 다수의 실제 문화들은 '다문화주의'에 대한 찬양으로 대체된다. 다문화주의는 실제 문화적 다양성을 여차하면 내다버릴 토착 의상을 대충 걸친 자유주의적 균질성으로 환원한다. 다문화주의의 '주의'는 자유주의가 실제 문화적 다양성을 궤멸시키려 한다는 것을 말해준다. 심지어 다수의 문화들이 널리 퍼진 하나의 반문화로 대체됨에 따라 문화의 언어마저 자유주의적 인간을 특수한 문화로부터 분리해내는 수단으로 쓰이고 있다. 모든 문화를 똑같이 찬양하는 것은 사실상 어떤 문화도 찬양하지 않는 것이다. '다원주의'나 '다양성', 또는 소매업 세계의 '선택'을 운운하는 주장이 늘수록 실제 문화들은 더 확실하게 파괴된다. 우리가 무엇보다 충성을 바치며 칭송하는 자유주의적 다원주의와 다양성은 하나같이 차이를 지지하는 균질한 사람들을 만들어내고, 널리 퍼진 무관심주의를 요구하고 보장한다.

반면에 문화는 비록 다수이고 다양하긴 해도 다음과 같은 특징을 거의 언제나 포함한다는 공통점이 있다. 그 특징이란 인간 본성과 자연계 사이에 연속성이 있다고 믿고, 과거와 미래의 경험이 현재에 담겨 있다고 인식하며, 자기네 장소의 신성함을 확신하거니와 장소를 돌보고 보존하는 활동에 깊은 고마움과 책임감을 느낀다는 것이다. 자유주의는 문화의 이런 본질적 측면들을 모조리 거부하는 입장을 전제했다. 자연과의 연속성, 시간과 세대의 흐름이 수반하는 빚과 의무, 장소와의 강한 동일시 등을 인정할 경우 자기 자신을 형성하는 저자가 되는 경험과 기회가 제한될 것으로 예상했기 때문이다. 문화는 자유주의적 개인을 창출하는 데 가장 큰 위협이었으며, 자유주의가 주로 야망하고 점차 이루어낸 목표는 자연에 대한 인간의 투쟁, 곳곳에 만연한 과거에 대한 기억 상실과 미래에 대한 무관심, 그리고 장소를 대대로 사랑하고 살 만한 곳으로 만드는 활동을 완전히 무시하는 태도, 이 세 가지를 중심으로 세계를 재형성하는 것이었다. 지역의 문화가 어디서나 균일한 반문화로 대체되는 것은 자유주의의 최대 성취이자 우리의 지속적인 공동생활을 가장 위협하는 문제 중 하나다. 자유주의의 성공의 기반 그 자체가 장차 자유주의가 소멸할 조건을 예비하는 것이다.

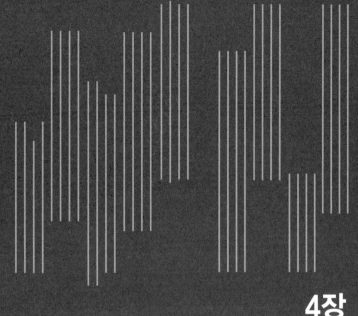

4장
기술과 자유 상실

우리는 수천 년 전부터 기술 본성에 대한 찬사와 우려를 표해왔지만, 기술 시대라고 부를 만한 시대는 근대(대략 산업시대의 여명기 이후)뿐이다. 인간은 예부터 기술적 존재이긴 했으나 우리의 기술 의존은 근대 들어 뚜렷이 바뀌었고, 그와 더불어 기술을 대하는 태도 및 기술과의 관계도 바뀌었다. 사회 전반의 기술 심취를 표현하는 전근대의 시 또는 문학, 노래를 떠올리기는 어렵다. 철제 등자나 말의 가슴걸이를 극찬하는 중세의 위대한 작품은 없다. 기술을 대하는 우리의 지적·감정적 태도―기술에 힘입어 진보할 가능성에 대한 터무니없는 낙관론과, 똑같은 기술이 불러올지 모르는 파멸에 대한 깊은 두려움을 모두 포함하는 태도―는 근대의 산물이다.[1]

이처럼 우리 삶에서 기술이 하는 역할에 한편으로는 환호하고 다른 한편으로는 불안해하며 오락가락하는 행보는 근대 들어, 적어도 메리 셸리의 소설 《프랑켄슈타인》 이래로 자기표현과 오락의 주요 형태 중 하나가 되었다. 근래에 이 장르는 더욱 인기를 끄는 것으로 보이며, 기술의 가능성과 위험성뿐 아니라 멸망을 예방하거나 불러오는 기술의 역할까지 강조된다. 이에 대한 나의 비과학적인 인상은 이 주제를 다루는 대중 프로그램이 과거 어느 때보다도 많다는 것이다. 이제 핵무기의 위협을 어느 정도 덜 의식하는 것으로 보이기는 하지만, 우리는 의학적 재앙부터 인류와 사이보그의 전쟁, 급격한 기후 변화, 인류 멸종의 유령에 이르기까지 또 다른 악몽들을 발견해왔다.

지난 수십 년 동안 몇몇 블록버스터 영화들이 통제 불가능한 힘 때문에 다가오는 파멸을 막고자 용맹하게 싸워 대개 성공을 거두는 사람들의 활약상을 묘사했다. 그런 위협적인 힘으로는 〈아마겟돈〉과 〈딥임팩트〉의 소행성 충돌, 〈인디펜던스 데이〉, 〈우주전쟁〉, 〈월드 인베이전〉의 외계인 침공, 그리고 〈2012〉에서 묘사하는, 마야 달력이 끝나는 시점의 지구 종말 등이 있다. 이 모든 영화에서 인류를 궁극적인 승리 또는 구원으로 이끄는 원천은 기술이다.

하지만 이 장르의 최근 영화들은 기술이 파멸의 원천이 될 가능성에 더 초점을 맞추는 것으로 보인다. 〈일라이〉와 〈더 로드〉 같은 몇몇 영화들은 핵 종말에 대한 두려움을 상기시킨다. 〈투모로우〉 같은 다른 영화들은 지구온난화로 인해 문명이 끝나는 상황을 가정한다. 〈나는 전설이다〉, 〈쿼런틴〉, 〈컨테이젼〉, 〈혹성탈출: 진화의 시작〉은 의학 실험이 예상과 다르게 진행되어 발생하는 떼죽음을 그린다. 영화 〈터미네이터〉 시리즈처럼 기술이 실패하거나 우리를 공격하는 이야기와 더 최근의 TV쇼 〈레볼루션〉처럼 모든 기계가 작동을 멈추고 더 이상 전기가 들어오지 않는 시대에 관한 이야기도 있다. HBO 사의 성공작 〈웨스트월드〉 시리즈는 탈인간화된 인류보다 더 인간적인 존재가 되는 기계들을 묘사하는데, 이는 우리가 우리 자신의 더 나은 버전을 발명할 가능성을 시사한다. 이와 비슷하게 웹 시리즈 〈H+〉는 나노기술의 발달로 대다수 사람들이 몸에 마이크로칩을 삽입하여 휴대전화와 태블릿, 컴퓨터 없이도 데이터와 문자, 이메일을 주고받는 미래를 그린다. 이 시리즈는 트랜스휴머니즘 기술 낙관론자들의 의기양양한 선언으로 시작하지만, 곧 기술에 치명적인 문제가 생겨 마이크로칩을 삽입한 수백만 명이 떼죽음을 당한다.

　이 최근 장르의 대다수 작품들은 사람들이 두루 공유하는 불길한 무력감, 더 나아가 우리를 해방한다는 기술에 새로운 형태로 속박당할 가능성까지 반영하는 것으로 보인다. 이들 작품은 기술이 새로운 자유의 시대를 열어줄 것이라는 낙관적이고 오만하기까지 한 믿음을 고수하는 우리가 어떻게 바로 그 기술에 여러 방식으로 종속되는지를 묘사한다. 우리가 기술을 우리에게 이롭게 통제하기는커녕 결국 기술이 우리를 지배하거나 파괴하리라는 것이다.

안드로이드 인간

　많은 학문적 연구와 저술도 비록 덜 극적이긴 해도 우리가 기술의 변형 효과에 종속되는 방식들을 탐구한다. 오늘날 가장 중요한 사례는 인터넷과 소셜미디어가 어떻게 우리를 대개 더 나쁜 쪽으로 꼼짝없이 바꾸는지를 우려하는 서술에서 찾을 수 있다. 이렇게 기술이 끼치는 측정 가능한 악영향을 기술하는 최근의 몇몇 책과 연구는 학계를 훌쩍 넘어 폭넓은 독자들의 주목을 받았다.

　일례로 니컬러스 카Nicholas Carr는 《생각하지 않는 사람들The Shallows》에서 인터넷이 어떻게 문자 그대로 우리를 바꾸는지, 어떻게 우리 뇌를 인터넷 이전 세계의 뇌와는 다른 기관으로 변형하는지 기술한다. 카는 뇌의 가소성에 관한 연구의 발전에 근거해 지속적인 인터넷 사용이 어떻게 뇌의 생리적 변화를 일으켜 우리가 생각하고 배우고 행동하는 방식까지 바꿔놓는지를 기술한다. 카에 따르면 인터넷에 지속적으로 노출될 경우 시냅스가 변형되어 이미지와 콘텐츠의 잦은 변화를 갈망하게 되고, 우리 선조들만큼 한 가지에 집중하지 못하게 된다. 물론 이런 변화가 무조건 나쁜 것은 아니다. 뇌의 일부 영역들, 특히 의사결정 및 문제 해결과 관련된 영역들은 눈에 띄게 향상되기 때문이다. 그렇지만 이런 이득은 언어 재능, 기억력, 집중력의 상당한 손실을 동반한다. 카의 주장대로라면 우리는 겉으로 드러나는 방식만이 아니라 생리적인 방식으

로도 얄팍하게shallow 변해가고 있다. 인터넷은 우리를 바보로 만들고 있다.[2]

다른 책들은 인터넷과 소셜미디어가 사회적 · 사교적 삶에 대개 나쁜 쪽으로 끼치는 영향을 강조한다. MIT의 셰리 터클Sherry Turkle은 저서《외로워지는 사람들Alone Together》에서 소셜미디어가 새로운 공동체를 만들어내기보다는 공동체를 파괴하고 대체한다는 증거들을 보여준다. 터클은 단어 '공동체community'의 어근이 문자 그대로 '서로에게 주는 것'을 의미함을 일깨우고, 그런 관행에는 '물리적 근접성'과 '공유하는 책임'이 필요하다고 주장한다. 점점 영향력이 커져가는 소셜미디어는 공동체의 이런 본질적 요소들을 회피하는 관계를 조장하고, 사람들이 공유하는 일군의 두꺼운 관행을 더 얇고 일시적인 '네트워크'로 대체한다. 터클은 단순히 향수에 젖어 있는 것이 아니다. 오히려 과거의 공동체에서 힘겹고 더 나아가 끔찍하기까지 했던 측면들을 인정한다. 예컨대 자신의 조부모가 "깊은 적대감을 가득 품은 채" 살아갔던 공동체를 묘사한다. 하지만 두꺼운 유대는 그렇게 빈번한 다툼을 낳기도 하지만, 어려운 시절이 닥치면 서로를 돌보도록 사람들을 이끌기도 했다. 터클은 우리가 그런 경험만이 아니라 공동체를 구성하는 두꺼운 유대를 맺는 능력까지 잃어버리고 있으며, 우리를 유혹하는 소셜미디어가 두꺼운 유대를 좀먹는 동시에 그 공백을 활기 없는 모사물로 채우고 있다고 우려한다. 소셜미디어가 자신이 파괴하는 것의 대용물이 되는 이런 변화를 늦출 가능성에 대해 터클은 비관적이다. 기껏해야 아이들의 인터넷 접근을 제한하려 노력할 수 있을 뿐이고, 현재 추세를 근본적으로 바꿀 전망은 불투명하다는 것이다.[3]

이런 류의 최근 저술들은 일찍이 기술 비평가들이 세운 전통을 따르는데, 그들은 기술이 우리를 바꾸고 특히 오래된 생활방식을 파괴하여 문화의 기반 자체를 공격하는 방식을 강조했다. 이 오래된 문화 비평 전통에는 모더니즘을 비판하는 루이스 멈퍼드Lewis Mumford, '기술technique'이 효용과 효율성이라는 명목으로 제 앞을 가로막는 모든 것을 없애버리는 방식을 강조하는 자크 엘륄Jacques Ellul의 《기술사회The Technological Society》, 그리고 더 최근 인물로는 기계 기술에 그 자체의 논리가 있으며 이 논리가 공동체의 관행과 전통을 파괴하는 경향이 있다고 주장하는 웬델 베리 등이 포함된다. 이 전통을 가장 대표하는 목소리는 아마도 닐 포스트먼Neil Postman 일 것이다. 1992년에 출간된 그의 책 《테크노폴리Technopoly》에는 '기술에 항복하는 문화The Surrender of Culture to Technology'라는 의미심장한 부제가 달려 있다.

이 책에서 포스트먼은 근대에 기술관료제Technocracy가 부상한 과정을 기술한다. 산업화 이전 형태의 문화와 사회조직도 기술사회 못지않게 도구를 많이 사용했지만, 그 도구는 "그것을 도입한 문화의 위엄과 통합성을 공격하지 않았다(더 정확히 말하면 공격할 의도가 담겨 있지 않았다). 일부 예외가 있긴 했지만, 도구는 사람들이 전통이나 신, 정치, 교육 방법, 사회조직의 정당성을 믿는 것을 막지 않았다."⁴ 그에 반해 기술관료제가 채택한 도구는 생활방식을 끊임 없이 변형한다. 포스트먼의 말대로 "모든 것이 어느 정도는 도구의 발전에 자리를 내주어야 한다. (…) 도구는 문화에 통합되지 않는 다. 도구는 문화를 공격한다. 도구는 문화가 되려 한다. 그 결과 전 통, 사회 풍습, 신화, 정치, 의례, 종교는 도구와 목숨을 걸고 싸워 야 한다."⁵ 우리는 기술관료제로부터 '테크노폴리'의 시대로, 즉 진 보 이데올로기의 영향 아래 문화적으로 평평해진 세계에서 "모든 형태의 문화생활이 기법과 기술의 주권에 복종"하는 시대로 접어 들었다. 기술관료제 시대를 견디고 살아남은 나머지 문화적 관행 들은 오늘날 기술 그 자체가 우리의 문화―또는 반문화, 즉 전통 을 파괴하고 관습을 약화하여 문화적 관행과 기억, 믿음을 대체하 는 역학―인 변형된 세계에 굴복하고 있다.

이런 비판들의 공통점은 우리의 기술이 우리를 대개 더 나쁜 쪽 으로 바꾸고 있다고 생각한다는 것이다. 우리는 기술의 활동에 종 속되며 대체로 모든 것을 변형시키는 기술의 힘 앞에서 무력하다. 우리의 불안감은 자유의 주된 수단이라고 하는 기술을 우리가 더 이상 통제할 수 없을지도 모른다는 믿음에서 기인한다.

이보다 더 깊은 불안감은 기술의 위험에 대해 아무리 많이 경고 한들 기술 진보의 필연성을 막을 수 없다는 믿음에서 비롯될 것이 다. 일종의 헤겔주의적 또는 다윈주의적 서사가 우리의 세계관을 지배하는 것처럼 보인다. 우리는 불가피하게 우리 자신을 파괴하는 존재를 만들어내고 있거나, 리 실버Lee Silver가 《에덴동산 다시 만들기Remaking Eden》에 썼듯이 두려워할 이유가 전혀 없는, 근본적으로 다른 생명체로 진화하고 있는 것으로 보인다. 대중문화는 미래를 내다보지만 그 미래를 믿게 만들 수는 없는 전자시대의 카산드라로 보인다(그리스 신화에서 카산드라는 예언 능력을 가졌지만 아무도 그녀의 예언을 믿지 않는 형벌을 받는다—옮긴이). 대중문화는 우리의 불안감에서 기인하는 오락거리 예언을 제공하고, 우리는 우리의 무력함을 묘사하는 예언으로 기분을 전환하며 비뚤어진 쾌감을 느낀다.

이런 기술적(아울러 정치적) 필연성 장르에 속하는 예로는, 비록 승리주의적인 방식으로 쓰기는 했지만, 프랜시스 후쿠야마의 유명한 에세이이자 나중에 책으로 나온 《역사의 종말》의 서사가 있다. 이 책은 특히 군사기술을 끊임없이 개발할 필요성을 동력으로 삼는 필연적인 과학적 논리, 궁극적으로 자유주의 국가의 출현에 이바지하는 논리를 유물론적 관점에서 길게 설명한다. 후쿠야마는 자유주의 국가만이 열린 과학적 탐구에 필요한 환경을 제공하여 군사 장비와 전술의 발전을 최대한으로 이루어낼 수 있다고 보았다. 나머지 국가들은 자유주의 국가의 뒤를 따를 수밖에 없다. 그러나 겨우 10년 뒤에 생명공학과 '인류 이후의 우리 미래'에 관해 쓴 책에서 후쿠야마는 동일한 과학적 논리가 인간 본성 자체까지도 바꿀 수 있고, 그 결과로 이 논리가 지탱해온 자유민주주의 정

치질서가 위태로워질 수 있음을 인정했다.[6]

다른 저술들은 기술적 필연성을 가리켜 현실의 본성 자체에 내재하는 힘들의 결과라고 말한다. 이제는 고전이 된 1967년 에세이 〈기계가 역사를 만드는가?Do Machines Make History?〉에서 경제사가 로버트 하일브로너Robert Heilbroner는 인류에게 기술을 개발하라고 다그치는, 역사의 전개에 내재하는 논리를 묘사한다. 사회들은 저마다 다른 속도로 기술을 채택할 테지만, 그럼에도 기술 개발에는 일종의 '약한 결정론'이 있다는 것이다. 대니얼 J. 부어스틴Daniel J. Boorstin의 얇은 책 《기술 공화국The Republic of Technology》(1978)은 더 단도직입적인 주장을 한다. 여기서 저자는 기술 개발이 중력 법칙이나 열역학 법칙과 같은 '법칙'을 따른다고 말한다. 예를 들어 "기술 공화국의 최고 법칙은 수렴, 즉 모든 것이 다른 모든 것과 점점 더 비슷해지는 경향이다."[7] 따라서 기술 개발을 지배하는 법칙은 필연적으로 인간 세계의 부분들을 점점 더 동일한 형태로 만든다—현대 기술의 소산인 '세계화'를 불가피한 추세로 받아들이는 오늘날의 막연한 생각을 예고하는 주장이다.

찬양하는 어조든 탄식하는 어조든, 이런 필연성 서사는 마치 기술 발전이 인간의 의도 및 생각과 무관하게 이루어지는 듯이 기술 자체에 자율성을 부여하는 경향이 있다. 기술 발전은 그 자체의 논리에 따라 불가피하게 진행되는 과정이 되는 것이다. 헤겔이 말한 '이성의 간계'를 바꾸어 표현하자면, '기술의 간계'에 따라 기술 정신Geist의 무의식적 전개가 필연적으로 수렴과 단일성으로, 단수單數 역사에서 기술화化의 정점으로 귀결되는 것이다. 이 단수 역사 또한 전개 과정에서 그 나름의 희생자들을 필요로 할 테지만, 그들의 희생은 더 밝고 심지어 완벽하기까지 한 미래로 향하는 진보의 밑거름으로 정당화된다.

나는 현대인들이 기술—일종의 필연적인 철칙처럼 우리를 형성하고, 더 나아가 새롭게 만드는 무언가—을 인식하고 묘사해온 두 가지 서로 연관된 방식에 도전하거나 적어도 그 방식을 복잡하게 만들고 싶다. 그렇게 하려면 한 걸음 뒤로 물러나 아리스토텔레스가 모든 학문의 '주인 학문'이라고 말한 정치철학을 탐구하고, 인간이 기술과 맺은 새로운 관계의 더 깊은 근원을 들여다봐야 한다.

자유주의의 기술

지금까지 내내 주장했듯이, 자유주의는 새로운 자유관을 개진한다. 고대 세계(특히 고대 그리스를 비롯한 기독교 이전 고대 세계든 오래 지속된 기독교 세계든)에서 우세했던 자유의 정의는 자유에 적절한 자치가 필요하다는 인식을 내포하고 있었다. 이 자유 개념의 토대는 덕성(고대 그리스와 로마의 덕성이든 기독교의 덕성이든) 함양을 통한 개인들의 자치와 공동선의 성취를 열망하는 정치체들의 자치, 둘 사이의 호혜적 관계였다. 고대의 사상은 정치체가 유덕한 개인들의 성장을 뒷받침하고 유덕한 개인들이 공동선을 지향하는 정체의 시민생활을 형성하는 '선순환'을 추구했다. 고대 사상가들이 직면했던 커다란 난제는 아예 존재하지 않거나 일부분만 존재하는 그런 선순환을 어떻게 시작하고 또 시민들이 타락할 가능성과 악덕의 끊임없는 유혹에 맞서 어떻게 선순환을 유지하느냐는 것이었다.

이렇게 이해한 자유는 하고 싶은 대로 하는 것이 아니라 올바르고 유덕한 방침을 선택하는 것이었다. 자유롭다는 것은 가장 저열한 욕구, 결코 채울 수도 없거니와 더 큰 갈망과 불만을 불러일으킬 뿐인 욕구의 노예 상태로부터 벗어난다는 뜻이었다. 요컨대 자유는 자신의 욕구와 정치적 지배에 대한 갈망을 스스로 다스림으로써 달성하는 상태였다.

근대 사상의 뚜렷한 특징은 이 같은 고대의 정의를 거부하고 오늘날 우리에게 더 익숙한 자유의 정의를 받아들인 것이다. 근대 자유주의의 창시자들이 규정한 자유는 인간이 바라는 그 무엇이든 완전히 마음대로 추구하는 상태였다. 그들은 기발하게도 이 상태를 '자연상태'로, 정치사회가 만들어지기 이전 순수한 자유의 상태로 상상했다. 이와 반대되는 상태는 제약으로 상정되었다. 자유는 고대인이 생각했던 올바르고 적절한 자치의 상태가 더 이상 아니었다.

이제 극복해야 할 정치적 장애물은 다른 사람들이 개인의 자유에 가하는 제약이었다. 덕성을 되풀이해 가르치고 공동선을 찬양하는 데 열중하던 기존의 정치질서들은 일찍이 마키아벨리로부터 인간이 실제로 어떻게 살고 있는지가 아니라 인간이 어떻게 살아야 하는지를 따지는 "상상된 공화국들과 군주국들"이라는 공격을 받았다. 사회에서 생산과 학문의 역량을 해방하려면 이전과 다른 방식과 질서를 받아들이고, 기술사회를 가능하게 한 완전히 새로운 정치기술을 도입해야 했다. 그런 정치기술을 도입한 근대 공화국—고대 공화주의의 핵심 전제들을 거부했다—의 성패는 다른 무엇보다 자유를 확보하고 또 자연에 대한 인간 지배력의 범위와 규모, 크기를 확대하기 위해 공적 영역과 사적 영역 모두에서 사람들의 이익 추구를 어떻게 활용하느냐에 달려 있었다.

기술사회의 전제조건은 정치기술의 위대한 성취, 즉 자유주의 이론의 '응용기술'인 우리의 헌법이었다. 헌법은 고대의 가르침을 뒤집고 고대적 인간과 뚜렷이 다른 근대적 인간을 형성하고자 하는 일군의 근대 원리를 구체화한 것이다. 헌법은 일종의 선행 기술, 오늘날 우리를 지배하는 것으로 보이는 기술의 전제조건이다. 제임스 매디슨James Madison이 《연방주의자 논고Federalist Papers》 제10편에 쓴 대로, 정부의 첫 번째 목표는 "사람들의 능력의 다양성"을 보호하는 것이었다. 말하자면 우리 개개인의 이익 추구와 그 결과(특히 매디슨의 말마따나 재산 획득의 차이)를 보호하는 것이다. 정부는 개인 자유의 영역을 가능한 한 최대로 보호하기 위해 존재하며, 이를 위해 시민들에게나 공직자들에게나 자기이익 추구를 장려한다. "야심에는 야심으로 대응해야 한다"는 것이다. 어느 한 사람에게 권력이 집중되는 것을 막기 위해 권력을 나누고 분배해야 하지만, 동시에 정부 자체는 개인들을 특정한 장소의 제약에서 해방하고 상업 및 "유용한 기술과 과학"의 확산을 촉진하기 위해 그들에게 직접 행사하는 새로운 실질적 권력을 부여받아야 한다.

근대적 자유관의 관행을 확대해온 이 새로운 정치기술은 특정한 집단과 장소에 바치는 편파적인 충성으로부터 우리를 해방하고, 또 우리를 무엇보다 각자의 야심과 욕망을 이루어내기 위해 분투하는 개인으로 만들고자 고안된 것이다. 근대 공화주의의 새로운 기술 중 하나는 해밀턴의 말대로 '궤도의 확대'를 통해 개개인이 각자의 야심을 이룰 전망을 넓히는 한편, 사람들 간의 유대와 약속을 더욱 빈약하게 만드는 것이었다. 그리고 근대 공화주의가 정치적 파벌 싸움이라는 해묵은 문제를 해결하고자 시도한 방법 중 하나는 공공심을 칭송하는 것이 아니라 '동기에 대한 불신'을 조장하는 것이었다. 그런 불신을 부추긴 요인으로는 공화국의 넓은 관할권, 끊임없이 변화하는 정치적 역학, 마땅히 선호해야 하는 것으로서 장려하는 '다원주의'와 다양성, 그에 따라 계속해서 바뀌는 시민들의 헌신 대상 등이 있다. 오늘날의 기술사회는 새로운 종류의 정치기술을 통해 생겨난다. 그 정치기술은 고대의 덕성 찬양과 공동선을 향한 열망을 개인의 자기이익과 고삐 풀린 야심, 공공복리보다 사적 이익 추구를 우선하는 태도, 개인의 자유를 제한하는 모든 관계를 재고하는 후천적 능력 등으로 대체한다. 새로 발명된 정치기술—'새로운 정치학'—은 사실상 과학과 기술의 목표와 목적에 대한 우리의 이해를 좌우한다. 기술은 정치적·사회적 규범 및 믿음과 무관하게 존재하지 않는다. 오히려 그런 규범이 기술 개발과 응용을 결정짓는다. 그럼에도 자유주의가 도입하는 일군의 규범은 기술이 그 어떤 규범이나 의도와 무관하게 발전한다는 믿음, 외려 기술이 우리의 규범과 정치체, 심지어 인간성까지 형성하고 우리의 통제에서 필연적으로 벗어나기 마련이라는 믿음으로 우리를 이끈다.

　기술사회의 이런 정치적 전제조건을 감안하여, 인간과 기술의 관계에 관한 생각을 지배하는 두 가지 서사를 재고할 수 있다. 하나는 기술이 유감과 더 나아가 우려까지 불러일으키는 방식으로 우리를 '형성'한다는 서사이고, 다른 하나는 기술의 효과가 불가피하고 비가역적이라는 서사다.

　첫째, 앞서 봤듯이 현대의 기술이 공동체의 기반을 허물고 우리를 더 개인주의적으로 만드는 방식을 우려하는 이들이 많다. 그렇지만 기술사회를 낳은 더 깊은 층위의 조건을 감안하면, '기술'이 근대 초 정치철학의 근본적인 약속과 새로운 정치기술을 바탕으로 수립된 근대 공화제 정부와 입헌질서를 그저 지원할 뿐임을 알 수 있다. 기술이 '우리를 형성'한다기보다는 더 깊은 층위의 정치적 약속이 기술을 형성하고 있는 것이다. 정치기술은 다양한 기술 프로그램들이 원활하게 작동하는 환경을 조성하는 운영체제이고, 이 운영체제 자체는 자유에 대한 정의와 이해가 급변한 전환기의 산물이었다고 말할 수 있다.

이런 측면은 잡지 《애틀랜틱The Atlantic》에 실려 널리 논의된 글 〈페이스북이 우리를 외롭게 만들고 있는가?Is Facebook Making Us Lonely?〉에서 스티븐 마르셰Stephen Marche가 불완전하게나마 인식했다. 마르셰는 우선 일반적인 방식대로 어떻게 기술의 한 형태(이 경우 페이스북)가 외로움과 슬픔, 심지어 우울감을 느끼는 사람들이 늘어나는 데 외견상 일조하는지를 보여준다. 마르셰는 외로움을 거의 병리적인 상태로 보면서, 페이스북 같은 SNS의 사용이 늘었음에도 외로움이 전염병 수준으로 퍼졌다고 지적한다. 미국인의 약 20퍼센트(6000만 명)는 외로움 때문에 불행을 경험한다고 말하며, 이런 형태의 우울증을 퇴치하기 위해 갖가지 사회적 치료 서비스가 생겨났다. "향수에 젖어 탄식하던 문제가 공중보건 문제로 변모했다."[8]

그러나 마르셰는 참신하게도 이 외로움 전염병을 페이스북의 탓으로 돌리지 않는다. 오히려 페이스북과 이와 비슷한 기술들이 기존의 강한 욕구, 즉 독립적이고 자유로운 사람이 되려는 미국인들의 오래된 욕구를 부추겼다고 지적한다. 요컨대 페이스북은 더 깊은 층위에 있는 철학적이고 정치적이고 심지어 신학적이기까지 한 일군의 약속으로부터 외로움을 끌어내는 도구라는 것이다. "외로움은 미국인들이 돈을 써서 가장 먼저 얻는 것들 중 하나다. (…) 우리가 외로운 까닭은 외로워지고 싶기 때문이다. 우리는 스스로를 외롭게 만들어왔다." 페이스북 같은 기술들은 "독립을 바라는 오래된 국민적 욕구의 부산물이다." 내가 주장해온 대로, 그 욕구 자체는 자유의 본질을 재규정한 변화의 산물이다.

페이스북과는 다른 종류의 '기술'을 생각해보자. 다시 말해 우리가 세상에서 어떻게 환경을 구축하여 거주하는지 생각해보자. 미국인들은 다른 누구보다도 우리 자신을 독립적이고 개별적인 존재로 이해하는 견해를 고무하는 거주 형태를 추구해왔다. 그들은 2차 세계대전 이후 교외를 조성했으며, 이는 자동차 기술 덕분에 가능했다. 그렇다고 해서 교외가 단순히 자동차의 '산물'이었던 것은 아니다. 그보다는 자동차와 그 부속물들(고속도로, 주유소, 쇼핑몰, 패스트푸드 체인점)이 미국인들로 하여금 더 깊은 층위의 철학적 약속 때문에 진즉부터 선호하던 생활양식을 가능하게 해주었던 것이다. 자동차의 영향 외에 다른 증거들도 찾을 수 있다. 이를테면 건축사가 리처드 토머스Richard Thomas가 1975년에 주목할 만한 글 〈포치에서 파티오로From Porch to Patio〉에서 기록한 건축양식의 변화가 있다. 토머스는 한때 주택 정면을 장식하던 포치(건물의 본체에서 앞으로 튀어나온 현관 또는 출입구—옮긴이)가 사라지고 주택 뒤쪽의 눈에 띄지 않는 파티오(보통 건물 뒤에 있는 옥외 테라스—옮긴이)가 늘어난 전후의 변화를 묘사한다. 그에 따르면 포치는 사교적 기능, 더 나아가 시민적 기능까지 했다—에어컨 이전 시대에 온도를 낮추고 산들 바람을 쐬게 해주었을 뿐 아니라 주택이라는 사적인 세계와 인도 및 도로라는 공적인 공간 사이에서 '중간 공간', 일종의 시민적 공간을 제공하기까지 했다. 대개 인도에서 편하게 수다를 떨 수 있는 거리에 있던 포치는 이웃끼리 활발히 사교하기를 기대하던 시대상을 반영하고 있었다. 뒤쪽 파티오는 얼추 같은 시기에 자동차 사용이 증가하고 교외가 등장하면서 인기를 얻었다—이 모든 것이 사생활, 거리 두기, 섬나라 근성, 그리고 사교적·시민적 공간과 관행에 대한 헌신의 쇠퇴를 조장하는 환경을 구축했다. 이 기술들에는 근대 공화주의적 자유의 약속들이 반영되어 있었다. 그러나 통념과 달리 이 기술들이 우리를 '외롭게' 만들었던 것은 아니다.[9]

우리와는 다른 목적과 목표를 위해 기술 사용을 통제하는 사회문화 규범을 반례로 들 수 있다. 구질서를 따르는 아미시Amish는 흔히 기술을 혐오하는 집단으로 간주되지만, 이 견해에는 기술에 대한 오해가 반영되어 있다. 특히 이 견해의 맹점은, 자유주의 사회에서 뚜렷한 자유주의적 목적을 이루기 위해 기술을 채택하는 것과 마찬가지로 어떤 문화에서 채택하는 기술에는 특정한 사회적 목적에 대한 헌신이 이미 반영되어 있음을 간과한다는 것이다. 아미시의 일부 결정(지퍼를 거부하는 것과 같은)은 우리 대다수에게 도무지 이해하기 어려운 일이지만, 가장 흥미로운 것은 그들이 자기네 사회에서 기술을 채택할지 말지, 그리고 더욱 중요한 문제로 기술을 어떻게 채택할지 결정할 때 사용하는 기준이다. 그들은 어떤 기술이든 받아들이기에 앞서 "이것이 우리 공동체의 근간을 지탱하는 데 도움이 될까 안 될까?"라는 기본적인 질문을 한다. 그들은 자동차와 전기는 도움이 되지 않는다고 믿는다(다만 프로판 가스를 동력으로 사용하는 기구는 허용한다). 내가 보기에 이 기준의 가장 설득력 있는 사례 중 하나는 보험에 들지 않기로 한 결정이다. 아미시는 우리의 보험 제도가 최대한의 익명성과 최소한의 개인적 헌신을 전제한다는 이유로 보험을 거부한다. 나는 자동차와 집, 생명, 건강과 같은 다양한 대상 또는 상태를 보장받기 위해 생명표 계산에 근거한 보험료를 다른 사람들과 공동으로 지불한다. 이 영역들 중 하나에서 손해가 발생할 경우 나(또는 나의 상속인들)는 보험사에 보상금을 청구해 원래 상태를 복구할 수 있다. 보험 기금은 모든 보험 가입자가 공동으로 출자하지만, 그들 서로는 보상금이 어떻게, 그리고 누구에게 지급되는지 전혀 모른다. 나는 여러 비극에 대비해 보험에 들었지만, 보험풀insurance pool의 그 누구에게도 개인적인 책임이나 의무를 지지 않는다. 나의 의무는 보험을 제공하는 기업과 금융 거래를 하는 것뿐이다.

몇몇 아미시 공동체는 구성원들에게 보험 가입을 금한다. 오히려 공동체 자체가 그들의 '보험풀'이다. 구성원들은 손실을 입은 누군가를 '원상복구'하는 것이 모두의 공동 책임이요 의무인 공동체를 조성하려 한다.[10] 경제학자 스티븐 마글린Stephen Marglin이 통찰력 있는 저서《음울한 학문: 경제학자 같은 사고방식은 어떻게 공동체를 해치는가The Dismal Science: How Thinking Like an Economist Undermines Community》에 썼듯이, "아미시는 아마도 20세기 미국에서 유일무이하게 공동체 조성에 정성을 들이는 집단일 것이다. 그들이 보험을 금지하는 이유는 개인과 보험사 간의 시장관계가 개인들의 상호의존을 해친다는 것을 알고 있기 때문이다. 아미시에게 헛간 함께 짓기는 향수 어린 행사가 아니라 공동체를 하나로 결속하는 접합제다."[11]

구질서 아미시 사람들과 오늘날 자유주의자들이 이처럼 기술 사용 문제에 현저히 다르게 접근한다는 것을 지적하는 까닭은, 자유주의적 근대성을 거부하는 사람들에게 아미시의 관행과 신념을 온전히 받아들이라고 권고하기 위해서가 아니라 특정한 주장을 하기 위해서다. 자유주의적 근대성의 관점에 서 있는 우리는 우리 자신은 자유로운 반면, 아미시 문화를 고수하는 사람들은 억압적인 규칙과 관습에 복종한다고 곧잘 생각한다. 하지만 우리에게 어떤 기술을 사용할지(세단을 탈지 지프를 탈지, 아이폰을 쓸지 갤럭시폰을 쓸지, 맥을 쓸지 PC를 쓸지) 선택할 권리가 있다고 하지만, 우리가 대체로 우리 스스로를 기술 개발의 논리에 종속되어 있고 궁극적으로 어떠한 특정 기술이든 피할 수 있는 입장이 아닌 존재로 생각한다는 데 유의해야 한다. 이에 반해 아미시—그토록 많은 선택을 제약하는 것으로 보이는 사람들—는 공동체의 근간을 이루는 기준에 입각해 어떤 기술을 사용하고 채택할지 선택한다. 과연 누가 더 자유로운 걸까?

우리는―인터넷처럼 명백한 기술과 보험처럼 덜 명백하지만 영향력은 그 못지않은 기술을 동원해 ― 세계를 재형성하는 가운데 우리를 우리 자신이 상상하는 존재로 만들어주는 기술들을 받아들이고 활용한다. 그리고 정말 아이러니하게도 이렇게 점점 더 완벽해지는 개인의 자유와 자율성을 추구하면서도 그런 기술을 채택할 선택권이 우리에게 근본적으로 없는 것은 아닌지 점점 더 의심하고 있다.

자유주의 정치질서와 이것이 촉진하는 자본주의 경제체제의 대단한 기술을 통해 근대적 자유를 확보하려면 끊임없이 우리의 힘을 키우고 자유의 제국을 넓혀야 한다. 개인의 자유를 끊임없이 확대하려면 정치적·경제적 권력을 집중해야 한다. 개인과 중앙집권이 충돌한다고 시사하는 오늘날의 정치적 담론과 반대로, 개인의 자유를 계속 확대하는 것이 실은 아무렇게나 퍼져나가는 일군의 복잡한 기술들을 만들어내는 것임을 우리는 이해해야 한다. 그 기술들은 개인을 자연과 의무의 제약으로부터 해방하지만, 그럴수록 우리는 무력하고 목소리를 내지 못하며 외롭고 무엇보다 자유롭지 않다고 느끼게 된다.

이런 느낌은 우리가 기술세계의 목표나 궤도를 더 이상 통제하지 못한다는 믿음이 커질수록 강렬해진다. 일찍이 1978년에 대니

얼 부어스틴은 《기술 공화국》에서 "기술은 그 자체로 추진력을 만들어내고 비가역적"이며 "우리는 갈수록 치료 감호의 세계에서 살고 있고 앞으로도 살아갈 것이다"라고 썼다.[12] 이 말은 곧 우리가 더 이상 기술들을 선택하지 못할 뿐만 아니라 도리어 홉스와 로크가 상상한 자연상태에 있는 존재로 우리를 바꾸어가는 기술들 쪽으로 불가피하게 이끌린다는 의미다. 그리하여 우리는 자율적이고 자유롭되 우리에게 독립감을 선사하는 바로 그 기술들에 종속되리라는 것이다. 기술들은 우리의 선택을 받기보다는 우리가 더는 통제하지 못하는 역학으로부터 생겨날 것이고, 우리가 그저 어렴풋하게만 알고 있는 체제를 더욱 확대할 것이다. 텔레비전 채널들은 기술적 파국을 이야기하는 드라마들로 점점 채워지고 있으며, 그중 다수는 우리 스스로 자유롭다고 생각할 때조차 저 멀리 막후에서 우리를 조종하는 듯한 그림자 같은 미지의 권력을 가정한다. 플라톤주의와 유사하게 외형 안에 의심을 집어넣는 영화 〈매트릭스〉를 생각해보라. 영화에서 우리는 플라톤의 '동굴의 비유' 속 죄수들처럼 인형사에 의해 조종되는 외형만 보고 그것이 실재 세계라고 믿는다.

가장 심각한 아이러니는 우리의 자치 역량이 감소하다가 거의 사라질 지경에 이르렀다는 것이리라. 우리는 현대의 여러 위기에 대해 한탄한다. 이를테면 공동선의 언어로 말하는 능력을 잃어버린 듯한 시민 위기, 욕구를 즉각 채우다가 생긴 공적·사적 부채를 미래 세대에게 떠넘기고는 그들이 부채를 해결할 방안을 마련할 것이라고 막연히 기대하는 재정 위기, 궁극적인 해결책은 우리의 끝없는 욕구를 제어하는 것이건만 각종 문제의 해결책을 대부분 기술에서 찾는 환경 위기, 그리고 가족과 같은 개인적 헌신의 대상들이 너무나 쉽게 해체되고 치료법과 사회 프로그램으로 대체되는 도덕 위기 등이 있다. 우리는 이 위기들 사이에 근대 자유주의 프로젝트의 성공에서 기인하는 깊은 공통점들이 있음을 간파하지 못한다. 기술의 성공을 자축하는 것은 분명 정당하지만, 기술사회의 대가를 우려하는 것 역시 정당하다. 우리의 '기술문화'는 애초부터 자유의 그릇된 정의를 전제했으며, 이제 우리 자신의 공상의 결과에 속박당하는 상태로 우리를 꼼짝없이 데려가는 것으로 보인다.

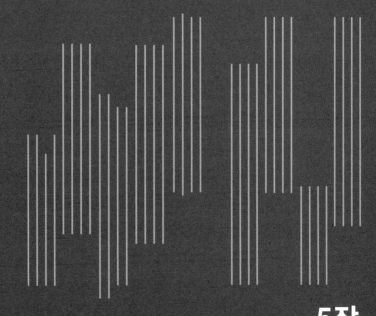

5장
자유학예에 반대하는 자유주의

자유주의가 도래하기 이전, 문화는 가장 널리 퍼진 인간의 기술이자 교육의 근본적인 중심이었다. 문화는 인간을 총체적으로 형성하는 힘이었으며, 그렇게 형성된 사람들은 문명의 가장 깊은 약속을 다시 후손들에게 물려주었다. 단어의 뜻 자체가 암시하듯이, 문화culture는 인간을 경작한다(cultivate). 문화는 인간이 자라고 (훌륭한 문화일 경우) 꽃을 피울 수 있게 해주는 토양이다.

　그러나 자유주의가 하나의 만연한 반문화로 모든 형태의 문화를 대체하는 지경에 이를 경우, 틀림없이 교육의 토대까지 흔들릴 것이다. 무엇보다 자유주의는 자유교육liberal education, 즉 고전고대 전통과 장구한 기독교 전통의 위대한 문헌들을 비롯해 오랫동안 계승한 문화적 결실을 자유민에게 깊이 있게 가르치기 위한 목적으로 이해되어온 교육을 침해할 것이다. 완전히 현실화된 자유주의가 자치의 한 형태로서의 문화와 자유 함양을 침해할 정도로, 자유주의적 개인을 억제되지 않는 욕구, 동요, 그리고 자연계에 대한 기술적 지배라는 목표의 종복으로 만드는 교육이 자유민을 위한 교육을 대체하고 있다. 자유교육이 노예교육으로 대체되고 있는 것이다.

자유주의는 우선 문화로부터 교육의 진취성을 떼어내고, 그 진취성을 반문화의 엔진으로 만드는 방식으로 자유교육을 침해한다. 자유주의는 자연과 전통 안에서 살아가는 법을 연습시켜 인간을 형성하는 문화의 힘으로부터 교육을 분리한다. 그러고는 문화 없는 다문화주의, 자연과 조우하지 않는 환경주의, 단일하고 균질한 '다양성'이라는 명목으로 교육으로부터 문화적 특수성을 모조리 벗겨낸다. 다문화주의를 증진한다는 자유주의의 주장은 사회를 균질화하는 반문화적 동력에서 다른 곳으로 우리의 주의를 돌릴 뿐이다.

자유주의는 자유의 정의를 자치에 대한 교육에서 자율성과 제약 부재로 대체함으로써 교육을 더욱 침해한다. 궁극적으로 자유주의는 자유교육을 파괴하는데, 우리가 자유로워지는 법을 배워야 한다고 가정하지 않고 우리가 자유롭게 태어난다고 가정하고서 시작하기 때문이다. 자유주의 치하에서 자유학예는 인문학에서, STEM(과학, 기술, 공학, 수학)에서 그리고 경제학과 경영학에서 시종일관 추구하는 목표인 개인 해방의 도구가 된다. 인문학 내에서 정체성 주장에 기초하는 해방운동들은 과거를 억압의 저장고로 간주하고, 이런 이유로 교육의 원천으로서 인문학이 가진 정당성을 대체한다. 그러는 동안 자율성 경험을 실질적이고도 효과적으로 증진하는 학문들—STEM, 경제학, 경영학—이 정당한 연구의 유일한 주제로 여겨지기에 이른다. 자유학예를 통해 자유로운 인간을 교육한다는 고대적 견해는 사적 개인의 학예를 강조하는 견해로 대체된다. '레스 푸블리카res publica'(공공의 것)에 알맞은 교육이 '레스 이디오티카res idiotica'(그리스어로 '사적'이고 고립된 사람)에 적당한 교육으로 대체되는 것이다. 좌파와 우파 사이에 차이가 있다고들 하지만, 둘 다 교육의 유일하게 정당한 목표는 자유학예 대체를 통한 개인의 능력 증진이라는 데 동의한다는 점에서 양자의 차이는 사라진다.

자유주의의 자유학예 공격

'자유학예'라는 표현에는 단어 '자유liberal'와 같은 어근이 담겨 있다. 자유학예는 전근대 세계에서 연원했고, 따라서 전근대 세계의 자유관에 뿌리박고 있다. 자유주의 전통의 후예인 우리는 자유를 외부 제약의 부재와 동일시하는 정의를 믿도록 길들여진다. 인간의 자연상태를 정치 이전 자유의 상태로 규정한 홉스와 로크 등의 사회계약론은 우리가 자유로운 존재로 시작하고, 어느 정도의 안전과 사회적 평화를 얻기 위해서만 법이라는 외적이고 인위적인 고안물에 복종한다고 말한다. 로크에 따르면 우리는 자유를 "확보"하고 "스스로 적당하다고 생각하는 대로 자신의 소유물이나 인신을 처분"하기 위해 법에 복종한다.

자유학예는 이런 자유관보다 먼저 생겨났다. 오히려 자유학예는 전근대의 자유관을 반영한다. 이 자유관은 예컨대 플라톤, 아리스토텔레스, 키케로 등의 가르침에서, 그리고 성서뿐 아니라 아우구스티누스, 아퀴나스, 단테, 모어, 밀턴의 저술에서도 분명하게 나타나는 기독교 전통에서 찾아볼 수 있다. 자유학예 전통에서 이 저자들의 고전 · 기독교 문헌을 무엇보다 강조하는 것은 우연이 아니다. 서로 간의 많은 차이에도 불구하고 이들은 모두 자유란 우리의 선천적 상태가 아니라 습관 들이기와 훈련 및 교육을 통해, 특히 자제력 단련을 통해 획득하는 상태라는 데 동의한다. 자유는 오랜 학습 과정의 결과다. 자유는 이성과 정신의 고귀한 능력을 사용해 스스로를 다스리는, 덕성 함양을 통해 학습하는 역량이다. 이런 전근대적 자유관은 인간이 자기 원하는 대로 하는 상태를 노예 상태로, 가장 저열한 욕구에 이끌려 더 나은 본성을 거스르는 상태로 규정한다. 자유학예의 핵심 목표는 자유민과 자유시민을 이런 자유관에 부합되게 양성하는 것이었다. 자유학예는 우리를 자유롭게 만들었다.

오랫동안 이런 지식 개념이 자유교육의 중심에 있었다. 이 개념의 권위는 앞 세대가 뒤 세대에게 전하고자 하는 신앙 전통과 문화적 관행에서 나왔다. 이 점은 오늘날 대다수 캠퍼스에서 중세

식 양피지 덮어쓰기palimpsest의 형태로, 즉 원래 글을 지우고 그 위에 새로 글을 쓴 형태로 찾아볼 수 있다. 훈련된 눈은 새로 쓴 글에서도 오래된 가르침을 여전히 읽어낼 수 있다. 예컨대 고딕양식 건물에서, professor(교수, 신앙 고백자), dean(학과장, 구역장 사제), provost(학장, 주임 사제, 대성당 참사회장) 같은 명칭에서, 한 해에 한두 번 의식용으로 입는 늘어진 로브에서 읽어낼 수 있다. 이것들은 오래된 전통, 한때 교육기관에 활기를 불어넣었으나 이제 대다수 캠퍼스에서 생기를 잃어버린 정신의 조각들이다.

이 기존 전통─양피지 덮어쓰기─을 가장 선명하게 보여주는 증거는 교육기관들이 자기네 조직과 학생의 목표로 채택했던 원대한 모토와 상징적인 문장紋章일 것이다. 대표적인 예로는 1804년 당시만 해도 주민이 별로 없었던 미국 서부에 맨 먼저 들어선 대학 중 하나인 오하이오주 애선스의 오하이오대학(개교 당시 이름은 아메리칸대학)의 모토가 있다. 지금도 대학 문장에서 볼 수 있는 이 대학의 원래 모토는 'Religio, Doctrina, Civilitas, Prae Omnibus Virtus', 즉 '종교, 참된 학습, 예의, 무엇보다 덕성'이다. 캠퍼스의 주요 진입로 중 하나인 클래스 게이트웨이에는 1787년 북서부 조례Northwest Ordinance(오하이오강 북서부 지역에서 준주와 주의 설립 조건을 규정한 법─옮긴이)에서 문자 그대로 가져온 다음 문장文章이 새겨져 있다. "좋은 정부와 인류의 행복, 학교와 교육기관에 필요한 종교와 도덕, 지식을 영원히 장려해야 한다." 이런 정서를 지침 삼아 설립된 미국의 공립대학들은 학문과 실용적 지식의 발달에 이바지하는 데 더해, 덕성과 도덕심을 함양하는 책임을 지고 있었다.

또 다른 공립대학인 텍사스대학 오스틴 캠퍼스의 문장에는 'Disciplina Praesidium Civitate'라는 문구가 새겨져 있다. '수양된 정신은 민주주의의 수호신이다'로 번역되는 이 표현은 텍사스 공화국(1836년부터 1845년까지 지금의 텍사스주 일대에 단기간 존속했던 공화국—옮긴이)의 제2대 대통령 미라보 라마Mirabeau Lamar의 다음 발언에서 가져온 것이다. "수양된 정신은 민주주의의 수호신이며, 덕성에 의해 인도되고 통제되는 한 인간의 가장 고결한 속성이다. 그 정신은 자유민들이 인정하는 유일한 독재자요 자유민들이 바라는 유일한 안전이다." 이 완전한 발언은 덕성, 권위, 자유 간의 관계를 강조하고, 'disciplina'라는 단어가 '수양'만이 아니라 규율도 의미한다는 것을 함축한다. 요컨대 라마는 덕성의 규율을 통해 어렵사리 익히는 자제력으로 자유의 개념을 정의하고 있다. 오스틴 캠퍼스의 문장에서 방패의 윗부분에 펼쳐져 있는 책은 자유의 규율을 가르치는 수단이 과거의 지혜와 교훈, 경고에 대한 교육임을 보여준다. 이런 교육의 목표는 '비판적 사고'가 아니라 덕성의 규율에 의해 통제되는 자유를 얻는 것이다.

위에서 살펴본 모토들이 입증하듯이, 옛 질서는 자제의 윤리를 장려했다. 옛 질서는 인류가 생명체들 가운데 유일하게 수많은 선택지 중에서 하나를 고르는 능력을 가지고 있고, 따라서 그런 자유의 상태에서 길잡이를 필요로 한다는 것을 인식했다. 고대인들이 보기에 이 자유는 오용되고 남용될 수 있었다. 예컨대 에덴동산 이야기를 비롯해 우리 전통에서 가장 오래된 이야기들은 자유를 악용하는 인간의 성향에 대해 말한다. 지난날 우리 자신에 대한 이해의 목표는 우리의 자유를 어떻게 선용할지, 특히 본질적으로 만족할 줄 모르는 욕구를 어떻게 다스릴지 깨닫는 것이었다. 옛 전통에서 자유학예의 핵심에는 인간다운 것이 무엇인지, 다른 무엇보다 외부의 제약만이 아니라 내면의 욕구와 욕망의 압제로부터 벗어나는 자유를 어떻게 얻을지 가르치는 교육이 있었다. '옛 학문'은 무엇을 허용하고 무엇을 금할지, 무엇이 자유를 가장 고결하고 유익하게 사용하는 방법인지, 무엇이 그릇된 행동인지 협의하는 힘겨운 과제를 장려했다. 모든 세대는 우리 전통의 위대한 작품들, 즉 서사시, 위대한 비극과 희극, 철학자와 신학자의 성찰, 신의 계시된 말씀, 자유를 선용하는 법을 가르치려는 수많은 책을 참고하라는 권고를 받았다. 자유로운liberal 상태가 되는 것은 하나의 기술art, 본성이나 본능이 아니라 교양과 교육을 통해 배우는 무언가였다. 그리고 자유학예의 정수는 어떻게 인간이 되는지 가르치는 인문학이었다.

미국에서 자유학예의 붕괴는 자유를 새롭게 정의하는 변화, 고대와 기독교의 전통에서 자치와 자제로 이해했던 자유를 이제 욕구에 대한 제약의 부재로 이해하는 변화와 밀접한 관련이 있다. 자유학예의 목표가 자치를 가르치는 것이었다면, 그 가르침은 교육의 현대적 목표에 더 이상 부합하지 않는다. 고전 문헌을 읽기 위해 오랫동안 고대 언어들을 학습하라는 요구, 또는 성서와 그 해석에 충분히 익숙해지라는 요구는 개개인의 취향과 선호에 좌우되는 연구 시장市場으로 대체되었다. 무엇보다 자유학예는 갈수록 'STEM'으로 대체되고 있다. STEM은 오래된 자유학예에서 남은 것들(과학과 수학)과 이것들의 응용 형태인 기술과 공학을 결합하는 한편 비즈니스와 금융 분야의 경력에 대비할 것을 점점 더 요구하고 있다.

미국 대학들은 구학문 교육에서 신학문 교육으로 서서히 이동했다. 19세기 동안 점점 더 많은 미국 대학들이 독일 대학들의 선례를 본떠 설립되었거나, 전문 분과들을 나누고 새롭게 대학원생 교육(전문지식 훈련)을 강조했으며, 기존과 달리 새로운 지식을 발견하는 데 중점을 두었다. 대학들은 차츰 종교적 토대를 버리거나 계승하기를 거부했다. 인문학이 계속 자유학예 교육의 중심에 있기는 했지만, 그때까지 대학의 활동을 조직하는 원리로서 미래상과 신조를 제공했던 종교 전통들은 더 이상 포괄적인 비전으로 인문학을 인도할 수 없게 되었다. 20세기 중엽에 이르자 과학 훈련과 기술 혁신이 새로이 강조되어—특히 '유용한 기술과 과학'에 대한 정부의 투자에 힘입어—대학 제도의 우선순위가 다시 한 번 크게 조정되었다.

자유교육은 근대적 자유, 특히 군사력, 과학, 기술, 그리고 세계의 구석구석까지 팽창하는 자본주의 시장에 의해 보호받는 자유와는 무관한 것으로 보이게 되었다. 캘리포니아대학 총장 클라크 커Clark Kerr는 1963년 고드킨 강연Godkin Lectures(나중에《대학의 쓸모The Uses of the University》로 출간)에서 대학university의 이념이 소멸하고 있다고 단언했다. 목적론적 또는 종교적 비전에 따라 최선의 인간을 길러내는 교육의 형태 대신 이제 멀티버시티multiversity가 대두할 것이라고 커는 선언했다. 멀티버시티란 국가의 군사적·산업적 요구에 맞추어 유용한 지식을 제공하기 위해 대학 내 다양한 구성원들의 활동을 근본적으로 나누는 거대한 조직을 의미했다. 커에 따르면 "멀티버시티는 미국의 추가 산업화, 생산성의 극적인 향상과 뒤이은 풍요, 인간 삶의 실질적인 확장, 그리고 전 세계적인 군사적·과학적 우위에 중점을 둔다."[1] 새로운 멀티버시티의 목표는 인간의 세계 지배라는 베이컨식 프로젝트를 추진하는 것이다.

이렇게 대학의 목표가 재규정된 데 이어 교수진의 유인과 동기도 신지식 창출이라는 학문의 새로운 과제에 점점 더 부합하게 되었다. 연구자의 훈련 과정에서 독창적인 작업이 강조되었고, 그런 작업을 잔뜩 발표하고 같은 분야의 전문가들로부터 연구의 독창성과 생산성을 두루 인정받은 연구자가 대학의 종신 재직권을 얻었다. 교수진을 고용하고 충원하는 시장이 생겨났다. 교수들은 더 이상 특정한 기관과 사명에, 심지어 학생에게도 헌신하지 않고 점차 스스로를 전문직의 일원으로 여겼다. 이제 도덕적 태도는 직무기술 관련 기준에서 배제되었다. 그런 관심사는 전문직의 성공과 무관할 뿐 아니라 근대적 자유 개념에도 반하는 것으로 치부되었다.

대학 구조는 혁신과 '신지식' 창출을 강조하는 방향으로 재조정되었다. 교육을 인도하는 과제는 과거에 깊이 뿌리박고 있는 자유에 대한 교육이 아니라 진보가 되었다. 우리는 텍사스대학 설립 당시에 도안된 문장紋章의 약속과 이 대학 웹사이트에 있는 근래에 고안된 사명 선언문을 유익하게 비교해볼 수 있다.[2] 옛 문장의 사진 아래에 명기된 그 선언문은—'우수한' 교육에 헌신한다는 상투적인 말을 늘어놓은 다음—오늘날의 목표에 대해 말한다. 현재 텍사스대학의 사명은 "연구, 창의적 활동, 학문적 탐구, 신지식 개발을 통한 사회의 발전"이다. 이처럼 대학의 연구와 학문적 사명에 대한 새로운 선언문이 강조하는 목표는 '덕성에 의해 인도되는 수양된 정신'이 아니라 '신지식' 창출이다. 웹사이트에서 옛 모토의 정서를 다시 표명하는 현대식 표현을 찾는 것은 부질없는 일이다. 눈에 띄는 것이라곤 덕성에 대한 가르침이 아니라 진보—특히 자연을 인간의 의지에 종속시키려는 수백 년 된 야심에 일조하는 진보—에 이바지하는 연구를 강조하는 표현뿐이다. 미국 내 거의 모든 대학의 새로운 사명 선언문에서 이런 변화를 찾아볼 수 있을 것이다.

이런 변화의 실질적인 결과 중 하나는, 학생들이 뭔가 '실용적'인 공부를 더 빨리 시작해야 한다고 믿게 되면서 더는 자유학예를 순

서대로 배우지 않겠다고 고집한다는 것이다. 학생들의 이런 태도는 '신지식 창출'에 주력하고 그에 따라 연구와 대학원생에 초점을 맞추는 교수진의 관심에 꼭 들어맞는다. 본질적으로 보아 학생들과 교수들 모두 자유주의 질서의 핵심인 자유 개념에 이바지해야 한다는 동일한 명령에 따라 자유학예 교육을 포기한다. 학생들은 자유 한가운데 있으면서도 타고난 호기심에 이끌려 매료되었을 법한 학과를 피하고 갈수록 선택권 없이 시장의 요구에 복종해 가장 실용적인 전공을 추구해야 한다고 느낀다. 놀랄 것도 없이 인문학을 전공하는 학생의 수는 가파르게 줄어들고, 대학 시장에서 더 이상 인기 없는 학과를 폐지하는 학교는 늘고 있다.

　자유학예의 핵심인 인문학의 역할을 변호하기에 가장 좋은 위치에 있는 사람들—교수단의 구성원들—은 인문학의 붕괴를 한탄하면서도 그 책임을 학교 행정가들과 '신자유주의'에 돌린다. 그들은 인문학이 이렇게 푸대접받는 상황의 더 깊은 원인이 저항하는 자세보다 자유주의 질서에 있음을 알아채지 못한다. 이제껏 자유학예 교수단은 저항하기는커녕 지배적인 자유주의적 추세와 경합하지도 못했다. 자유학예에 반대하는 세력들의 원천을 올바로 진단하지 못하는 무능이 그들 사이에 만연했기 때문이다.

인문학의 배신

오히려 인문학과 인문학적 사회과학의 (대체로 진보적인) 교수들은 자유학예를 지배적인 자유주의적 흐름에 끼워 맞추려 했다. 무엇보다 그들은 바로 자신들이 연구하던 '위대한 책들great books'로부터 등을 돌리고서 진보적인 입장에서 연구 대상을 따져볼 것을 요구했다. 이에 맞서 보수적인 교수진은 대체로 '명저들Great Books' 연구에 전념할 것을 요구했지만, 이 책들 중 다수가 바로 옛 고전들을 대체하는 세력들의 원천임을 깨닫지 못했다. 진보적 교수들과 보수적 교수들 모두 별다른 저항 없이 학계가 자유주의적으로 변해가는 상황을 용납했다.

좌파의 대응은 검증 없는 묵인이었다. 이런 지각 변동에 반응해 인문학 종사자들은 대학에서 자신들의 위치를 의심하기 시작했다. 그들은 위대한 문헌을 계속 연구했지만, 그렇게 하는 이유가 갈수록 의문시되었다.[3] 청년들에게 자유를 선용하는 법에 관한 난해한 교훈을 계속 가르치는 것이 과연 말이 되는 일일까? 머지않아 그런 교훈이 불필요해질 과학적 세계에서? 혁신과 진보를 단연 중시하는 시대에 문화와 전통에 기초하는 접근법이 앞으로도 유의미할수 있을까? 인문학은 행정가들과 더 넓은 세계에 자신의 가치를 어떻게 입증할 수 있을까?

인문학 내부의 이런 의문은 자기파괴적인 추세의 비옥한 모태였다. 의지의 해방을 가장 중시하는 하이데거류의 이론들에 영향을 받아 먼저 포스트구조주의가, 뒤이어 포스트모더니즘이 뿌리를 내렸다. 이 접근법들과 여타 접근법들은 과학의 합리주의적 주장에 적대감을 보였음에도, '진보적' 지식이 필요하다는 자연과학계의 요구 덕분에 학계에서 수용되었다. 인문학 교수들은 문헌의 후진성을 보여줌으로써 자신의 진보성을 입증할 수 있었고, 이제껏 연구해온 저자들보다 자신이 더 우수하다는 것을 보여줌으로써 '지식을 창출'할 수 있었으며, 자기 분과의 근간을 이루는 책들을 공격함으로써 자신의 반전통주의를 드러낼 수 있었다. '의심의 해석학'을 설파한 철학들은 문헌이 평등주의에 반하는 편견에 깊이 물들어 있음을 폭로하려 했고, 심지어 문헌에 저자가 의도한 '가르침'이 담겨 있다는 생각마저 의심했다. 그리하여 인문학이 근대의 과학적 접근법에 의해 설정된 조건에 적합하다는 것을 입증할 가능성을 제공했다.[4] 인문학자들은 '전문가'만이 이해할 수 있는 전문용어를 받아들임으로써 과학의 사제들을 모방할 수 있었다. 그것이 문화적 유산을 통해 학생들을 인도하는 인문학 본연의 임무를 배신하는 행위라 해도 개의치 않았다. 그들은 자신이 연구한 것을 파괴함으로써 자신의 가치를 보여주었다.[5]

STEM 분과들에 뒤처지지 않기 위해 인문학은 가장 눈에 띄게 해방적인 분과가 되었거니와, 과학적 활동의 정당성에 (무력하게나마) 도전하기까지 했다. 자연적 조건 — 인간의 성별이라는 생물학적 사실과 불가분하게 연결되어 있는 조건 같은— 은 '사회적으로 구성된' 것으로 간주되었다. 이제 자연을 조작할 수 있으므로 자연은 더 이상 어떠한 의미에서도 기준이 될 수 없었다. '사실'을 바꿀 수 있는 마당에, 정체성이 선택의 문제인 마당에 무슨 이유로 생물학의 사실을 받아들인단 말인가? 인간이 어떤 종류의 '본성'이든 가질 수 있다면, 우리가 받아들일 수 있는 인간의 영원한 특징은 의지의 중심성밖에 없어 보였다. 이는 제약이나 한계를 넘어서는 권력을, 그리고 끊임없는 자기창조의 가능성을 노골적으로 주장하는 태도였다.

아이러니하게도 포스트모더니즘은 합리주의적인 과학주의의 맞수를 자처하면서도 과학주의의 기본적인 충동을 공유한다. 다시 말해 포스트모더니즘과 과학주의 둘 다 대학에서 근대적인 자유의 정의에 부응하는 데 앞장서고 있다. 오늘날 인문학 내에서 이 신념은 모든 형태의 위계와 전통, 권위를 파괴하고 연구와 진보라는 수단을 통해 개인을 해방하는 데 초점을 맞추는 급진적인 해방이론의 형태를 띤다. 오늘날 학계는 특히 성적 자율성에 주목하는데, 이는 인간의 번식을 포함해 자연의 모든 측면을 지배하려는 과학 프로젝트를 학계가 얼마나 열심히 떠받드는지를 드러낸다.[6] 또한 인문학과 사회과학은 정체성 정치에 초점을 맞추어 '다문화'와 '다양성'이라는 기치 아래 지난날 특정한 집단들이 당했던 불의를 바로잡으려 한다(그러나 아이러니하게도 이런 노력은 캠퍼스의 단일 문화를 조장한다). 과거에 당한 고통을 배상받기 위해 굳건히 노력할 자격이 있는 집단들은 신체와 관련된 특징—인종, 젠더, 성 정체성—으로 식별되는 반면, 결속력 있는 종족과 계급 집단들을 포함해 '노동과 문화의 공동체들'은 별반 주목을 받지 못한다. 이런 이유로 인종 또는 성 정체성에 근거하는 학생 집단들은 정의를 요구하며 현대 자유주의 사회에 완전히 합류할 수 있는 반면, 쿠르드족이나 몽족처럼 자유주의의 표현적 개인주의에 저항하는 결속력 있는 종족 집단들, 콥트교도처럼 박해받은 종교적 소수집단들, 4-H(머리head, 마음heart, 손hands, 건강health 이념을 지향하는 세계적인 청소년 단체—옮긴이)의 지도부 같은 비도시 엘리트들, 그리고 시골의 빈민들은 오늘날 캠퍼스 자유주의자들의 관심을 거의 기대할 수 없다.[7]

윌슨 케리 맥윌리엄스의 말마따나,

특히 [자유주의적 개혁가들이] 인식하는 집단들은 모두 생물학에 따라 규정된다. 우리의 '본성'이 신체를 의미하는 자유주의 이론에서 이 집단들은 노동과 문화의 공동체들 같은 '인위적'인 유대에 반대되는 '자연적'인 집단이다. 이는 자유주의가 '자연적'인 집단들을 중시한다는 것을 의미하지 않는다. 오히려 정반대다. 자유주의 정치사회는 자연을 극복하거나 지배하려는 노력을 반영하는 까닭에, 자유주의는 '그저 자연적'인 차이가 우리에게 불리하게 작용해서는 안 된다고 주장한다. 우리는 우리가 선택하지 않았고 우리의 개인적인 노력과 능력을 반영하지 않는 특성 때문에 방해를 받아서는 안 된다. [개혁가들이] 여성들, 종교적 소수집단들, 청년들을 인식하는 것은 오로지 개인들을 '위헌성이 의심스러운 차별'로부터 해방하기 위해서다.

계급과 문화는 다르다. 사람들이 종족공동체나 노동계급의 일부인 이유는 개인적 성공을 추구하지 않고 지배적인 중간계급 문화에 동화되기로 선택했거나, 성공할 수 없었기 때문이다. 자유주의 이론은 자신의 길을 가는 개인들을 존중하고, 같은 이유로 그 길에서 성공하는 개인들을 그렇지 못한 개인들보다 높이 평가한다. 따라서 종족과 계급은 자유주의 이론에서 수치의 표지이며, 사람들이 어떤 차별로 고통을 받든 그것은 어떤 의미에서는 그들 '자신의 잘못'이다. 우리는 그들의 실패에 연민을 느끼기도 하지만, '자기 잘못이 아닌' 차별로 고통받는 개인들과 달리 그들에게는 동등한 대의권을 요구할 정당한 명분이 없다.[8]

오늘날 인문학에서 강조하는 것들이 과학적 모험의 근간을 이루는 자율성을 향한 열망과 합치하기는 하지만, 그렇다고 해서 인문학이 오랜 수명을 보장받는 것은 아니다. 자유학예를 공부해야 할 강력한 논거, 자율성과 지배를 추구하는 현대 프로젝트와 구별되는 뚜렷한 논거가 없는 상황에서 학생과 행정가는 자연을 지배할 가능성을 더 많이 보여주는 분야를 행동과 지갑으로 지지하고 있다. 인문학 분과들은 움츠러들고 사라지기까지 하는 반면 STEM과 경제적 추구가 성장하는 것은 오늘날 인문학 내 주요 인사들이 내세우는 자율성의 비전이 성공을 거두고 있다는 신호다. 인문학의 설득력 있는 대항서사가 없는 상황에서 학생과 부모, 행정가는 자유주의적 자유 개념을 실현하는 최선의 길은 인문학이 아닌 다른 곳에 있다고 생각하고 있다.

오늘날 자유학예를 옹호하는 이들은 극히 적다. 1980년대 좌파 문화적 전사의 후예들은 더욱 대표적이고 포괄적인 정전正典에 더 이상 관심이 없다. 그들이 더 관심을 두는 사안은 평등주의적 자율성이라는 대의를 옹호하는 것인데, 오늘날 이 대의는 이른바 '학문 정의'와 캠퍼스의 대의권 강화라는 명목으로 오래된 자유주의적 규범인 학문과 언론의 자유와 대립하고 있다. 그들의 구심점은 다양성을 확대하라는 요구이지만, 현재 진행 중인 '다양화' 프로젝트는 사실 거의 모든 캠퍼스에서 이데올로기적 균질성을 공고히 하고 있다. 인종 간 차이, 폭발적으로 늘어나는 젠더의 수, 성적 지향의 다양성이라는 가면을 쓰고는 있지만, 그들이 개진하는 실질적인 세계관은 선진 자유주의의 세계관뿐이다. 다시 말해 국가의 권력과 지원을 뒷배로 둔 자율적인 개인과, 학교와 대학을 포함해 교육기관들에 대한 통제권을 강화하는 국가를 결합한 세계관뿐이다.

우파 문화적 전사의 후예들 또한 자치 함양에 기여하는 정전의 주요한 역할에 대한 관심을 대체로 잃어버렸다. 오히려 오늘날 '보수주의자들'은 자유학예를 실패한 대의로 일축할 뿐 아니라 아예 싸울 가치조차 없는 대의로 치부할 공산이 더 크다.[9] 현대 시장의 우선순위를 반영하는 그들은 STEM과 경제 분야―오래된 책들은 더 이상 공부하지 않아도 괜찮다고 주장해 성공을 거둔 여러 '명저들'의 이념의 승리에 힘입어 두각을 나타낸 분야들―를 더욱 강조해야 한다고 요구하는 경향을 보인다. 위스콘신 주지사 스콧 워커Scott Walker나 플로리다주 상원의원 마르코 루비오Marco Rubio 같은 보수적 정치 지도자들은 고소득 직업을 얻게 해주지 못한다며 자유학예를 업신여긴다―이들은 같은 이유로 예술사를 비판한 오바마 대통령으로부터 예상치 못한 지지를 받았다.

자유주의에 반대하는 자유학예?

현대의 환경은 자유학예의 소멸을 가속하기만 했다. 오늘날 캠퍼스에 자유학예가 존재해야 하는 이유를 명확히 알려주는 강력한 논거가 없는 가운데 학문의 '유용성'과 '적합성'에 대한 요구와 교육 예산 삭감이 맞물린 결과, 인문학은 대학에서 점점 더 작은 부분이 되어가고 있다. 인문학은 일종의 '부티크' 전시장의 형태로, 고등교육에 대한 존중을 나타내는 장식물 정도로 존속할 테지만, 인문학의 궤적은 대학 내 역할이 계속 줄어드는 쪽으로 나아가고 있다.

오늘날 인문학 교수들 중에 항의해야 하는 이유를 또렷하게 말할 수 있는 이가 거의 없기는 하지만, 나는 과거의 인문학이 이런 추세에 맞서 강력한 논거를 내놓을 수 있다고 생각한다. 아주 오랜 교훈을 상기시키는 인문학의 경고는 단순하다. 해방의 길 끝에 노예 상태가 있다는 것이다. 모든 장애물로부터의 해방을 약속하는 그런 길은 두 가지 단순한 이유에서 결국 환상이다. 하나는 인간의 욕구가 만족할 줄 모른다는 것이고, 다른 하나는 세계가 유한하다는 것이다. 이 두 가지 이유 때문에 우리는 현대적 의미에서 진정으로 자유로울 수 없다. 우리는 결코 만족할 수 없으며, 욕구를 채우기보다는 욕구에 영원히 휘둘릴 것이다. 그리고 무한한 욕구를 채우려다가는 순식간에 지구를 거덜내고 말 것이다. 완전한 해방에 이르고자 이 길을 끝까지 걸어갈 경우 우리의 운명은 과거 어느 때보다도 필연성에 의해 좌우될 것이다. 우리의 자치 능력이 아니라 상황에 의해, 특히 결핍과 황폐화, 혼돈에서 기인하는 상황에 의해 좌우될 것이다.

자연과 필연성으로부터 해방되는 미래에 헌신한다는 생각은 환상—우리 시대의 신앙에 기반을 둔 철학—이다. 종교는 증거로부터 옳은 결론을 도출하지 못한다는 비난을 받곤 한다. 하지만 내가 보기에 우리 시대를 가장 맹신하는 실례는 따로 있으니, 바로 미국 국가와 고등교육 기관의 지도부가 이번 경제위기에 보이는 공공연한 반응이다. 게다가 그들은 경제적 생존능력이라는 명목으로 자유학예를 다른 학문으로 대체하면서 이번 경제위기를 정당화의 논거로 들기까지 한다. 전통적인 자유학예의 교훈에 주의를 기울이지 않아서 생긴 이번 위기 자체를 오히려 자유학예를 더욱 무시할 이유로 들먹이고 있는 것이다. 오늘날 모두가 알고 있듯이 이번 경제위기는 한없이 소비할 수 있다는 생각, 새로운 종류의 경제학과 해방의 정치학 덕분에 분수에 넘치는 생활이 가능해졌다는 생각의 결과였다. 무언가의 결핍이 그것을 취할 정당한 이유였던 것이다. 우리는 욕구로 소비를 정당화했다. 우리의 결핍을 욕구를 충족할 충분한 이유로 보았다. 그 결과는 단순히 문자 그대로의 비만이 아니라 도덕적 비만, 욕구 자제력의 부족이다. 결국 우리는 단식요법을 강요당하기에 이르렀다.

  미국의 고등교육 기관들은 경제위기를 주제로 토론회와 학술회의를 숱하게 개최했다. 참석자들은 당국의 감독 부재, 느슨한 규제, 신용거래를 집행하거나 복잡한 금융상품을 늘리면서 주의를 기울이지 않은 공기업과 사기업 등에 대해 탄식했다. 그러나 우리의 실패에 더해 우리 학생들의 실패에 대한 깊은 책임까지 고등교육 기관 자체에 있음을 인정하는 대학 총장이나 칼리지 학장—특히 엘리트층에 속하는—을 찾는 것은 부질없는 일이다. 어쨌거나 경제위기를 촉발한 책임이 있는 사람들은 전국 각지의 정상급 금융기관과 정치기관에서 존경받는 위치에 있었던, 미국 엘리트 교육기관의 우수한 졸업생들이었다. 그들은 미국의 경제질서에서 권력과 영향력이 있는 자리에 앉아 있었다. 그런 교육기관의 지도자들은 로즈 장학생과 풀브라이트 장학생 선발의 공을 손쉽게 인정받는다. 탐욕스러운 환경과 일확천금 계획을 조장하는 데 일조한 졸업생들은 어떤가? 그들이 칼리지에서 가르치는 교훈을 지극히 잘 배운 것이 아니라고 확신할 수 있는가?

앞으로 르네상스가 찾아온다면, 그 원천은 틀림없이 자유학예를 재건한 교육일 것이다. 자유학예 칼리지들이 커다란 조각보처럼 남아 있기는 하지만, 대다수 자유학예 기관들은 '신학문'의 전제로부터 깊은 영향을 받아왔다. 교수 채용과 승진은 갈수록 연구 생산성이라는 요건에 따라 이루어지고 있다. 점점 더 많은 교수들이 신학문의 우선순위 ― 많은 교수들이 설령 자유학예 환경에 잘 들어맞지 않더라도 내면화해온 우선순위 ― 가 지배하는 주요 연구 기관에서 버거울 정도의 훈련을 받아왔다. 그 결과 자유학예 기관들 중 다수는 연구 대학을 흉내 내면서 당치않게도 엘리트 기관의 지위를 열망하고 있고, 상당수는 심지어 자기네 이름을 '칼리지'에서 '대학'으로 바꾸고 있다.[10]

그러나 자유학예의 재건이 아예 불가능한 것은 아니다. 오래된 전통이 '양피지 덮어쓰기'처럼 존속하고 있기 때문이다. 자유학예에 관해 더 구체적으로 생각할 때 우리가 올바로 떠올리는 이미지는, 다양한 장소에 자리 잡고 있었고 대부분 (적어도 한때는) 종교 소속이었던 각종 기관들이다. 이 기관들은 대부분 해당 지역의 공동체와 모종의 연계를 맺으며 형성되었다. 교육기관과 공동체의 연계는 지역의 종교 전통이기도 했고, 장차 지역 경제에 의지할 학생들의 직업 전망에 대한 관심이기도 했으며, 지역 '원로들'과의 밀접한 관계이기도 했고, 학생 전체가 인근 지역 출신일 가능성이 높은 현실이기도 했다. 대다수 기관들이 추구한 자유교육의 목표는 학생들을 장소와 '조상'으로부터 완전히 해방하는 것이 아니라 그들의 전통을 깊게 가르치고, 그들 믿음의 원천에 대한 지식을 심화하고, 그들의 신앙을 (반박하는 것이 아니라) 공고히 하고, 결국 그들을 출신 공동체로 돌려보내는 것, 그리하여 공동체의 안녕과 연속성에 이바지하게 하는 것이었다.

무엇보다 자유교육은 학생들을 출신 배경의 한계로부터 '해방'하기보다는 그들의 문화 전통에 깊이 새겨져 있는 기본적인 가르침, 즉 한계에 대한 교육을 강화하고자 했다. 대개 이 한계 개념—십중팔구 도덕이나 덕성에 토대를 둔다고 여겨진 개념—은 특정한 기관의 종교 전통에서 유래한 것이었다. 고전적 자유학예 기관들은 대부분 종교 전통 안에서 설립되었고, 그 전통의 위대한 문헌(특히 성서)에 대한 지식만이 아니라 교실에서 배우는 덕목을 일종의 '습관'처럼 몸에 익힌 행동까지 요구했다. 기관들은 채플이나 미사 참석, 교내 규칙, 성인의 감독을 받는 과외활동, 필수로 수강해야 하는 도덕철학 강의(대개 칼리지 총장이 직접 가르쳤다)를 통해 교실의 인문학과 종교 공부를 학생들의 일상생활과 통합하려 했다.

고전적 또는 기독교적 자유관에 토대를 둔 이런 형태의 교육은 우리의 의존성(자율성이 아니라)과 자기규제의 필요성을 지적하는 것을 목표로 삼았다. 에세이 작가 겸 농부인 웬델 베리가 썼듯이, 인간 행위의 근본적인 제약에 대한 의식은

비난받아야 할 것처럼 보이지만 실은 그렇지 않다. 오히려 그 의식은 우리가 스스로를 한계 없는 동물로 규정하며 너무나 오랫동안 외면해 온 인간의 진짜 조건과 유산으로 우리를 돌려보낸다. 내가 아는 모든 문화 전통과 종교 전통은 우리의 동물적 본성을 완전히 인정하면서도 우리를 명확히 인간으로, 즉 자연적 한계만이 아니라 스스로 부과한 문화적 한계 안에서도 살아갈 수 있는 동물(이 단어를 계속 사용한다면)로 규정한다. 우리는 '지구', '생태계', '분수령', '장소' 같은 명칭으로 묘사하는 자연적 한계 안에 있을 수밖에 없는 까닭에 세속적인 동물로서 살아간다. 하지만 인간으로서 우리는 이웃사촌, 직분, 검약, 절제, 아량, 보살핌, 친절함, 충의, 사랑 같은 표현으로 암시하는 자제력을 발휘하여 이런 불가피한 한계에 대응할 수 있다.[11]

일군의 문화적 여건에 토대를 두는 교육은 농업, 수공예, 예배, 이야기, 기억, 전통 같은 관행을 통해 자연을 본보기로 삼고 자연과 공조한다. 그 교육은 신학문을 좇아 자연을 지배하거나 굴복시키려 하지 않는다. 교육의 근본적인 책무는 문화를 거부하거나 초

월하는 것이 아니라 전승하는 것이다. 문화 전승을 존중하는 교육은 자연을 의도적 · 공격적으로 착취하거나 지식을 중시해 문화를 업신여기는 일을 예방한다. 또한 정처 없이 방랑하는 뿌리 없는 철학, 즉 '비판적 사고' 교육에서 장려하는 철학, 그리고 세계경제체제에서 요구하는 정처 없는 편력의 조건을 달성하는 것만을 성공으로 규정함으로써 학생들에게 암묵적으로 권장하는 철학을 경계한다.

마지막으로 올바로 이해한 자유교육, 즉 한계에 익숙해지고 세계와 특정한 장소와 집단을 보살피는 훈련으로 이해한 자유교육은 단순히 '조상'이나 자연에서 벗어나려는 교육이 아니다. 자유교육은 우리가 받아들일 수밖에 없는 한계 안에서 살아가는 법을 가르치는 교육이다. 그런 생활방식은 실패하기 마련인 개인이나 세대의 자기강화 노력으로, 또는 자연의 한계와 제재에서 벗어나려는 부질없는 노력으로 우리를 유혹하지 않는다. 특히 오늘날 우리는 오로지 현재 안에서 현재만을 위해 살아가고 분수에 알맞은—재정 면에서나 환경 면에서나—생활에 대한 '조상 전래'의 관심에서 분리된 세태에 너무도 익숙해지고 있다. 이제 우리는 현대의 극단적인 현재주의를 넘어서는 데 힘을 보태야 한다. 우리가 해야 할 일은 자유교육의 이념, 자연과 문화가 마땅히 가하는 한계와 제약을 배우고 또 받아들이는 상태를 자유로 이해하는 이념을 되살리는 것이다. 고대 전통과 종교 전통에서 공히 권장한 대로, 자유는 제약으로부터의 해방이 아니라 욕구를 다스려 더 참된 자유―욕구에 매달리고 세계의 자원 고갈을 회피하는 노예 상태로부터 벗어나는 자유―를 성취하는 우리의 능력이다. 요컨대 자유주의로부터 자유교육을 구출할 필요가 있다.

6장
새로운 귀족정

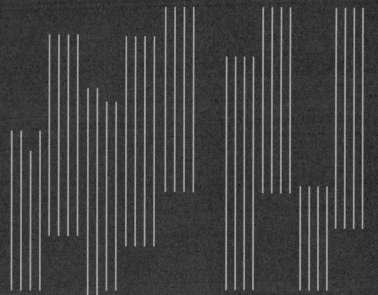

우리 시대의 반문화 전쟁에서 양편 모두 개인의 자율성 확대와 베이컨식 자연 정복 프로젝트를 통해 국가와 시장의 영역에서 사람들을 속박에서 해방한다는 자유주의 프로젝트를 추진하고 있음에도, 학생들은 너나 할 것 없이 이 '해방'의 체제를 굴리는 부품이 되어가고 있다. 오늘날 점점 더 많은 학생들이 경제적·기술적 응용과 직접적인 관련이 있는 '실용적' 응용만을 목표로 칼리지에 입학한다. 배우자로서, 부모로서, 이웃으로서, 시민으로서, 그리고 인간으로서 살아가는 법을 포함해 '실용적' 지식을 더 폭넓게 이해하는 길이 있다는 것은 전혀 알지 못한다.

이중급여제(노동자를 두 집단으로 나누어 급여와 복리후생을 차등 제공하는 제도—옮긴이)는 전 세계 각지에서 모여든 엘리트 학생들을 '신분 상승'(웬델 베리의 표현)만을 전공하는 뿌리 없는 방랑자 생활에 대비시키기 위해 마련되었다. 엘리트 대학들은 노천 채굴에 상응하는 교육과정에 관여한다. 다시 말해 모든 도시, 타운, 촌락에서 경제적으로 채굴 가능한 원료를 찾아서 가치 있는 상품을 빼앗고 멀리 떨어진 장소에서 가공한 뒤 다른 지역의 생산성에 경제적으로 유익한 제품으로 만든다. 원료를 제공한 장소는 광물자원을 채굴하고 수출한 지 오래인 암울한 탄광촌과 흡사한 상태로 남겨진다. 제품으로 만들어진 학생들은 자신들의 경제적 이해관계에 도움이 되는 '정체성' 정치와 '다양성', 끝없는 '잠재력', 영원한 무장소성을 받아들인다. 그런 이유로 그들의 정체성과 다양성은 전 세계적으로 균질하다. 이 균질성은 대체 가능한 국제 엘리트층의 전제조건으로서, 그들은 다른 엘리트들이 문화와 장소가 없는 세계에서 살아갈 수 있다고 쉽게 생각한다. 그들의 세계를 규정하는 것은 무엇보다 세계 어디서나 실제 이웃과 공동체의 공동 운명에 무관심한 자유주의적 규범이다. 이 규범은 지난 2008년 경제위기를 촉발했던 경제적 상호작용에 반영된 세계적인 무책임을 조장하며, 이런 무책임을 완화하는 '사회 정의'에 대한 요구는 보통 국가의 비인격화된 수단에 의해 제어된다. 자유주의가 전진하는 가장 강력한 방식 중 하나는 세계화된 나르시시즘을 암암리에 부추기는 동시에 자유주의의 선의에 대한 널리 퍼진 믿음을 영속화하는 것이다.

앞서 말한 촌락과 타운, 도시에 남는 사람들은 대개 궁핍한 경제 환경에서 침체된 저임금 서비스업에 종사할 수밖에 없고, 엘리트 졸업생의 전유물인 분석적-개념적 업무에서 배제된다. 그들은 경제적으로 빈곤한 지역에 뿌리박고 있거나, 엘리트들이 모여 사는 구역의 변두리에 살면서 평균 이하 도시 주거지의 인구 과잉 때문에 올라가는 부동산 가격, 또는 일터 및 오락시설과 주거지 사이의 먼 거리와 씨름할 것이다. 보통 그들은 유달리 많고 계속 늘어나는 빚을 지고 있는데, 주된 원인은 칼리지 학비와 담보 대출금이다. 그 외에 소비자로서 더 폭넓은 경제에 온전히 참여하겠다고 고집을 부리다가 이미 과도한 빚을 더욱 늘리기도 한다. 그들의 자녀 중 한 명이 (특히 엘리트 칼리지를 통해) 경제적 사다리를 올라갈 기회가 언제나 있기는 하지만, 대체로 보아 오늘날 계급들 사이에는 꽤나 정적인 격차가 존재한다.

그렇지만 사회적 상향 이동과 하향 이동이 모두 가능하고 이제 경쟁이 세계화되었다는 사실 때문에 모든 계급은 만연한 불안감을 공유하고 있다. 사회적 지위는 대체로 직위, 소득, 지리적 위치와 상관관계에 있으므로 언제나 상대적이고 불안정하다. 전진하는 자유주의가 장담하는 대로라면 개인들이 과거 어느 때보다도 출생과 인종, 젠더, 지역의 우연성으로부터 자유로움에도 불구하고, 오늘날 학생들은 거의 누구나 경제적 제로섬 게임에 얽매여 있다. 출세주의와 스펙 쌓기는 오늘날 교육 실패의 결과가 아니다. 그런 현상에는 학생들이 교육 초기부터 깊숙이 받아들이는 가르침, 즉 오늘날의 사회는 경제적 승자와 패자를 생산하며 교육 인증서야말로 개인의 최종 지위를 결정하는 거의 유일한 요인이라는 가르침이 반영되어 있다. 고대인이라면 '노예교육'이라고 불렀을 법한 것에 속박되어 있는 오늘날의 대다수 학생들은 부모와 사회 일반이 만류하는 자유교육을 기피한다. 자유주의는 한때 자유민에게 적합하다고 여겨졌던 교육의 쇠퇴를 불러온다.

특히 엘리트 칼리지에서 학생들이 배우는 주된 가르침은, 엘리트층에 들지 못하는 사람들에게 경쟁우위를 점하는 데 필요한 일군의 협력 수완과, 이런 협력 관계조차 경쟁 체제에 의해 좌우된다는 인식이다. 우정과 심지어 연인 관계마저 마치 국가 간 동맹처럼 개인의 이익에 도움이 되는 것으로 여겨진다. 《분화되는 미국Coming Apart》이라는 책에서 저자 찰스 머리Charles Murray는 안정된 결혼생활이 인생 성공의 여러 척도에 기여할 공산이 크기는 하지만, 평생 안정된 결혼생활을 꾸려갈 가능성이 가장 높은 사람들은 엘리트 계층이라고 보고한다.[1] 반면 하층민은 가족과 사회의 붕괴를 재앙의 수준으로 경험하고, 그런 탓에 그들과 그들의 자녀가 상류층으로 올라가기란 거의 불가능해지고 있다. 엘리트들은 자신의 상대적인 성공의 기반이 가족이라는 사실에 대해 일부러 입을 다문다. 결혼생활의 안정은 오늘날 상류층이 누리는 경쟁우위의 한 형태다. 그런데도 그들은 가족 형성은 개인이 선택하는 문제이며 자율성에 방해가 되기까지 한다는 주장으로 이 우위를 더욱 공고히 한다. 가족이 홉스식 자연상태의 이미지대로 형성된 결과, 이제 가족은 강자가 약자에게 우위를 점하기 위해 사용하는 또 하나의 도구가 되었다.

자유주의의 도구로 바뀐 교육제도 역시 궁극적으로 보면 강자가 약자를 지배하는 새로운 귀족정의 체계적인 산물이다. 자유주의의 대단원은 넓고도 깊게 계층화된 사회, 자유주의자들이 영속화하는 데 다방면으로—특히 교육기관을 통해—기여하면서도 탄식하는 사회다. 요컨대 자유주의의 성공은 자유주의가 실패할 조건을 조성한다. 강자가 약자를 지배하는 귀족적 통치를 무너뜨리겠다고 주장해온 자유주의는 결국 새롭고 더 강력하고 심지어 더 영속적인 귀족정, 자유주의적 불의의 구조를 유지하고자 끊임없이 싸우는 귀족정이 되고 만다.

고전적 자유주의: 새로운 귀족정의 뿌리

자유주의는 옛 귀족정의 적이자 대안으로서 정당화되었고 또 대중의 지지를 받았다. 자유주의는 대대로 물려받은 특권을 공격했고, 미리 정해진 경제적 역할을 뒤엎었으며, 고정된 사회적 위치를 철폐하는 한편 선택과 재능, 기회, 근면에 기초하는 개방성을 옹호했다. 자유주의의 아이러니는 물려받은 특권, 미리 정해진 경제적 역할, 고정된 사회적 위치를 누리는 새로운 귀족을 만들어낸다는 것이다. 자유주의의 설계자들은 옛 귀족을 대체하려는 야심을 거리낌 없이 드러내면서 새 귀족을 만들어내려는 바람을 감추지 않았다. 옛 귀족을 혐오하는 정서가 만연했던 탓에, 자유주의의 야심을 묵인한 많은 이들은 이 바람을 알아채지 못했다. 심지어 자신이 새로운 귀족의 일원이 되리라 믿는 사람들에게 자유주의가 적극 호소하는 순간에도 알아채지 못했다. 자유주의는 승자와 패자를 미리 알 수 없도록 무지의 장막을 씌우는 상황을 설정한 존 롤스의 원초적 입장Original Position의 한 버전으로서 시작했다. 그러나 롤스의 추정과 달리 무지의 장막 시나리오는 상대적인 경제적·사회적 평등을 받아들이도록 사람들을 고무하지 못했다. 자유주의자 기질을 가진 사람들이 이 시나리오를 받아들였던 이유는 바로 자신이 승자가 되리라 예상했기 때문이다. 뿌리 뽑기, 뿌리 없음, 물질주의, 위험 감수, 사회의 위계를 뒤흔드는 변화, 사실상의 불평등을 선호한 사람들은 자신의 성공을 확신했으며, 그러면서도 체제의 패자가 될 가능성이 높은 이들에게 호소하기 위해 귀족적 질서의 부당함을 강조했다.

존 로크는 자유주의의 근간을 이루는 문헌인 《통치론》에서 새로운 정치경제 체제가 기존과 다른 지배층을 낳을 것이라고 분명하게 말했다. '소유권에 관하여'라는 장에서 로크는 세계를 두 부류의 사람들로 나누었다. 즉 '근면하고 합리적인' 사람들과, '불만 많고 다투기 좋아하는' 사람들이다. 선사시대에는 두 부류 모두 어느 정도 존재했을 테지만, 다른 무엇보다 사유재산의 부재를 특징으로 하는 생존경제에서는 두 부류를 구별하기가 불가능했다. 그런 세계에서 개개인은 하루하루 지내는 데 족한 음식과 필수품만을 채집했으며, 개인 간 재능과 능력, 장래성의 차이는 전혀 인식되지 않았다. 로크는 아메리카 대륙의 인디언을 그런 '선사시대'의 사례로, 즉 '근면성과 합리성'도 '불만 많고 다투기 좋아하는 성격'도 두드러지지 않는 생존경제 사회의 사례로 제시한다. 그곳에서는 잠재적인 빌 게이츠나 스티브 잡스일지라도 매일 사냥하고 낚시하고 끼니를 구하느라 너무 바빠서 자신의 잠재력을 온전히 실현하지 못한다.

그러나 그 세계에서 아직 두 부류의 성격을 정말로 구별하지 못했다면, 로크는 그들의 존재를 묘사할 수 없었을 것이다. 사실 그는 두 부류의 성격 모두 뚜렷하게 드러나지 않는 세계를 묘사한 것이 아니다. 오히려 그릇된 사람들, 즉 '불만 많고 다투기 좋아하는' 사람들이 통치하는 세계를 묘사한 것이다. 로크는 게으르고 현실에 안주하는 통치자 계층, 지위를 물려받고 경쟁이나 도전에 부딪힐 일 없이 다스리는 계층이 다른 무엇보다 불만 많은 성격을 드러낼 것이라고 말한다. 그리고 이 집단을 다른 집단으로, 즉 불만 많은 귀족이 부와 권력을 독점하고 있는 탓에 자신들의 뚜렷한 성격을 온전히 실현하지 못하고 있는, '근면성과 합리성'에 고무되는 집단으로 바꾸자고 제안한다.

그런데 귀족적 질서에서 유력하거나 부유한 지위를 차지하지 못했거니와 새로운 체제에서도 통치할 가능성이 거의 없는 평민들이 한 통치자를 다른 통치자로 바꾸는 교환을 무슨 이유로 지지하겠는가? 로크는 한 귀족—물려받은 지위와 부를 토대로 통치하는 귀족—이 다른 귀족으로 대체되리라는 것을 본질적으로 인정한다. 새로운 귀족은 제퍼슨이 말한 '자연적 귀족'으로, 그들 지위의 근거는 일반 대중보다 '합리성'과 '근면성'의 수준이 더 높다는 것이다. 요컨대 귀족 사회에서 귀족들에게 지위와 신분을 부여하는 임의성이 '합리성'과 '근면성'의 불평등한 분배에도 그대로 적용되는 것이다. 지배층을 정하는 기준은 바뀌지만 임의적인 분배는 바뀌지 않는다.

이 대목에서 로크는 신세계의 사례를 거론하면서 '근면하고 합리적인' 사람들이 통치하는 사회는 생산성과 자산 가치를 높여 결국 모두의 부를 늘려줄 것이라고 주장한다.

게다가 자신의 노동으로 땅을 수취하는 사람은 인류의 공동자산을 줄이는 것이 아니라 오히려 늘리는 것이다. 인간의 삶을 부양하기 위해 울타리를 쳐서 경작한 1에이커의 땅에서 생산되는 식량은, 똑같이 비옥하지만 공유지로 방치되는 1에이커의 땅에서 생산되는 양의 (아주 조심스레 말해도) 열 배 이상 되기 때문이다. (…) 그리하여 그곳〔아메리카〕에서는 광대하고 비옥한 영토의 왕이 의식주 면에서 영국의 날품팔이보다 못살고 있다.[2]

여기서 로크는 새로운 경제·사회·정치체제에서 불평등이 만연할 것임을 인정하면서도, 그 불평등이 '불만 많고 다투기 좋아하는' 사람들이 통치하는 체제의 불평등보다 선호될 것임을 시사한다. 전자에서는 모두의 물질적 처지가 나아질 것이기 때문이다. 늘어난 부를 하층 시민들도 누릴 수 있다면 불평등은 참을 만한 것이된다. 그런데 로크는 새로운 체제에서 불평등이 거의 무한히 분화될 가능성이 있다고 말하기도 한다. 생존경제의 두드러진 특징은 통치자와 피치자가 물질 면에서 거의 완전히 평등하다는 것이다. 귀족 질서의 특징은 신분과 지위의 불평등이 만연하며, 이런 격차가 상대적으로 변동 불가능하다는 것이다. 이에 반해 로크가 제안한 자유주의 질서는 변동 가능한 불평등 상태를 전제한다. 불평등의 척도는 상층민과 하층민을 가르는 경제적 자산이다. 상층민과 하층민, 성공한 사람과 무능한 사람, 통치자와 피치자 사이의 격차로 인해 생기는 굴욕감, 모욕감, 원한, 분노 등을 달래는 방편은 사회의 모든 구성원을 위해 물질적 자산을 끊임없이 늘리겠다는 약속이다.

이것이 자유주의의 가장 근본적인 도박이다. 다시 말해 하나의 불평등하고 부당한 체제를 다른 체제로, 억압과 폭력이 아니라 대중의 완전한 묵인을 통해 달성하는 불평등을 신줏단지 모시듯 하는 체제로 대체하겠다는 도박이다. 대중의 묵인은 계층 이동의 이론적 가능성과 더불어 증대하는 물질적 자산이 사회의 상층에서 하층으로 계속 전달될 것을 전제한다.

오늘날 고전적 자유주의자들은 이 합의가 단순히 받아들일 만한 것이 아니라 칭송할 만한 것이라고 줄기차게 주장한다. 로크의 시대로부터 수백 년 뒤에 존 F. 케네디는 이 도박이 "모든 배를 들어 올리는 밀물"—로널드 레이건이 자주 되풀이한 표현—을 약속한다고 요약했다. 이는 가장 조잡하고 값싼 배일지라도 파도의 마루와 골 사이의 어마어마한 높이차로부터 이익을 얻을 수 있다고 암시하는 표현이었다. 그런 번영의 핵심 요소는 공격적인 자연 정복, 특히 잠재적으로 유용한 모든 자원을 철저히 추출하는 동시에 미래의 비용 및 결과에 상관없이 지금 당장 가치를 늘려줄 공정과 방법을 발명하는 것이었다. 로크의 테제는 꾸준히 증대하는 부와 자산이 사회적 결속과 연대의 대체물로서 기능할 수 있다는 것이었다. 자유주의자 프리드리히 하이에크가 이해한 대로 "급속한 경제 발전"을 받아들이는 사회는 불평등을 장려할 수밖에 없을 것이다. "그렇게 빠른 진보는 균일한 전선을 이루며 나아갈 수 없고 계층 방식으로 일어나야 한다."[3] 로크처럼 하이에크도 급속히 발전하며 현저한 경제적 불평등을 낳는 사회는 불만을 누그러뜨리기 위해 이미 빠른 데다 가속까지 하는 발전에 의지할 수밖에 없음을 알고 있었다. "개인적 성공을 누리는 즐거움은 전체적으로 아주 빠르게 진보하는 사회에서만 다수의 사람들에게 주어질 것이다. 정적인 사회에서는 올라가는 사람들만큼이나 내려가는 사람들이 많을 것이다. 대다수 사람들이 각자의 인생에서 발전에 참여하려면 사회가 상당히 빠르게 발전해야 한다."[4]

하이에크는 자유주의 사회가 기존 질서 못지않은 불평등, 어쩌면 더 심한 불평등을 낳을 테지만, 끊임없는 변화와 진보를 약속함으로써 자유주의 체제에 대한 모두의 지지를 얻을 것이라고 말한다. 막대한 불평등—농민과 국왕의 격차를 훌쩍 넘어서는 불평등—이 생길 가능성이 있음에도 거의 어디서나 그런 정치·경제 체제를 지지할 것이라고 그는 자신한다.

그러나 이제 성장의 약속을 과연 지속할 수 있느냐는 의구심이 커지고 있다. 인류는 지난 두 세기 동안 이룩한 경제성장의 결과로 오늘날 기후 변화가 빨라지고 있다는 것이 갈수록 분명해지는 현실—자연이 정한 한계—과, 시장자본주의가 사회의 모든 구성원을 위해 자산을 계속 늘려줄 가능성이 낮아지는 현실에 봉착했다. 커트 보니것 Kurt Vonnegut은 첫 소설 《자동 피아노Player Piano》에서 시장자본주의의 냉혹한 논리—새로운 저임금 시장을 찾거나 인간을 기계 또는 컴퓨터로 대체함으로써 임금 상승을 억제하려는 영원한 노력—에 의해 노동의 형태가 점점 줄어들다가 결국 막일 몇 가지와 모욕밖에 남지 않을 것으로 내다보았다. 이 선견지명이 근래에 입증되었다. 그런데도 불평등이 아무리 심하고 계층 상승에 대한 전망이 없을지라도 체제가 물질적 안락함을 제공한다면 사회 구성원 대다수가 만족할 것이라는 로크식 도박이 다시 출현했다. 로크적 자유주의의 가장 최근의 뮤즈는 《평균의 시대는 끝났다Average Is Over》라는 책에서 로크의 기본적인 논증을 되풀이한 경제학자 타일러 카우언Tyler Cowen이다. 카우언은 자유주의와 시장자본주의가 과거의 공작과 백작을 무색케 하는 엄청나고 영구적인 형태의 불평등을 영속화한다고 지적하면서도, 우리가 미국 역사에서 상대적 평등과 시민적 운명의 공유를 두루 믿는 유일무이한 시대의 끝자락에 있으며 이제 국민들이 사실상 두 부류로 나뉘는 현상을 목격하게 될 시대로 접어들고 있다고 주장한다. 그럼에도 '새로운 사회계약?'이라는 적절한 제목이 달린 장에서 그가 내리는 결론은, 자유주의가 앞으로도 광범한 지지를 누리리라는 것이다.

우리는 모두가 괜찮은 생활수준을 누리는 양 가장하는 사회에서 지금보다 훨씬 더 자력 생활을 기대하는 사회로 이행할 것이다. 나는 이를테면 시민 중 10~15퍼센트가 오늘날의 백만장자들과 흡사하게, 물론 그들보다 건강관리를 더 잘 받겠지만, 환상적으로 안락하고 흥미진진하게 살아갈 세계를 상상한다. (…)
이처럼 실력을 중시하는 소득 불평등 구조는 자기강화적인 구조로 입증될 것이다. 자격이 있는 개인들은 실제로 가난에서 때때로 벗어날 것이고, 그러고 나면 뒤에 남은 사람들을 더 쉽게 무시할 것이다.[5]

카우언은 저임금을 받는 다수가 오늘날의 텍사스와 흡사하게 저렴한 주택, 약간의 일자리, 평균 이하의 공무원이 일하는 장소들에 정착할 것으로 예측한다. 그리고 정치 지도자들이 집세가 싸고 인터넷이 무료인 빈민들만 사는 도시 구역을 만들어 암울한 가난과 메마른 정신을 달래줄 가상세계를 제공하는 방안을 고려해야 한다고 주장한다. 이것이 대다수 시민들에게 영원한 생활방식이 될 것이다. 카우언은 이런 디스토피아가 자유주의의 종말을 불러올 것이라고 예측하지 않는다. 옛 귀족정의 조건을 타도한다면서 실은 다시 만들어내고 있는 자유주의적 사회경제체제에 반대하는 혁명을 촉발할 것이라고 예측하지도 않는다. 그러기는커녕 다음과 같은 희망찬 어조로 책을 끝맺는다. "값싸거나 공짜인 재밋거리가 워낙 많아서 자본주의의 산물이면서도 카를 마르크스의 공산주의적 유토피아처럼 느껴질 시대를 예견해도 괜찮을 것이다. 이것이 터널의 끝에 있는 진짜 빛이다."6

강자의 지배

근대 초 자유주의는 자율적 개인들이 만들어내는 체제를 통해 기존과 근본적으로 다른 물질적 성취를 이루어낼 수 있을 것으로 예상했다. 제임스 매디슨이 세계 최초의 자유주의 질서에 대해 말한 대로라면 "정부의 제1목표"는 "인간 능력의 다양성"을 보호하는 것이다. 매디슨은 《연방주의자 논고》 제10편에서 "상이하고 불균등한 재산 취득 능력을 보호하는 것으로부터 재산을 소유하는 정도와 종류의 차이가 직접적으로 생겨난다"라고 말한다. 우리의 헌정질서에서 신줏단지 모시듯 하는 정부의 제1목표는 주로 경제적 성취의 차이로 나타나는 '다양성'을 보호하는 것이지만, 더 나아가 정부는 우리의 '능력의 다양성'에서 비롯하는 어떠한 차이든 보호한다. 자유주의적 정치는 이런 불평등을 방어하는 방법으로 여겨졌다.

자유주의의 두 번째 물결인 진보주의는 첫 번째 물결이 아주 성공적으로 퍼뜨린 불평등이 실은 참된 자아를 실현하는 데 방해가 된다고 주장했다. 훗날 자유주의자들은 자유주의의 첫 번째 물결이 과거의 귀족적인 정치·경제 형태를 성공리에 허물었다는 데 동의하면서도, 그 성공 자체가 재발명된 자유주의를 필요로 하는 새로운 병리 현상들을 낳았다고 결론 내렸다. 오늘날 자유주의는 근대 초에 경제적 자유를, 따라서 계층화를 장려했던 자유주의에 반대하고 오히려 경제적 평등을 증진하는 과제를 강조하는 사상으로 널리 여겨진다.

그러나 진보적 자유주의자들이 경제적 평등을 받아들인 것은 고전적 자유주의와 반대되는 결과를 얻기 위해서가 아니었다. 오히려 고전적 자유주의에 의해 이미 약화된 사회 형태와 문화 전통을 더욱 약화함으로써 정치적 통합을 강화하기 위해서였다. 고전적 자유주의 시절에 이 목표를 달성하는 최선의 방법은 개인들에 대한 정부의 권한을 제한하는 것이었다. 이에 반해 진보적 자유주의자들이 생각한 최선의 방법은, 갈수록 번영하는 사회의 결실을 균등하게 나누는 한편 교회와 가족의 영역에, 심지어 성의 영역에까지 더 적극적으로 개입할 권한을 국가에 주는 것이었다.

진보적 자유주의 역시 고전적 자유주의처럼 현재 체제의 불의 —이 경우 시장자본주의로 인해 생기는 경제적 격차—를 어떻게 바로잡을지 강조함으로써 대중의 지지를 얻었다. 그러나 경제적 정의를 구현하고 시장을 길들이겠다는 다짐—물론 결코 실현되지 않았다—은 평등 증진이라는 미명에도 불구하고 궁극적으로는 인류 대다수의 번영을 지탱하는 사회구조와 문화적 관행을 해체함으로써 문화 규범의 지침과 구속 밖에서 살아가는 이들을 해방하기 위한 것이었다. 경제적 격차를 줄이려는(실제로 그렇게 하지는 못한) 진보적 노력의 동인은 다른 사람들과의 얽히고설킨 관계로부터, 특히 국민들의 운명을 하나로 묶는 문화 규범, 제도, 결사로부터 벗어날 기회를 개인들에게 균등하게 주어야 한다는 자유주의의 뿌리 깊은 과제다. 진보주의는 무엇보다 엘리트층의 해방을 목표로 하는데, 그들은 자신의 출세를 위해 규범, 중재 제도, 그리고 두꺼운 공동체를 해체할 것을 요구한다(그 과정에서 공동체의 안정된 생활 형태들이 희생된다).

가장 심각한 아이러니는 오늘날 미국 정치의 현저한 특징이 고전적 자유주의 진영과 진보적 자유주의 진영의 충돌임에도, 경제적 해방과 개인적 해방 둘 다 꾸준히 이루어지고 있다는 사실이다. 이렇게 되는 이유는 진보적 자유주의가 결코 고전적 자유주의의 적이 아니었기 때문이다. 고전적 자유주의의 진짜 적은 일종의 살아 있는 '버크주의', 즉 인류 대다수의 생활방식이었다.

19세기 진보적 자유주의의 설계자들은 고전적 자유주의의 주요한 야심을 간직하고 있었다. 그 야심이란 개인들을 자신이 선택하지 않은 일체의 임의적인 관계로부터 해방하고 세계를 특히 표현적 개인주의 성향을 가진 사람들이 번창하는 세계로 바꾸겠다는 목표였다. 이런 해방이 완전히 자수성가한 개인들로 이루어진 새로운 지배층을 만들어내는 데 반드시 필요하다는 주장을 존 스튜어트 밀보다 더 단도직입적으로 피력한 자유주의자는 거의 없다. 이런 개인들을 우연과 환경으로부터 해방하기 위해 밀은 사회 전체를 그들에게 이롭도록 바꾸자고, 다시 말해 억압적인 사회 규범, 그중에서도 행위와 처신을 규제하는 종교 지침과 사회 규범에 맞서 그들의 독특한 차이를 보호하자고 역설했다. 바꾸어 말하면, 밀은 그런 규범이 없는 상태에서 개인의 선택에 따라 살아가려는 사람들이 최대한 자유롭게 살 수 있도록 '관습'을 뒤엎어야 한다고 주장했다.

에드먼드 버크와 토머스 페인이 '대논쟁'을 벌였다는 유벌 레빈Yuval Levin의 주장과 대조적으로, 우리 시대의 '문화전쟁'은 직관적인 버크주의자들과 밀의 노골적인 제자들 사이의 차이와 더 관련이 있다. 이 말에 어떤 이들은 놀랄지도 모른다. 밀은 때때로 보수주의의 친구, 특히 자유지상주의자들의 친구로 간주되기 때문이다. 그러나 밀은 보수주의자가 아니었다. 그는 특히 1859년에 펴낸 고전적인 저작 《자유론On Liberty》에서 개진한 주장을 통해 근대 자유주의의 산파 역할을 했다. 밀을 칭송하는 자유지상주의자들 중 다수는 그의 '위해 원칙'이 주로 개인의 자유에 대한 정부의 통제를 제한하자는 내용이라고 생각하는 경향이 있지만, 밀이 주로 우려했던 것은 여론이 가할 수 있는 제약이었다. 책의 도입부에서 밀은 당대 영국에서는 "아마도 유럽의 대다수 국가들보다 여론의 구속력이 더 무겁고 법의 구속력은 더 가벼울 것이다. 그리고 입법부나 행정부가 개인의 행동에 직접 간섭하는 것을 상당히 경계한다"라고 지적한다.[7] 국민주권 시대의 여명기에 밀은 언젠가 여론이 대중이 명령하는 강압적인 정부 권력으로 바뀔 수도 있음을 인정했지만, 당시 "대다수 국민들은 정부의 권력을 자신들의 권력으로, 또는 정부의 의견을 자신들의 의견으로 여기는 법을 배우지 못"한 상태였다. 그가 우려했던 것은 강압적인 법률이 아니라 억압적인 여론이었다.

억압적인 '여론'의 형태들은 주로 일상의 도덕 ─ 밀이 '관습'이라며 통렬하게 비판한 것 ─ 으로 나타났다. 밀은 좋은 사회에서는 '진보'와 '관습'의 균형이 필요하다고 때때로 주장하긴 했지만, 대체로 관습을 자유의 적으로, 진보를 근대 사회의 기본 목표로 보았다. 관습을 따른다는 것은 근본적으로 반성을 하지 않고 정신적으로 정체되어 있다는 뜻이었다. "지각, 판단, 변별 감각, 정신적 활동에 더해 도덕적 선호에 이르기까지, 인간의 능력은 선택을 할 때만 발휘된다. 관습이라는 이유로 무엇이든 하는 사람은 선택을 하지 않는다."[8]

관습이 한때 목적에 도움이 되었을 수도 있음을 밀은 인정한다. 이전 시대, 그러니까 "신체나 정신이 강한 사람들"이 "사회적 원칙"을 어길 수 있었던 시절에는 "황제와 싸울 때 교황이 그러했듯이, 법과 규율을 동원해서 사람들의 개성을 통제할 목적으로 그들의 일생을 전인적으로 통제할" 필요가 있었다.[9] 그러나 관습의 지배력이 너무 커진 탓에 이제 "인간 본성을 위협하는 위험은 개인적인 충동과 선호의 과잉이 아닌 결핍"이 되었다.[10] 밀의 목표는 자연스럽고 창의적이고 예측할 수 없고 관습적이지 않고 대개 공격적인 형태의 개성을 속박에서 풀어주는 것이었다. 관습의 지배에서 풀려난 비범한 개인들—가장 많이 교육받고 가장 창의적이고 가장 모험적인 데다 가장 강력하기까지 한 개인들—은 사회를 바꿀 수 있다. "천재성을 가진 사람은 언제나 소수일 가능성이 높다"는 것을 밀은 인정한다. 그런데 "다른 어떤 사람들보다도 더 개성적"이며 "해로운 압박 없이는 사회가 제공하는 소수의 주형 중 그 무엇에도 자신을 끼워 맞추지" 못하는 그들은 "자유로운 대기"를 필요로 한다.[11] 소수이지만 밀이 보기에 반드시 필요한 이들을 위해 사회를 바꾸어야 한다. 관습에 기반을 두는 사회는 개성을 제약했으며, 이런 족쇄에서 풀려나기를 누구보다 갈망한 사람들은 "평범한" 이들이 아니라 관습에서 벗어나기를 즐긴 이들이었다. 밀은 "생활 실험"을 전제하는 사회, "더 개성적"인 천재들을 위한 시험관 같은 사회를 요구했다.

현재 우리는 밀이 제안한 세계에서 살고 있다. 어디서나 어느 순간에나 우리는 생활 실험에 참여해야 한다. 관습은 완패했다. 오늘날 문화로 통하는 것 — 앞에 '대중'이 붙든 안 붙든 — 은 대부분 조롱하는 듯한 비아냥과 아이러니로 가득하다. 심야 텔레비전은 이런 문화의 특별한 안식처다. 사회는 밀의 노선을 따라 특히 판단하는 이들을 비非판단주의의 이름으로 경멸하는 형태로 바뀌어왔다.

밀은 이런 사회에서는 '평범한' 사람들을 지배하는 '최고'의 사람들이 필요하리라는 것을 오늘날의 밀주의자들보다 잘 알고 있었다. 관습을 거부하는 사회에서는 가장 '앞선' 부류가 정치적 대의권을 더 많이 가질 필요가 있었다. 밀이 보기에 이를 달성하는 방법은 투표권을 불균등하게 분배하는 것이었다. 다시 말해 고등교육을 받은 사람들에게 투표권을 더 많이 부여하는 방법이었다. 이에 반해 후진 사회에서는 사람들이 진보의 길에 충분히 들어설 때까지 노골적인 노예 상태가 필요할지도 모른다고 밀은 주장했다. 이 말은 곧 그들에게 노동을 강요하고 또 예배나 여가 같은 소모성 활동보다 경제적 생산성에 더 신경을 쓰도록 강제해야 한다는 의미였다.

미국인들은 자국 역사의 대부분 동안 버크의 철학에 관심이 없었으나 실제로는 버크주의자들이었다. 미국인 대다수는 관습에 따라, 좋은 삶을 동반하는 근본적인 규범과 관련된 도덕적 가정에 따라 살았다. 여러분은 부모의 권위부터 시작해 여러 권위를 존중해야 한다. 겸손하고 예의 바르게 처신해야 한다. 음란함이나 흥분을 드러내지 말아야 한다. 결혼한 경우에만 성행위를 해야 한다. 결혼하고 나면 혼인을 유지해야 한다. 자녀를 두어야 하거니와 보통 많이 두는 게 좋다. 분수에 맞게 살아야 한다. 신에게 감사와 경배를 바쳐야 한다. 노인을 공경하고 죽은 자들에게 빚지고 있음을 인정해야 한다.

밀은 이런 행동들을 생각 없는 관습으로 일축한 반면, 버크는 필수적인 '편견'의 형태들로 칭송했다. 《프랑스혁명에 관한 성찰 Reflections on the Revolution in France》에서 버크는 이렇게 썼다.

이 계몽된 시대에 대담하게 고백하자면, 우리는 일반적으로 교화되지 않은 감정을 가진 인간이며 우리의 옛 편견을 내다버리기보다 상당 부분을 소중히 간직한다. (…) 우리는 사람들이 각자 이성의 보유량에 의지해 생활하고 거래하는 처지를 불안해하는데, 각자의 보유량이 적거니와 여러 국민과 시대가 축적한 종합은행과 자본을 이용하는 편이 낫다고 생각하기 때문이다. (…) 편견은 인간의 덕성을 습관으로 바꾸지 서로 연결되지 않는 일련의 행동으로 바꾸지 않는다. 정당한 편견

을 통해 의무는 본성의 일부가 된다.[12]

　밀은 관습을 통해 표현되는 여론의 폭정을 우려했지만, 버크는 '혁신가들' 사이에서 폭정 충동을 발견할 가능성이 훨씬 더 높으며 그런 충동을 편견으로 억제할 수 있을 것이라고 주장했다. 두려워해야 할 대상은 속박되지 않은 권력자들이지 관습을 따르는 평범한 시민들이 아니었다. 버크는 혁명 충동과 폭정 충동 사이에 긴밀한 연관성이 있으며, 유력자들이 대중의 정당성이라는 외피를 주장할 수 있을 때 특히 폭정 충동이 교활해진다고 보았다. "혁신의 정신은 일반적으로 이기적인 성향과 편협한 시각의 산물이다. (…) 경계하지 않을 때 민주주의자들은 공동체에서 미천한 부류를 가장 멸시하면서도 그들을 자기네 권력의 보관소로 만드는 시늉을 한다."[13]

　현대 사회는 적어도 측정 가능한(주로 물리적인) 위해로 귀결되지 않는 한 '모든 것이 허용된다'는 밀의 원칙을 중심으로 조직되어왔다. 이는 밀이 인정했던 대로 강자들의 이익을 위해 조직된 사회다. 그에 반해 버크식 사회는 보통 사람들—강자들과 보통 사람들 모두 따를 것으로 기대되는 사회 규범으로부터 혜택을 받는 다수—의 이익을 위해 조직된다. 우리는 대다수 사람들이 번영하는 길을 보호하는 대개 비공식적인 규범과 관습을 강조함으로써 사회를 그들에게 이롭도록 형성할 수도 있다. 또한 우리는 모두를 관습의 제약으로부터 해방함으로써 사회를 비범하고 강력한 사람들에게 이롭도록 형성할 수도 있다. 한때 우리 사회는 다수의 보통 사람들의 이익에 기초하여 형성되었다. 지금은 대체로 소수의 강자들의 이익을 위해 형성되고 있다.

자유주의 지배층의 우위

이 문명 전환의 결과를 우리는 어디서나 본다. 우리 사회는 갈수록 경제적 승자들과 패자들로 분류되고 있다. 승자들은 부유한 도시와 그 주변 카운티로 모이는 반면, 패자들은 세계경제가 (문자 그대로나 비유적으로나) 집어삼킨 장소에 대체로 머무른다. 세계경제는 고등교육을 받은 인지적 엘리트cognitive elite에게는 보상하는 반면, '미국 중부 지방'에 남은 사람들에게는 빵 부스러기나 준다. 수십 년 전에 로버트 라이시Robert Reich와 크리스토퍼 래시Christopher Lasch가 규탄한 추세인 '성공한 자들의 분리 독립'과 '엘리트들의 반란'이 오늘날 가족과 이웃, 학교를 통해 제도화되고 세대 간에 복제되고 있다.[14] 성공한 사람의 자녀는 지배층에 들어가기 위해 예비수업을 받는 반면, 그런 성취가 없는 사람은 자녀를 상류층으로 밀어 올리는 데 필요한 기본 여건을 마련할 형편이 못 되거니와 관련 지식을 충분히 알지도 못한다.

찰스 머리와 로버트 퍼트넘은 현대 미국 사회에 스며드는 자기영속적인 계급 분화를 훌륭하게 기록했다.[15] 머리는 두 가상 도시, 즉 부유한 벨몬트와 쇠락한 피시타운을 통해 오늘날 부자와 유력자는 가족생활과 물질생활의 안정, 상대적으로 낮은 이혼율과 혼외 출산율, 낮은 마약 중독률과 범죄율을 보이는 데 반해, 피시타운은 이 모든 척도에서 사회적 무질서 상태로 빠져들고 있음을 보여주었다. 머리는 벨몬트 주민들이 그저 자신들이 실천하는 것을 설파하기만 해도, 즉 밀이 말한 '실험주의'와 가치 상대주의가 아니라 덕목들의 장점을 찬양하기만 해도 피시타운 주민들에게 성공하는 데 무엇이 필요한지 알려줄 수 있다고 주장했다. 퍼트넘은 경제적으로 뒤처지는 시민들을 위해 정부 지원을 늘릴 것을 촉구하면서 그들을 사회적 퇴화의 연쇄로부터 빼내는 데 도움이 되는 일군의 프로그램을 제안했다.

그렇지만 두 사람 모두 경험적 관찰이 시사하는 바를 무시한다. 그들이 관찰한 상태는 건강한 자유주의에서 탈선한 형태가 아니라 자유주의를 실현한 형태다. 애초부터 자유주의는 새로운 귀족에 대한 약속을 늘어놓았다. 그 귀족은 개인을 역사와 전통, 자연, 문화로부터 해방하고 또 자유의 한도 내지 장애물로 재규정된 제도적 지원을 철폐하거나 축소한 결과로 번영을 누리는 사람들로 이루어질 터였다. 제도적 지원을 없앤 세계에서 최고의 기질(본성), 가정교육(양육), 운 덕분에 성공하는 사람들은 자율성을 열망한다.

자유주의적 가족이 자율적 개인을 위한 도약대로 재구성되는 동안, 광범한 사회 연결망이 사라진 자유주의 사회의 풍경에서 이렇다 할 성공 이점이 없는 사람들은 하층민으로 남는다. 그들의 불리함은 '성공한 자들의 분리 독립'으로 인해 더욱 가중된다. 이는 사회경제적 엘리트들이 자기들끼리 모여 사는 소수의 지역으로 이주하고, 그와 함께 지난날 지역의 자선활동과 지역 시민사회의 형성에 참여했을 법한 사람들을 빨아들이는 현상을 의미한다.

머리는 엘리트층이 안정된 가족생활의 덕목과 개인 자질—그들의 사회적 지위를 유지하는 데 도움이 되는— 을 찬양하지 않는데, 그 이유는 오로지 진보적 편견 때문에 그것을 의도적으로 거부하기 때문이라고 믿는다. 이는 다른 원인을 간과하는 주장이다. 자유주의 지배층liberolocracy은 안정된 사회제도, 얄궂게도 오늘날 밀의 사상을 따르는 개인들을 위한 도약대 역할을 하는 제도의 이점 덕택에 자신들의 지위가 유지된다는 것을 알고 있다. 그 개인들은 관습을, 그리고 문화 규범을 전달하고 책임을 습관화하고 일상의 덕목을 함양해온 제도를 빼앗긴 세계에서 번영한다. 그런 제도가 광범하게 해체되고 나면(처음에는 그 결과로 어느 사회 계급에서나 가족이 불안정해진다), 이제 사회적 지원을 잃었으나 구입 가능한 지원 체계의 뒷받침을 받는 가족을 자유주의 노선을 따라 재구성할 수 있다—그 체계는 보모와 정원사 같은 새로운 형태의 하인 계급과 더불어 현대식 가정교사(SAT 예습 과정)와 유모(보육시설) 등으로 이루어진다. 그렇게 재구성된 가족은 지난날 귀족 가문이 부와 지위의 원천이었던 것과 비슷하게 자유주의 지배층이 스스로를 영속화하는 주된 수단 중 하나가 된다. 귀족 가문의 지위는 토지 및 영지와 밀접한 관련이 있었고, 그래서 세대 간 연속성과 장자 상속제를 중시했다. 이에 반해 자유주의 지배층의 가족은 느슨한 세대 간 연대, 휴대 가능한 자격증명서, 대체 가능한 부의 상속, 그리고 계층 이동의 전망에 의존한다. 한편 자유주의 지배층은 로크라면 '불만 많고 다투기 좋아하는 사람들'이라고 불렀을 법한 이들 사이에서 가족과 그에 따른 사회 규범이 현저히 약화되는 세태에 대해 주도면밀하게 침묵을 지킨다. 그 이유는 자유주의의 산물인 해방된 개인들이 이제 하층민으로 떨어진 '불만 많고 다투기 좋아하는 사람들'에게 전통적으로 불우한 가족까지 지원했던 사회 형태와 제도의 해체에 따르는 대가를 떠안으라고 명령한다는 데 있다.

사실 자유주의는 고전적 자유주의와 진보적 자유주의, 로크의 경제적 자유주의와 밀의 생활방식 자유주의가 함께 작용할 경우에(양편이 서로 싸우는 사이라고 주장할지라도) 가장 실질적으로 발전한다. 사회 규범, 문화, 그리고 지원 제도와 결사로 이루어진 사회 환경을 파괴하는 작업은 시장과 국가 모두의 몫이다. 시장 옹호자들(찰스 머리 같은)은 그런 파괴의 결과인 깊은 불평등을 도덕적 훈계로 완화할 수 있다고 주장한다. 반면에 국가 옹호자들(로버트 퍼트넘 같은)은 정부가 시민사회를 대신할 수 있고 자유주의 지배층 탓에 알맹

이를 잃어버린 가족을 재구성할 수 있다고 주장한다. 양편 모두 대대로 이어지는 불평등을 자유주의 질서의 핵심 성취가 아닌 탈선 현상으로 여긴다.

자유주의 지배층은 대체로 스스로를 악의적이지도 않고 교활하지도 않은 부류로 묘사한다. 그들의 주장대로라면 자유주의는 플라톤이 《국가》에서 제안한 '고귀한 거짓말'의 한 버전을 처음으로 실행하는 정체다(《국가》에서 '고귀한 거짓말'을 말하는 대목(3권 415a - 415b)은 다음과 같다. "이 나라에 있는 여러분은 모두 형제입니다. 그러나 신은 여러분을 만들면서 통치하기에 적합한 사람들에게는 황금을 섞었으니, 그들이 가장 존경받는 것은 이 때문입니다. 반면에 보조자들에게는 은을 섞었고, 농민들이나 다른 장인들에게는 쇠와 청동을 섞었습니다. 그리고 여러분은 모두 동족이기에, 대개 여러분 자신을 닮은 자손을 낳기는 하지만, 때로는 황금의 자손에게서 은의 자손이, 은의 자손에게서 황금의 자손이, 그리고 나머지 사람들에게서 다른 종류의 자손이 태어나기도 합니다." ― 옮긴이). 플라톤은 '고귀한 거짓말'을 통해 피치자들이 정체의 본성에 관한 이야기를 듣게 될 뿐 아니라, 더 중요하게는 통치계급 역시 그 이야기를 믿게 된다고 주장했다. 달리 말하면 소크라테스가 제시한 '이상적인 정체'의 주민들은 '고귀한 거짓말'을 듣고서 자신들이 공동 가족의 구성원으로서 근본적으로 평등하다는 것과 자신들의 불평등에 자연적 이유가 있다는 것을 동시에 믿게 된다. 플라톤은 '이상적인 정체'를 철학적 연습 문제로 제시했던 데 반해, 자유주의는

'이상적인 정체'와 비슷하게 구성되는 질서, 즉 인간은 근본적으로 평등하다는 신화를 동원해 불평등의 정당성을 믿게 만드는 질서를 구현하기 위해 '고귀한 거짓말'의 한 버전을 채택했다. 자유주의 질서는 일용직 노동자들에게 발전하는 체제 내에서 그들의 지위가 높아지고 그에 따라 형편이 계속 나아질 것이라는 믿음을 부추기는 데 그치지 않는다. 더 중요한 점은 자유주의 질서가 자유주의 지배층에게 그들이 새로운 귀족이 아니라 오히려 귀족 질서의 반대파라는 심각한 자기기만을 가르친다는 것이다. 그 자기기만을 감추는 주된 수단은 불우한 사람들을 위한 사회적 정의와 관심이라는 겉치장이다. 자유주의 지배층은 어려서부터 흔히 그들을 엘리트로 길러내는 교육기관에서 그런 겉치장을 빈틈없이 주입받는다. 그런데도 바로 그들은 《국가》를 읽다가 '고귀한 거짓말' 논의를 마주하면 대개 속임수라며 혐오감을 보일 것이다. 그러나 동굴 벽을 감추기 위해 고안된 인공조명 때문에 그들이 차지하고 있는 동굴이 눈에 안 보이게 되었다는 사실을 그들은 까맣게 모르고 있다.

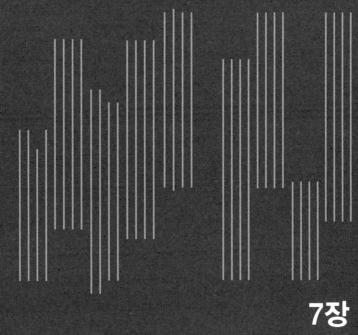

7장
시민권의 퇴화

'자유민주주의'라는 용어는 오늘날 서구의 대다수 사람들이 유일하게 정당한 정치조직 형태로 여기는 정체를 가리킬 때 널리 쓰인다. 자유민주주의liberal democracy에서 '자유주의'는 형용사처럼 명사 '민주주의'와 함께 쓰여 인민들이 통치하는 오래된 정체 형태를 강조하는 것으로 보인다. 그렇지만 이 표현은 겉보기 의미와는 다른 목적을 가진다. 우선 '자유주의'는 '민주주의'를 변경할 뿐 아니라 유구한 정체를 사실상 정반대되는 정체로, 즉 인민들이 통치를 하지 않고 자유주의적인 사적 개인으로서 물질적·군사적 혜택을 누리며 살아가는 데 만족하는 정체로 재규정하자고 제안한다. 그와 함께 명사 '민주주의'는 한층 강직한 형태의 시민권을 이른바 대중의 동의로 대신하는 자유주의 정체에 정당성을 부여한다. 자유주의는 공적인 것보다 사적인 것을, 시민 정신보다 자기이익을, 공동선보다 개인들의 의견 취합을 끊임없이 강조함으로써 시민권의 퇴화를 불러온다.

우리는 민주정을 타락하고 부패한 정부 형태로 의심하는 오래된 시각을 대체로 잊었거나, 그런 의심을 후진적이고 권위주의적이고 비인간적인 것으로 여기는 시대에 살고 있다. 자유주의의 비범한 성과는 동의에 기초하는 정당성을 주장하고 일정한 주기마다 치르는 선거제를 계획하는 한편, 민주적인 에너지를 흩뜨리고 대중의 분열과 파편화를 부추기고 정예 엘리트들이 정부를 운영하는 구조를 제도화한 것이었다. 그렇지만 자유주의의 성과가 이것뿐이었다면 자유주의 체제는 금세 그 정당성의 광휘를 잃어버렸을 것이다. 좌절한 서민들이 민주주의의 주장과 대중의 통제권이 없는 현실 간의 간극이 점점 벌어지는 추세를 목도하고 있었기 때문이다. 자유주의의 진짜 비범한 성과는 미묘하되 꾸준하게 영향을 끼치고 교육하는 방법으로 시민들로 하여금 자수성가한 개인이라는 이상─표현적 개인주의─과 '민주주의'를 동일시하게 만든 것, 그리고 정부가 강력하고 멀리 있으며 실은 표현적 개인주의의 기회와 경험을 확대함으로써 정당성을 얻는다는 사실을 감추는 정치적 민주주의의 광휘를 받아들이게 만든 것이다. 자유민주주의가 주로 권리, 권력, 부의 확대라는 형태로 '자유의 제국'을 계속 넓히는 한, 능동적인 민주적 자치의 부재는 받아들일 수 있을 뿐만 아니라 바람직하기까지 한 목표가 된다. 결국 자유주의는 정체로서 규율잡힌 자치를 함양해야 하는 민주정의 난제를 포기한 채 정부를 유익하되 별개인 실체, 재화를 무한히 공급하고 사적 정체성을 제약 없이 확대할 수 있도록 지원하는 실체로 여기기에 이른다.

반민주주의적 자유주의

자유주의 옹호자들은 민주주의의 위험에, 특히 제약받지 않는 다수가 소수의 자유에 가하는 위협에 주의하지 않는 경향이 있다. 파리드 자카리아Fareed Zakaria 같은 유명한 정치평론가들은 정치의 안정, 권리, 자유주의 정치경제를 위협하는 주된 요인으로 '비자유민주주의illiberal democracy'의 부상을 꼽는다.[1] 유럽연합의 근본적인 기조—특히 국경을 사실상 없애는 데 초점을 맞추는—에 반대해 유럽 전역에서 민족주의적인 포퓰리즘 운동이 일어나고, 영국에서 브렉시트 투표를 하고, 미국에서 도널드 J. 트럼프가 대통령에 당선된 이후, 정치이론가이자 《월스트리트 저널》의 칼럼니스트인 윌리엄 갤스턴William Galston은 "자유민주주의를 위협하는 가장 긴급한 문제는 독재가 아니라 비자유민주주의다"라고 경고하는 칼럼을 썼다.[2]

고대의 플라톤과 아리스토텔레스처럼 오늘날의 주요 논객들 역시 민주정을 위험하고 불쾌한 정체로 여긴다. 이 고대 철학자들이 으레 민주정을 '사악'하거나 '타락한' 정체들의 범주에 집어넣었다면, 오늘날의 주요 사상가들은 자유주의가 다수의 권력을 제한하고 언론의 자유와 정부에 대한 입헌적 견제책을 보호한다고 주장하면서 자유주의 구조 안에서 제약을 받는 민주주의에만 개념적 충성을 바친다. 또 그들은 일반적으로 상당히 열린 시장과 경비가 허술한 국경을 선호하는데, 그들의 주장대로라면 이런 장치들이 자국 소비자의 번영을 보장하는 동시에 경제적 이동과 기회의 세계화를 가능하게 해주기 때문이다.

요컨대 그들에게 민주주의는 그 관행이 자유주의적 가정 안에 머무르고 대체로 자유주의를 지지하는 한에서만 수용할 수 있는 정당화 수단이다. 민주적인 다수가 자유주의의 양상들을 거부할 경우—근래 서유럽과 미국의 유권자들처럼—자유주의의 주요 대변자들이 몰려들어 이구동성으로 민주주의와 대중의 어리석음을 맹렬히 비난한다. 미국 엘리트들은 민주주의를 엄격하게 제한할 가능성을 주기적으로 분석해왔는데, 민주주의가 전문가들이 선호하는 정책을 침해할 것이라고 생각하기 때문이다. 특히 자유주의를 민족국가 너머로 확장하는 정책, 예컨대 경제 통합을 증진하고 국경을 사실상 없애는 정책을 선호하는 엘리트들은 민주주의를 더욱 제약하는 방안을 점점 더 옹호해왔다. 그런 권위자 중 한 명인 조지타운대학의 제이슨 브레넌Jason Brennan은 저서 《민주주의에 반대한다Against Democracy》에서 유권자들이 한결같이 정보에 어둡고 심지어 무식하며, 따라서 결국 그들의 결함이 민주주의 정부에 반영될 것이라고 주장한다.[3] 브라이언 캐플런Bryan Caplan, 제프리 프리드먼Jeffrey Friedman, 데이먼 루트Damon Root처럼 자유지상주의로 기우는 다른 자유주의자들은 민주주의가 자유주의의 본질적인 약속들을 위협할 경우 민주주의를 버리는 방안을 고려하는 편이 나을지도 모른다고 생각한다.[4] 이들과 달리 브레넌은 '지식 지배층epistocracy',

즉 현대의 자유주의적·자본주의적 국가와 사회질서를 효율적이고도 효과적으로 관리하는 것으로 검증되고 입증된 지식을 가진 통치 엘리트의 지배를 요구한다.

이런 현대 자유주의자들의 입장은 별반 새로운 것이 아니다. 그들의 주장은 20세기 전반에 다른 주요 학자들이 했던 주장의 재판인데, 당시 학자들은 행정국가의 전문지식에 대한 자신감을 키우는 한편 유권자들의 지적 능력을 비관적으로 바라보고 있었다. 1973년 저서《민주주의 이론의 위기The Crisis of Democratic Theory》에서 에드워드 A. 퍼셀Edward A. Purcell은 사회과학의 초기 발견의 결과로 인해 발생한 민주주의 이론의 위기를 대가다운 솜씨로 파헤쳤다. 상당한 양의 초기 사회과학 데이터─평균적인 시민들을 대표하거나 그들보다 뛰어나다고 여겨진 모집단, 즉 1차 세계대전에 참전한 다수의 병사들을 대상으로 시행한 최초의 대규모 지능검사를 포함해─에 따르면 미국 대중의 큰 집단들에서 IQ 점수가 일관되게 낮게 나타났다. 1920년대와 1930년대에 이와 비슷한 증거가 꾸준히 보고되자 대부분의 주요 사회과학자들은 정부를 완전히 뜯어고치자고 요구하기에 이르렀다.[5]

다른 사람도 아니고 미국정치학회 회장 월터 J. 셰퍼드Walter J. Shepard가 1934년에 민주주의에 대한 미국의 전통적인 '신앙'을 근본적으로 재고할 것을 주장했다. 최상의 증거는 국민들이 지식과 지혜가 아니라 무지와 변덕에 이끌린다는 것을 보여주었다. "이성

하나만이 아니라 감정, 변덕, 격정도 여론을 이루는 큰 요소들이다. (…) 우리는 '국민의 목소리가 곧 신의 목소리다'라는 말을 더 이상 믿지 않는다."[6] 셰퍼드는 (브레넌, 캐플런, 프리드먼 등의 주장과 비슷한 이유로) 민주주의를 변호할 수 없다고 결론 내리고서 동료 정치학자들에게 국민에 대한 부당한 신앙에서 깨어날 것을 촉구했다. 유권자들은 "그들을 둘러싼 후광을 포기해야 한다. (…) 보통선거권 교리는 이제까지 너무나 자주 선거를 통제해온 무지하고 정보에 어둡고 반사회적인 부류를 배제하는, 교육 평가와 여타 평가의 체계에 자리를 내주어야 한다."[7] 심지어 한때 '민주적 신앙'을 가졌다고 자처했던 존 듀이마저 월터 리프먼과의 오랜 논쟁 중에, 대중이 갈수록 복잡해지는 시대에 필요한 시민적 지식과 능력의 수준까지 올라갈 성싶지 않다고 인정했다. 그러면서 월트 휘트먼 같은 시인들이 복잡한 현대 사회에 긴요한 복잡한 정치·과학 정보를 시민들에게 적절하고 이해하기 쉽게 '설명'해줄 필요가 있겠다고 말했다.[8]

평범한 시민들의 '민주적 능력'에 대한 우려는 민주주의에 대한 명시적인 비판을 낳았을 뿐 아니라 민주적 외피를 주장하는 이들마저 민주적 통치를 제한하려는 노력으로 이어졌다. 한 가지 기준으로 판단하자면, 진보적 자유주의자들은 민주주의를 완강히 옹호하고 있고, 더 직접적인 형태의 민주적 통치를 확대하기 위해 여러 조치를 도입해온 것으로 보인다. 혁신주의 시대(1890년대부터 1920년대까지 미국 전역에서 사회적 병폐와 부패를 치유하기 위한 개혁운동이 벌어진 시대—옮긴이)에는 대중의 지혜에 대한 믿음이 국민의 더 직접적인 통제에 대한 믿음—주민 법안 발의제, 주민 소환제, 국민 투표 같은 제안으로 분명하게 표현된 믿음—으로 나타났다. 그리고 (듀이가 주도한) 교육 요구는 '신의 참된 왕국'이 실현되기 직전이라는 주장을 동반했다.[9]

그렇지만 동일한 혁신주의자들 중 상당수가 양립 불가능해 보이는 주장을 펴기도 했다. 민주주의를 확대하자는 요구는 정책 수립에 대한 대중의 영향을 축소하자는 요구를 동반했다. 혁신주의자들은 정부를 더욱 전문화하려는 움직임, 무엇보다도 공무원 개혁을 지지했는데, 이는 행정부 내 정무직 공무원을 심사하고 그 수를 줄이는—그리하여 그들이 다른 영역에서는 최대한 강화하고자 하는 선거와의 연계를 끊는—결과를 가져왔다. 혁신주의자들은 관료제의 성장—정치의 전문화—과 행정의 '과학'을 적극적으로 지지했다. 또한 합리적이고 객관적으로 타당한 공공정책을 결정하고 실행하기에 가장 적절하고 객관적인 방법은 유권자들의 일시적인 변덕이 아닌 사회과학(특히 정치학을 포함해)이라며 사회과학을 앞장서 홍보했다. 20세기 초에 우드로 윌슨 같은 사회과학계의 주요 인물들은 정치에 대한 과학적 연구를 추진함으로써 가치 편향적인 정책을 사회과학 방법론으로 대체할 토대를 마련하고자 했다. 정치학 연구소의 초기 인물들—찰스 E. 메리엄, 해럴드 D. 라스

웰, 조지 E. G. 캐틀린 등—은 객관적인 공공정책의 전제조건으로서 정치에 대한 과학적 연구를 요구했다. 컬럼비아대학의 고든 듀이Gordon Dewey는 "본질적으로 비도덕적인 사실 조사에 도덕적 고려 사항을 주입하는 것만큼 일을 망치는 확실한 방법은 없다"라고 말했다.[10] 여론의 역할은 정책을 만드는 책임자들에게 방향을 알려주는 것으로 간주되었다. 그리하여 민주주의는 행정 전문가들이 능숙한 솜씨로 알맞은 정책을 수립하면서 검토하고 참조하는 선호의 표현, 개인 의견의 총합 정도로 국한되었다. 1920년대의 주요 사회과학자 엘턴 메이요Elton Mayo는 "세계 어디서나 행정 엘리트를 절실히 필요로 한다"라고 단언했다.[11] 사회과학자의 객관적인 데이터로 무장한, 자격을 갖춘 엘리트 관료는 비합리적이고 무지한 민주적 대중의 반응을 살피는 한편, 때때로 대중을 객관적으로 좋은 공공정책을 받아들이는 방향으로 인도할 것으로 기대되었다.

제약 설정하기

예나 지금이나 사회과학자들은 시민들의 무지, 무능, 무관심, 잘못된 정보를 보여주는 일관된 발견을 마치 물의 분자 구성이나 물리학의 법칙처럼 받아들인다. 자연계에 관한 몇몇 기본적인 가정이 인간의 활동에 의해 바뀌는 방식—특히 기후 변화—이 과학의 관심사가 된 시대에 아이러니하게도 사회과학의 기본적인 가정은 정치적 '능력'의 척도가 실상을 그대로 반영한다는 것이다. 사회과학자들은 자유주의의 목표에 깊이 헌신하는 탓에 자유주의 자체가 바로 그런 '시민들'의 형성을 조장해온 방식에 무감각하다. 다시 말해 자유주의의 주요 목적이 무엇보다 사적인 목표에 관심을 두고 헌신하는 자유주의적 대중을 만들어내는 것이었음을 인식하지 못한다. 시민들의 무지와 무관심을 측정한 수치를 근거로 민주주의를 포기해야 한다고 결론 내리든 '시민 교육'에 쏟는 노력을 늘려야 한다고 결론 내리든, 사회과학자들의 기본적인 가정은 똑같다. 그 가정이란 오늘날 대다수 자유주의자들이 인식하지 못하는, 자유주의가 자초한 결과를 다름 아닌 자유주의로 바로잡을 수 있다는 것이다. 이처럼 자유주의가 초래한 시민적 재앙을 더 많은 자유주의로 치유해야 한다고 주장하는 것인데, 정작 자유주의자들은 인식하지 못하는 주된 이유 중 하나는, 자유주의 자체의 역사와 목적에 대한 무지─그들의 '현재주의'─에 있다.

시민적 문해력 civil literacy, 투표, 공공정신이 계속 낮게 나타나는 문제는 자유주의로 해결할 수 있는 부수적인 병폐가 아니다. 그것은 자유주의의 전례 없는 성공의 결과다. 이 결과는 자유주의 '운영체제'에 내포된 목표이며, 예나 지금이나 사회과학자들이 두루 발견하는 시민적 무관심과 정치적 문맹은 성공한 자유주의 질서에서 예상되는 결과다.

서로 간의 온갖 차이에도 불구하고 진보주의자들과 건국자들 사이에는 뚜렷한 연속성이 있으며, 그 근저에는 자유주의에 헌신한다는 공통점이 있다. 고전적 자유주의자에게나 진보적 자유주의에게나 큰 영향을 미치는 사상가들은 유권자의 통치를 찬양하면서도, 좋은 정책 결과라는 명목으로 유권자의 영향력을 최소화하는 특징을 갖춘 정부 체제를 장려한다. 사실 헌법 입안자들이 명시적으로 설계한 정부 체제가 민주적인 체제가 아니었다는 것을 고려하면, 미국 국민의 '민주적 능력'을 논의하는 것은 이상한 일이며 어쩌면 잘못된 일일 것이다. 미국 헌법의 입안자들과 옹호자들은 헌법이 민주정으로 귀결되리라는 생각을 명확히 거부하고 외려 근본법을 주장했다. 그들은 민주정이 아니라 공화정을 세우려 했다. 매디슨은 《연방주의자 논고》 제10편에서 다음과 같은 유명한 발언을 했다. "따라서 민주정은 언제나 소란과 다툼의 모습을 보였고, 언제나 개인의 안전 또는 재산권과 양립하지 못했으며, 대체로 횡사한 것 못지않게 단명했다. 이런 종류의 정부를 후원해온 이론적 정치인들은 인류의 정치적 권리를 완전히 동등하게 만들고 나면 재산, 의견, 정념도 완전히 동등해지고 동질해질 것이라고 그릇되게 추정했다."[12]

매디슨은 특히 민주정—시민들의 참여도가 높은 소규모 직접 민주정(미국에서 가장 작은 축에 드는 주들과 크기가 얼추 같은)—의 위험을 두 가지 원천에 힘입어 피할 수 있다고 주장했다. 첫째는 새로운 정치학의 '대의 원리'이며, 둘째는 '관할 범위 확대', 즉 시민들의 연합('파벌') 가능성을 최소로 줄이고, 이권의 수를 늘리고, 시민들 간의 정치적 신뢰와 활동을 억제할 만한 대규모 정치체를 만들어내는 것이었다. 매디슨은 궁극적 주권이 선거라는 연계를 통해 계속 국민에게 있기는 하지만, 대표들이 국민의 의지를 지나치게 따라서는 안 된다고 확신했다. 대의제의 바람직한 결과는 "자국의 **진짜 이익을 지혜로써 가장 잘 분별할 수 있는** 선출된 시민들이라는 여과재를 통과하게 하는 방식으로 대중의 견해를 정제하고 확대하는 것이다"라고 그는 주장했다.[13]

제10편에 따르면, 국가의 최선의 이익은 "정부의 첫 번째 목표"를 방어하는 것, 즉 "인간 능력의 다양성"을 보호하는 것이다. 공적 영역은 한 개인을 다른 개인들과 구별하기 위해 존재한다. 18세기 매디슨의 견해에서 정부는 개인의 이익 추구와 그런 추구의 결과를 '보호'하기 위해, 특히 불균등하고 다양한 재산 획득 정도로 나타나는 개인 간 차이를 '보호'하기 위해 존재하는 것이었다. 정부는 개인 자유의 영역을 최대한 보호하기 위해 존재하고, 시민들 사이에서나 공무원들 사이에서나 자기이익 추구를 장려함으로써 개인 자유의 영역을 보호한다. "야심에는 야심으로 대응해야 한다"는 것은 권력을 분산함으로써 누구 하나가 권력을 자기 수중에 집중하고 틀어쥐는 것을 막는 방법으로 여겨진다. 그러나 동시에 정부 자체는 개인들을 특정한 지역의 제약에서 해방하는 한편, '유

용한 기술과 과학'에 더해 특히 상업의 확대를 촉진하기 위해 개인들에게 직접 행사하는 새로운 실질적 권력을 갖게 된다.

자유주의의 이런 정치기술의 목표는 특정한 집단과 장소에 바치는 편파적인 충성으로부터 우리를 해방하고 오히려 우리를 무엇보다 각자의 야심과 욕구를 이루어내기 위해 분투하는 개인으로 만드는 것이었다. 그리고 근대 공화주의의 새로운 기술 중 하나는 해밀턴이 말한 '궤도의 확대'를 통해 '적절한 성격'을 갖춘 정치 지도자를 배출하는 데 더해 시민들에게 시민적 무관심과 사사주의privatism를 주입하는 것이었다. 매디슨은 궤도 확대의 결과로 특정한 이익을 꾀하는 시민들 사이에 불신이 높아져 그들이 서로 연합하고 소통할 가능성이 낮아지기를 바랐다. "부당하거나 불명예스러운 목표가 있다 해도, 동의를 받아야 하는 인원수에 비례하는 불신이 의사소통을 언제나 억제한다." 이렇듯 매디슨이 그린 사회는 시민들이 저마다 대체로 신뢰하지 않는 다수의 동료 시민들을 마주하고, 일군의 대표들이 (시민들에 의해 선출되면서도) 자신이 최선이라 생각하는 국익에 기초해 통치하는 사회였다.

매디슨은 대중이 공적 영역에서 상대적 무력함을 인식한 뒤 성취 가능한 사적 목적과 목표에 주의를 집중하기를 바랐다. 정치 영역은 야심차고 권력에 끌리는 사람들을 잡아당기면서도, 중앙정부의 증대하는 권력을 행사해 개인이 사적 야심을 이룰 전망을 넓힐 터였다. 이와 동시에 개인을 사람 사이 유대와 연줄로부터 벗어나도록 부추기고 타인에 대한 불신을 조장하여 결국 대인관계를 빈약하고 일시적이고 대체 가능한 관계로 만들 터였다. 근대 공화주의가 정치적 파벌 싸움이라는 아주 오래된 문제를 해결하고자 시도한 방법 중 하나는 공공심을 칭송하는 것이 아니라 매디슨의 바람대로 '동기에 대한 불신'을 조장하는 것이었다. 그런 불신은 공화국의 넓은 영역, 끊임없이 변화하는 정치적 역학, 마땅히 선호해야 한다면서 장려하는 '다원주의'와 다양성 확대, 그에 따라 계속해서 바뀌는 시민의 책무 등에서 기인할 터였다. 고대의 덕성 찬양과 공동선을 향한 열망은 근대 공화주의의 기본적인 동기로, 즉 전반적인 권력 증대와 그에 따른 욕구 충족을 가져오는 자기이익 추구로 대체될 것이었다.

그 귀결인 자유주의 정치체는 자유주의 사회—개인의 자기이익과 고삐 풀린 야심, 공공복리보다 사적 이익 추구를 중시하는 태도, 개인의 자유를 제한하는 모든 관계를 재고하는 능력을 포함해 그 누구와도 심리적 거리를 유지하는 후천적 능력 등을 찬양하는 사회—를 조장한다. 대체로 보아 매디슨은 개인 간 차이가 주로 재산을 통해 드러나리라 생각했지만, 우리는 이런 차이의 '외적' 형태가 결국 어떻게 개인 정체성 형태로 '내면화'되어 '인간 능력의 다양성'을—또는 개인이 상정하고자 하는 어떠한 정체성이든—보호해줄 적극적이고 포괄적인 정부를 요구하게 되었는지를 쉽게 알 수 있다. 개인 정체성 형태의 '다양성'을 우상화하는 작업은 자유주의 프로젝트의 심층에 녹아들었으며, 그와 함께 시민 정체성과 공공복리가 약화되었다. 이제 공동으로 충성을 바칠 대상은 개체화와 파편화, '능력의 다양성'이 계속 확대되도록 지원하는 정치 프로젝트뿐이었다.

사적 목표를 위한 공적 위대함

그렇다면 대중민주주의의 기원 자체와 민주주의에 참여하는 시민들을 최소로 줄이려는 노력 사이에는 밀접한 관계가 있는 것으로 보인다. 미국에서 우세한 정치적 서사—건국 시대부터 혁신주의 시대까지, 심지어 오늘날까지도 한결같은—는 민주적 통치를 중시하면서도 정부에 대한 대중의 지나친 영향을 차단하는 구조를 고안하는 서사였다. 통치에 대한 대중의 입김과 통제력이 약해지고 있음을 보여주는 더 최근 사례로는 블루리본 위원회(논쟁적인 사안을 조사하고 연구하고 분석하기 위해 구성되는 전문가 위원회를 가리키는 표현으로, 케네디 대통령 암살을 조사한 '워런 위원회', 9·11 사태를 조사한 '9·11 위원회' 등이 그 예다—옮긴이)의 출현과 연방준비제도이사회처럼 준정부 기구이면서도 대체로 통제받지 않는 기관들의 영향력 증대가 있다.

고전적 자유주의자들과 진보적 자유주의자들은 민주적 실천과 능동적 시민권을 제약한다는 야심만이 아니라 '좋은 정책'이 무엇인지에 대한 견해까지 공유했다. 건국자들에게나 진보주의자들에게나 좋은 정책이란 미국 공화국의 경제적·정치적 힘과 그에 수반되는 사적·공적 형태의 권력을 확대하는 정책이었다. 자유주의는 권력을 길들이고 규율하려 하지도, 검약과 절제 같은 공적·사적 덕목을 함양하려 하지도 않았다. 오히려 국가의 힘, 에너지, 활력이라는 목표를 위해 권력을 이용하는 제도적 형태를 추구했다. 푸블리우스Publius(제임스 매디슨, 알렉산더 해밀턴, 존 제이가 《연방주의자 논고》를 쓰면서 사용한 공동 필명)가 중앙정부에 유연한 권력을 부여하는 헌법을 변호하면서 설명했듯이, 예측 불가능한 미래 상황에서, 특히 외교 영역에서 중앙정부는 가늠할 수 없는, 따라서 무제한인 권력을 휘두를 수 있어야 한다. 해밀턴이 《연방주의자 논고》 제34편에 쓴 대로 "미래에 일어날지 모르는 우발 사태에 대처할 역량이 있어야 한다. 그리고 이런 우발 사태는 그 성격상 끝이 없기 때문에 이 역량을 안전하게 제한하기란 불가능하다. (…) 우발 사태가 발생할 때 그에 대처할 무한한 권력이 부족하다면 우리는 어디에서 그 사태를 멈출 수 있을 것인가?"[14] 실은 해밀턴이 구상하고 있던 정체—특히 상업 공화국—의 성격 자체가 장차 다른 나라들에게 야심의 대상이 될 터였고, 따라서 그 자체가 헌법으로 '무한한 권력'을 부여해야 할 이유였다. 해밀턴은 이어서 이렇게 주장한다. "우리가 상업적 민족이 되고자 한다면, 언젠가 그 상업을 방어할 수 있는 능력이 우리 정책의 일부가 되어야만 한다."[15] 이 주장은 마키아벨리의 주장과 맥을 같이한다. 마키아벨리에 따르면 군주는 국가를 방어하기 위해 무한한 권력을 행사할 수 있어야 한다. 국가의 제약 없는 야심은 부와 위대함을 가져올 것이고, 그러면 다른 나라들이 그런 성취를 빼앗기 위해 침공해올 가능성이 높아질 것이다. 따라서 일종의 엄격한 삼단논법에 따라, 위대함과 부를 얻으려는 국가의 야심은 무제한 권력 축적을 꼭 필요하면서도 불가피한 목표로 만든다.

건국자들은 국가라는 건축물을 잘 설계해놓으면 사람들의 충성 대상이 자기네 지역의 공간과 광휘에 대한 자연스러운 애착에서 수도의 권력과 위엄으로 옮겨갈 것을 알고 있었다. 이를 위해서는 자유를 자치의 실천으로 이해하는 직관적인 관점을 자유 경험으로, 즉 '능력의 다양성'이 확대되는 경험─재산과 부가 무제한으로 늘어나는 경험이든, 철학자 리처드 로티가 자유민주주의 발전의 결과라고 말한 '더 많은 존재'의 경험이든─으로 대체할 필요가 있었다. 대중이 근대의 사적 · 물질적 · 개인적 · 표현적 자유에 영향을 받아 지역적 · 시민적 자유에 대한 충성을 포기하고 모든 주의와 관심을 표현적 자유의 원천이자 보증인인 수도 워싱턴 D. C.로 돌렸다 해도, 건국자들은 놀라지 않았을 것이다.

이 목표는 선거제도를 통해 진척시킬 수 있었는데, 건국자들은 특정한 성향의 사람들이 국가직에 선출되도록 보장해줄 선거제도를 원했다. 그들 생각에 미국의 위대함 프로젝트에 동조하는 유별나게 야심찬 사람들은 국가가 '궤도를 확대'하고 연방 수준에서 위대함을 달성할 전망에 이끌릴 터였다. 해밀턴은 중앙정부가 주들의 활동을 가로챌 것이라는 반연방주의자들의 우려를 일축하기 위해 논변을 펴는 가운데 그런 가로채기가 바로 새로운 연방정부의 목적임을 사실상 확인해주었고, 그로써 어떤 유형이 중앙정부에 이끌릴지를 드러냈다.

고백하건대 중앙정부의 행정을 위임받은 사람들이 무엇 때문에 주들의 권한을 빼앗으려는 유혹을 느낀다는 것인지 나는 도무지 모르겠다. 내가 보기에 단순히 한 주의 내부 치안을 단속할 권한은 야심에게 빈약한 매력일 뿐이다. 야심이라는 열정의 지배를 받는 정신을 매료시키는 목표들은 상업, 재정, 교섭, 전쟁에 모두 포함되는 것으로 보인다. 그리고 이런 목표들에 필요한 모든 권력은 무엇보다 국가가 보유해야 한다. (…) 그러므로 연방의회에 〔지역의〕 권력을 가로채려는 성질이 있다는 것은 가당치 않은 말이다. (…) 그 권력을 보유한다 해도 (…) 중앙정부의 위엄, 중요성, 광채에 전혀 보탬이 되지 않을 것이다.[16]

해밀턴의 논변은 새로운 헌정질서에서 예상되는 추세를 가리킨다. 그 추세대로라면 시간이 흐를수록 중앙정부의 역할은 특정한 지원을 통해 개인 자유의 영역을 넓히는 것이 될 것이고, 대중은 결국 중앙정부만을 자기네 자유의 보호자로 여기고 더 직접적이고 지역적인 형태의 자치는 자유의 장애물로 여기게 될 것이다.

오늘날 많은 보수주의자들은 건국자들이 헌법을 통해 더 지역적인 정체성과의 강한 동일시를 보장해줄 연방제를 보존하려 했다고 주장한다. 그러나 《연방주의자 논고》의 기저를 이루는 논변은 이 주장을 반박한다. 《연방주의자 논고》는 대중이 결국 스스로를 지역정부와 주정부보다 중앙정부와 더 동일시하도록 보장해줄 조건을 제시한다. 매디슨과 해밀턴 모두 인간이 자신에게 가장 가까운 대상에 자연히 더 애착을 보인다는 것을 인정한다 ─ 그러면서도 중요한 단서를 단다. 매디슨은 《연방주의자 논고》 제46편에서 "사람들의 가장 자연스러운 감정은 우선 각자의 주정부로 향할 것이다"라고 말하고, 해밀턴은 제17편에서 "인간의 애정이 보통 대상의 거리 또는 확산성에 비례해 약해진다는 것은 인간 본성의 잘 알려진 사실이다"라고 말한다.[17] 두 사람 모두 '자기 자신'에게 가깝고 더 직접적인 대상을 멀리 있고 덜 익숙한 대상보다 선호하는 성향을 인간 본성의 변치 않는 측면으로 인정한다.

그렇지만 두 사람은 저마다 이 솔직한 주장에 중요한 단서를 붙인다. 해밀턴은 《연방주의자 논고》 제17편에서, 앞서 인용한 문장에 이어서 가까이 있는 것을 선호하는 자연스러운 성향에 중요한 예외가 있음을 강조한다. "인간이 이웃보다 가족에, 공동체 일반보다 이웃에 더 애착을 느낀다는 동일한 원리에 따라, 각 주의 사람들은 연방정부보다 자기네 지역정부를 더 편애하기 쉬울 것이다. 단, 그 원리의 힘이 연방정부의 훨씬 더 나은 행정에 의해 파괴되지 않는다면."[18]

매디슨도 《연방주의자 논고》 제46편에서 똑같은 유보조건을 말한다. "그러므로, 다른 곳에서 말했듯이, 사람들이 미래에 주정부보다 연방정부를 더 편애하게 된다면, 그 변화의 원인으로는 이전의 모든 성향을 극복할 정도로 명백하고 부인할 수 없는, 더 나은 행정에 대한 증거밖에 없을 것이다."[19] 이렇듯 더 나은 '행정'은 가깝고 지역적이고 익숙한 것에 대한 자연스러운 애착을 '파괴'할 터였다. 여기서 더 나은 행정의 의미는 체제의 주된 약속을 실현할 수 있는 유능하고 개화되고 적절한 지도자들의 통치였다.

예상할 수 있듯이, 해밀턴은 미국 헌법에 따라 수립될 국가 체제의 제도가 더 지역적인 환경에 이끌리는 자연스러운 인간 성향의 예외 조건에 해당할 가능성이 높다는 것을 인정한다. 주정부의 활동을 그저 '빈약한 매력'쯤으로 여기는 사람들이 중앙정부로 몰린다는 것은, 해밀턴이 시간이 흐를수록 연방정부가 특정 정부—즉 주정부—보다 행정을 잘할 공산이 크다고 결론 내린 이유 중 하나다. 《연방주의자 논고》 제27편에서 해밀턴은 "특정 정부들보다 중앙정부가 더 잘 운영될 가능성을 도출하기 위해 이 논고들에서 제시한 여러 이유" 중에 선거구 확대와 "엄선된 사람들"을 끌어들일 가능성을 포함한다.[20] 제27편의 이 결론을 제17편과 제46편의 단서와 함께 읽으면, 푸블리우스가 분명하게 믿고 또 의도한 목표가 무엇인지 알 수 있다. 그 목표란 연방 수준에서 더 나은 행정을 펼쳐서 지역 수준의 충성과 참여를 중앙정부에 대한 애착으로 대체하는 것이었다.

우리의 관심이 장차 무엇에 집중될 것이냐는 문제와 관련해 《연방주의자 논고》의 저자들이 옳았다는 것은 의심할 여지가 없다. 그들은 국가가 '능력의 다양성'을 확대하는 권력, 그리고 '능력의 다양성'으로 정의한 자유만이 소유하고 추구할 가치가 있는 유일한 자유라고 주장하는 권력으로 결국 지역 수준의 헌신을 극복할 수 있다고 생각했다. 그들에게 민주적 시민이란 곧 개인의 야심과 경험을 확대할 자격이 있는 시민이며, 시민의 의무를 완수하는 길은 표현적 개인주의의 형태들을 끊임없이 제시하는 정부를 지지하는 것이었다.

이런 이유로 진보주의자들은 재산과 경제력을 늘리는 데 전념하는 사적 영역의 팽창을 억제하는 데 거의 성공하지 못했다. 보수주의자들 역시 개인적 표현주의의 확산을 저지하는 데, 특히 성혁명의 전진을 저지하는 데 거의 성공하지 못했다. 공화당이 왜 연방정부를 더 작게 만들고 주들에 중요한 권한을 다시 이양하는(그들의 주장대로라면 프랭클린 루스벨트 시절부터는 아닐지라도 적어도 배리 골드워터 시절부터 추구해온 목표) 데 실패했는지 알고 싶은 사람이라면, 그런 역행이 미국 정체의 논리와 생리에 반하는 것임을 알아야 한다. 미국 정체는 권력이 중앙에 집중되도록, 특히 가장 야심만만한 사람들—야심가 기질에 따라 권력이 중앙에 계속 집중되도록 애쓰는 사람들—을 중앙으로 끌어들이도록 설계되었다. 이런 이유로 미국에서는 중앙정부를 가장 잘 규정하는 활동인 교역과 전쟁이 국가 자체를 점점 더 규정하게 되었다.

건국 시대의 자유주의 사상가들과 혁신주의 시대의 주요 사상가들은 서로 간의 온갖 차이에도 불구하고 눈에 띄게 닮은 점이 있었다. 바로 중앙정부의 '궤도' 또는 관할 범위를 넓히고자 노력하면서 미국 경제질서의 규모를 키웠다는 것이다. 그들은 정치의 기본 목표를 이렇게 상정해야만 '좋은 정책'을 세우기에 앞서 어떤 기본적인 예측을 할 수 있다고 생각했다—그리고 그런 정책은 국가의 부와 권력을 어떻게든 증대하는 경향을 보였다. 이런 의미에서 혁신주의자들은, 역시 그들 간의 온갖 차이에도 불구하고, 건국자들 못지않게 근대 프로젝트의 계승자였다. 그 프로젝트에서 정치는 자연을 정복하고, 국력을 키우고, 개인을 사람 간 유대와 의무(능동적인 민주적 시민권이 수반하는 의무를 포함해)로부터 해방하기 위한 수단이었다.

건국자들과 혁신주의자들은 공히 국가의 이질적인 부분들에 대한 중앙정부의 영향력을 강화하는 한편 기반시설과 통신에 투자해 경제적 효율과 활동을 증진하고자 했다. 건국자들이 '유용한 기술과 과학'을 헌법의 주된 긍정적 지시사항 중 하나로서 장려했던 것처럼, 혁신주의자 존 듀이는 기술 발전이 민주주의 자체의 발전이나 마찬가지라고 호평하면서 프랜시스 베이컨을 '근대 사상의 진정한 시조'로 칭송하는 견해를 자주 드러내곤 했다.[21] 듀이가 '민주주의'에 가치를 부여하긴 했지만, 그의 민주주의 정의는 궁극적으로 '성장'에 유리한 결과와 밀접한 관련이 있음을 잊어서는 안 된다. 건국자들이나 혁신주의자들이나 매디슨이 말한 '이성의 제국'의 팽창을 가장 중시했고, 그런 바탕 위에서 무엇보다 레스 이디오티카—공화국이 장차 사적 목표와 표현적 개인주의를 확대할 것을 전제로 공화국에 헌신하는 대중—의 형성을 촉진하여 대중의 통치에 대한 믿음을 조절해야 한다고 말했다.

비자유민주주의 올바로 이해하기

토크빌은 1830년대 초 미국 여행 중에 참관한 타운 민주주의에 관해 쓰면서 미국인들이 공동의 시민적 삶에 열심히 참여하는 모습에 놀라움을 표했다. "한 미국인의 삶에서 정치적 관심이 과연 어느 정도의 비중을 차지하는지 설명하기란 쉽지 않다. 공동체의 운영에 관여하고 또 그것에 대해 토의하는 것은 미국인의 가장 중요한 관심사이며 말하자면 그가 아는 유일한 즐거움이다."[22] 토크빌은 미국 민주주의의 행로가 '개인주의', 고립, 시민의 수동성으로 향할 것이라 예측하면서도 실제로는 거의 정반대 현상을 관찰했다. "만일 미국인이 자기 자신의 일에만 매달리게 된다면, 그는 자기 삶의 절반을 빼앗기는 것이나 마찬가지다. 그는 삶에서 엄청난 공허를 느낄 것이고, 믿을 수 없을 정도로 불행해질 것이다."[23]

토크빌은 미국이 자유주의적 성격으로 건국되기 이전에 발전한 민주적 시민권의 관행을 관찰했다. 그 관행의 뿌리와 기원은 건국 이전에 아메리카에 정착한 청교도 공동체에, 특히 그들이 두루 공유했던, 민주주의의 관행을 고무하는 기독교적 자유관에 있다고 토크빌은 주장했다. 《아메리카의 민주주의》의 앞부분에서 토크빌은 코튼 매서Cotton Mather의 저서 《아메리카에서 그리스도의 위업: 또는 뉴잉글랜드의 교회사Magnalia Christi Americana: Or, The Ecclesiastical History of New-England》에서 '자유의 아름다운 정의'를 인용한다.

자유의 요지에 대해 여러분이 행여 오해하지 않게 해야겠습니다. 타락한 성격의 자유, 인간은 물론 동물도 누리는, 하고 싶은 대로 하는 자유가 있습니다. 이 자유는 권위와 양립할 수 없고, 일체의 제약을 참지 못합니다. 이 자유 때문에 우리는 모두 열등합니다. 이 자유는 진리와 평화의 큰 적이며, 신의 모든 율법은 이 자유와 상충합니다. 하지만 시민적이고 도덕적이고 연맹적인 자유, 권위의 합당한 목표이자 대상인 자유가 있습니다. 이는 정당하고 훌륭한 것만을 위한 자유이

며, 여러분은 이 자유를 위해 목숨을 걸기도 합니다.[24]

여기서 토크빌은 고전고대까지 거슬러 올라가는 두 가지 자유의 차이, 즉 방종으로―"하고 싶은 대로 하는"―이해한 자유와 자기규율의 결과로, 특히 속박 없이 훌륭한 것을 위해 내리는 선택의 결과로 이해한 자유의 차이를 만족스럽다는 투로 인용한다. 토크빌은 타인에게 물리적 위해를 가하지 않는 한에서 자기가 하고 싶은 대로 하는 자유주의적 자유가 아니라 고전고대 당대의 자유관에 더 가까운 자유, '정당하고 훌륭한' 것과 공명하는 고전적·기독교적 자유를 권한다. 이런 형태의 자유는, 매서의 인용문이 시사하듯이, 권위와 모순되지 않는다. 이때 권위란 사회를 정돈하여 시민들이 '정당하고 훌륭한' 것을 지향하는 선택과 행동만을 하도록 격려하는 권위를 말한다.

자유주의자들은 이렇게 권위적인 사회 정돈을 자유와 정반대되는 것―'청교도적인 것'―으로 여기게 되었지만, 반대로 토크빌은 이런 형태의 자유를 정치에 적용할 경우 특정한 민주적 실천이 자연스레 뒤따른다고 보았다. '자유의 아름다운 정의'에서 활력을 얻는 민주주의는 자치 규율, 특히 정치적·개인적 자기제한이라는 힘겨운 실천을 요구했다. 민주주의는 특히 동료 시민들과 부단히 상호작용해야만 분별할 수 있는 공동선을 고려하여 개인의 욕구와 선호를 줄일 것을 요구했다. 사실 토크빌은 그런 상호작용을 통해 자아를 '개인'으로 여기는 생각 자체가 근본적으로 변한다고 보았다. "인간의 감정과 사상이 쇄신되고 마음이 넓어지고 이해력이 발달하는 것은 오로지 사람들 간의 상호작용을 통해서다."[25]

토크빌에게 이런 주장은 단순히 이론적인 것 그 이상이었다. 그는 자신이 북동부 주들을 여행하면서 목격한 뉴잉글랜드 타운들의 민주적 관행은 청교도적 자유관의 직접적인 영향이라고 생각했다. 자치 관행—사람들이 자신들에게 직접 법을 적용하는 관행—을 관찰한 토크빌은 이렇게 결론 내렸다. "자유로운 인민들의 힘은 지역 공동체에 있다. 지역 제도와 자유의 관계는 초등학교와 학문의 관계와 같다. 지역 제도는 자유를 인민의 손이 닿는 곳에 놓아두고, 자유를 평온하게 누리고 익숙하게 활용하는 법을 가르쳐준다."[26] 그는 타운 시민들이 각자의 운명뿐 아니라 동료 시민들과 공유하는 운명에도 주의를 기울이고 적극 관심을 쏟을 가능성이 더 높다고 보면서 그 이유로 타운의 근접성과 직접성을 강조했다. 반면에 그가 주목한 대로 타운의 능동적인 시민들은 멀리 있는 주정부든 더 멀리 있는 연방정부든 권력의 정치적 중심에는 놀라우리만치 신경을 쓰지 않았다. 그들은 소수의 야심찬 사람들이 통치하는 중심에는 거의 관심이 없었다. 토크빌이라면 지역의 자치는 안중에도 없고 멀리 있는 국가권력의 권모술수에 모든 주의와 에너지를 쏟는 시민들을 민주주의의 정점이 아니라 배신으로 여겼을 것이다.

토크빌은 자치란 실천과 습관 들이기의 결과이며, 그런 자치가 없을 경우 자유가 만개하기는커녕 멀리 있는 통치자에게 맹종하게 된다고 주장했다. 그가 보기에 민주주의를 규정하는 것은 투표권(행사하든 안 하든)이 아니라 특정한 장소에서 익숙한 사람들과 오랫동안 토론하고 논쟁하며 자치를 실천하는 활동이었다. 토크빌은 그런 자치를 유토피아적이거나 결함 없는 통치로 생각하지 않았다. "인민이 공무를 자주 형편없이 수행하리라는 것은 부정할 수 없는 사실이다. 하지만 인민은 공무에 참여함으로써 정신의 지평을 넓히고 판에 박힌 일상에서 벗어난다." 민주주의는 단순히 자기 이익의 표현이 아니라 종전의 좁은 이익을 공동선에 대한 넉넉한 관심으로 바꾸는 전환이다. 이런 변화는 스스로 통치하는 동시에 통치받는 시민들의 실천을 통해서만 이루어낼 수 있다. 민주주의는 "법제의 산물이 아니다. 오히려 미국인들이 법제를 만들면서 민주주의를 성취하는 법을 배우는 것이다."[27]

오늘날 민주주의—특히 우리가 민주주의라 부르는 쇠약한 구경꾼 정치—를 비판하는 자유주의자들은 실은 자유주의의 소산인 퇴화된 시민들의 뒤틀리고 쪼그라든 통속적 행동을 비난하는 것이다. 주요 자유주의자들은 그런 퇴화를 대중의 에너지를 더욱 차단할 필요성의 증거로 들면서, 그 대신 자유주의 국가의 선출된 금권 정치인과 관료가 원격 운영을 통해 더욱 보장해줄 사적 영역에서의 욕구 충족을 제안한다.[28] 이렇듯 오늘날 국가 정치에 초점을 맞춘 시민 교육을 확대함으로써 민주적 참여를 북돋자고 외치는 자유주의자들은 그들의 해결책이 바로 그들이 없애려는 병폐의 근원이라는 것을 간과하고 있다. 시민들의 무관심을 바로잡으려면 중앙정부의 권력을 엄격히 제한하고 시민들에게 지역 자치에 참여할 기회를 주고자 노력해야 한다는 것은 자유주의자들에게 여전히 생각할 수도 없는 일이다. 자유주의자들은 시민들을 제한하거나 교육해야 할 필요성의 증거라며, 그들의 무관심 또는 무지를 손쉽게 지적하지만, 그런 지적은 필시 정치를 자유주의 국가의 조치와 동일시하는 견해를 강화하고 그리하여 시민권을 더욱 확실하게 퇴화시키려는 것이다.

결국 퇴화된 시민들마저 자유주의 질서의 계몽된 족쇄를 벗어던지더라도 놀랄 일은 아닐 것이다. 그 원인은 특히 정부와 경제, 기술, 세계화 세력의 힘 앞에서 무력감을 느끼는 시민들의 병폐가 자유주의 질서의 성공에서 비롯된다는 데 있다. 그러나 퇴화된 시민들이 토크빌식의 자제를 역설할 것 같지는 않다. 예측하건대 그들의 반응은 멀리 있고 제어할 수 없는 국가와 시장의 권력에 고삐를 채워줄 강력한 지도자를 요구하는 불분명한 형태로 나타날 것이다. 자유주의 자체가 자유주의의 변덕에 맞서 국민을 보호하겠다고 약속하는 비자유주의적인 독재자에 대한 대중의 요구를 불러일으킬 것으로 보인다. 자유주의자들은 이런 만일의 사태를 올바로 우려하면서도, 자유주의 질서 자체가 비자유주의적인 자손을 낳는 과정에 그들 자신이 관여한다는 사실을 애써 의식하지 못하는 척한다.

결론
자유주의 이후의 자유

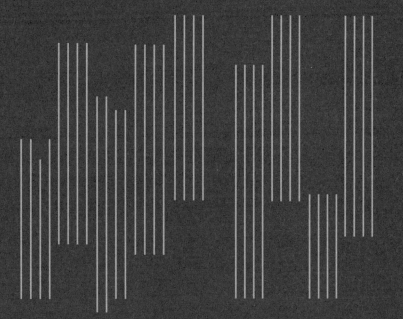

자유주의가 실패해온 이유는 바로 성공해왔기 때문이다. 자유주의는 스스로를 완성해갈수록, 고질적인 병폐를 감추기 위해 미봉책과 장막을 만들어내는 역량 이상으로 빠르고도 광범하게 병폐를 유발한다. 그 결과는 선거정치, 통치, 경제의 순차적인 작동 중지다. 그리고 자유주의의 틀 안에서 따로따로 해결할 수 있는 개별 문제들이 아니라 서로 밀접하게 연결되어 있는 정당성 위기들로서 누적되고 자유주의 종말의 전조로서 나타나는, 체제 정당성에 대한 시민들의 신뢰와 더 나아가 신념의 상실이다.

우리는 정치적 시야가 좁아진 탓에 오늘날 당면한 사태가 자유주의적 도구로 해결할 수 있는 일군의 개별 문제들이 아니라 눈에 보이지 않는 만연한 이데올로기에서 기인하는 체제의 난제임을 그동안 깨닫지 못했다. 문제는 단순히 하나의 프로그램 또는 애플리케이션이 아니라 운영체제 자체에 있다. 이 때문에 우리는 체제의 밑바탕에 깔린 가정들이 해체되는 정당성 위기가 한창 진행 중이라고 생각하기가 거의 불가능하다.

자유주의의 '고귀한 거짓말'이 산산조각 나는 이유는 이로부터 이익을 얻는 사람들은 이것을 계속해서 믿고 변호하는 반면에, 자유주의의 소산인 새로운 하인 계급은 이것을 점점 더 거짓말로, 딱히 고귀하지 않은 거짓말로 여기기 때문이다. 자유주의의 진짜 본성을 파악하기에 가장 좋은 위치에 있는 사람들에게는 자유주의가 여전히 열렬한 신조이지만, 지도층으로부터 그들의 정책이 혜택을 가져다줄 것이라는 말을 듣는 사람들 사이에서는 불만이 자라고 있다. 그럼에도 자유주의의 변론인들은 널리 퍼진 불만, 정치적 기능 장애, 경제적 불평등, 시민 간 단절, 포퓰리즘적 거부 반응 등을 체제의 원인과 무관한 부수적인 문제로 치부한다. 그들은 현행 체제를 유지하는 데 자신들의 어마어마한 이익이 걸려 있기 때문에 스스로를 기만하는 것이다. 이 분열은 커지기만 할 것이고, 위기는 더 뚜렷해질 것이며, 정치적 접착테이프와 경제적 스프레이페인트로는 건물의 붕괴를 막기가 갈수록 어려워질 것이다. 자유주의의 종말이 시야에 들어오고 있다.

이 대단원은 두 가지 형태 중 하나로 나타날지 모른다. 첫째, '자유주의'라 불리는 정치체제가 완전히 구현되어 한때 자유, 평등, 정의, 기회에 대해 주장했던 자유주의와는 정반대의 형태로 영원히 작동하는 미래를 그려볼 수 있다. 현대 자유주의는 자유주의 질서—특히 민주주의를 점점 더 경멸하는 극소수의 사람들이 운영하는 행정국가 형태의 질서—를 명령으로 강요하는 방식에 점점 더 의존할 것이다. 민주적·포퓰리즘적 불만을 우회하는 수법이 표준이 되었으며, 감시, 법적 명령, 경찰력, 행정 통제 같은 광범한 권한을 가진 거대한 딥스테이트deep state(국가권력의 내밀한 곳에서 공식적인 정치 지도부와 별개로 자신들의 의제와 목표를 추구하는 숨은 권력집단—옮긴이)가 자유주의 질서를 점점 더 눈에 띄게 지원하고 있다. 자유주의는 동의와 대중의 지지에 의존한다고 주장하면서도 이런 방법들을 계속 활용할 것이다. 이 역설적인 결론은 토크빌이 《아메리카의 민주주의》에서 내린 결론, 즉 민주주의가 결국 새로운 형태의 전제정으로 끝날 것이라 예상한 결론과 다르지 않다.

그러나 이 결과가 수반할 것이 확실한 불안정성은 두 번째 대단원—자유주의의 종언과 다른 정체로의 대체—이 가능하다는 것을 시사한다. 그런 시나리오를 상상하는 대다수 사람들은 뒤이어 들어설 정체는 사악할 가능성이 있음을 올바로 경고한다. 가까운 사례로는 바이마르공화국의 붕괴와 파시즘의 부상, 러시아에서 잠시 자유주의를 시도했다가 도입한 공산주의 등이 있다. 이렇게 잔혹하고 실패한 사례들은 자유주의 이후 시대가 오더라도 국민들이 다른 정체에 두루 열광할 가능성이 낮다는 것을 시사하지만, 모종의 포퓰리즘적·민족주의적 권위주의 또는 군사적 전제정치는 자유주의 이후 시민들의 분노와 우려에 응답하는 아주 그럴싸한 대안이 될 것으로 보인다.

서구의 자유민주주의 국가들에서 커지는 불만은 두 가지 결과 모두 현실적인 가능성임을 시사하지만, 두 가능성의 예상 형태 모두 바람직한 결과는 아니다. 하지만 자유주의의 실패 자체가 이런 결과를 유도한다. 자유주의 옹호자들은 자신들이 동료 시민들 사이에 만연한 불만을 더욱 키우는 데 가담하고 있음을 애써 외면하려 하지만, 그런 태도는 개탄스러운 결과의 발생 가능성을 높일 뿐이다. 오늘날 자유주의 옹호자들은 불만 많은 동포들을 후진적이고 퇴행적인 부류로 치부하고, 당면 쟁점이 무엇이냐에 따라 인종주의, 편협한 분파주의, 고집불통 같은 사악한 동기가 그들에게 있다고 말하곤 한다. 자유주의가 자기치유력을 가진 영원한 정치기구로 여겨지는 한, 자유주의 옹호자들이 자유주의가 실패하여 잔혹하고 사악한 정체로 대체될 가능성을 파악한다는 것은 거의 생각할 수도 없는 일이다. 쇠락하는 정체의 배후에 있는 옹호자들이 자유주의 이후의 인간적인 대안을 구상하기 위해 진지하게 노력할 가능성은 거의 없다.

자유주의 이후

자유주의 지배층의 압제 또는 엄격하고 잠재적으로 잔혹한 권위주의 정체를 대체할 인간적인 대안을 상상하는 일은 최선의 경우 지적 유희, 최악의 경우 헛수고로 보일 것이다. 그러나 자유주의 이후 삶의 더 암울한 시나리오들을 피하려면, 그리고 잠재적으로 더 나은 무언가를 만들어내려면 한때 정치철학의 중심에 있었던 활동―플라톤이 《국가》에서 시작한, 유토피아적인 것과 현실적인 것을 절충하는 활동―이 여전히 꼭 필요하다. 온통 자유주의 시대의 영향 아래 형성된 오늘날의 풍경에서는 대안의 윤곽만 가까스로 알아볼 수 있을 뿐일지라도, 우선 잠정적으로나마 몇 걸음 내딛을 필요가 있다. 목적지는 알려져 있지 않고 예견할 수도 없으며, 어쩌면 여정을 마치기까지 몇 세대가 걸릴 것이다.

나의 결론은 초기에 다음 세 가지 조치를 취해야 한다는 것이다.

첫째, 자유주의의 성취를 인정하고, 자유주의 이전 시대로 '돌아가고픈' 욕구를 피해야 한다. 자유주의의 성취를 발판으로 삼으면서도 자유주의를 실패로 이끈 근본적인 이유들을 버려야 한다. 후진은 불가능하다. 전진할 수 있을 뿐이다.

둘째, 이데올로기 시대에서 벗어나야 한다. 근대의 세 가지 주요 이데올로기 가운데 가장 오래되고 가장 회복력이 강한 자유주의만이 살아남자 자유주의자들은 경쟁 이데올로기들의 몰락을 역사의 종언으로 착각했다. 그러나 자유주의의 승리는 실은 피로스의 승리(패배나 다름없는 승리―옮긴이)였을 뿐이다. 자유주의의 자기주장과 시민들이 겪는 현실 사이의 간극이 너무나 벌어져 그 거짓말을 더는 믿을 수 없는 지경에 이르렀다. 대안 이데올로기를 구상하려 (또는 부활하는 마르크스주의 같은 대안의 최신 버전으로 돌아가려) 애쓰기보다는 새로운 형태의 문화, 가정경제, 폴리스 생활이 자라도록 북돋는 실천에 초점을 맞추어야 한다.

셋째, 그런 경험과 실천의 용광로에서 결국 정치와 사회에 대한 더 나은 이론이 나올 것이다. 그 이론은 자유주의의 이데올로기적 차원을 피하면서도 자유주의의 성취와 옳은 요구—특히 정의와 존엄에 대한 요구—를 인식하는 이론이어야 한다. 우리는 자유주의가 보존하고 있는 자유주의 이전 시대의 핵심 개념들—특히 자유 개념—을 길잡이로 삼고 인간적인 삶에 필수적인 경험과 실천을 원군 삼아 그런 이론의 윤곽을 벌써 알아볼 수 있다. 새로운 이론으로 나아가는 첫 단계는 지극히 잠정적이지만, 고대부터 줄곧 서구 전통의 일부였던 근본적인 정치적 이상의 영원한 호소력을 감안하면 그 방향만큼은 확실하다.

되돌아갈 길은 없다

인간의 모든 프로젝트와 마찬가지로 자유주의 역시 성취한 바가 없지 않다. 자유주의적 인간은 자유주의의 동굴 안에서 살면서 성공을 지나치게 자축해왔다. 그런 까닭에 이 책에서 그 성공의 깊은 대가를 보여줄 필요가 있었다. 하지만 자유주의 이후 인간적인 미래를 만들어내고자 한다면 자유주의 시대가 도래하지 않았던 것처럼, 또는 단순히 자유주의 시대의 기본적인 외형을 버리고 그 이전의 어떤 목가적인 시대를 복원할 수 있는 것처럼 가장해서는 안 된다. 그런 시대는 결코 존재하지 않았다. 그렇지만 과거는 우리가 앞으로 나아갈 때 새로운 가능성들을 알려줄 수 있고 또 틀림없이 알려준다. 자유주의 이후 시대로 걸음을 옮기려면 우선 자유주의의 호소력을 제대로 이해해야 하고, 자유주의가 대개 약속만 했던 감탄스러운 이상들을 실현하고자 노력해야 한다.

자유주의는 그 이전 모든 시대의 정치적 건축술을 일체 거부한 완전히 새로운 건축물인 양 행세하면서도 고대부터 중세 후기까지 면면히 이어진 오랜 발전 과정에 자연히 의존했다. 자유주의가 발휘한 호소력의 상당 부분은 완전히 새로운 무언가라는 점이 아니라 신념과 헌신의 깊은 저장고에 의존한다는 점에 있었다. 고대 정치철학은 특히 폭정의 대두를 피하고 정치적 자유와 자치의 조건을 달성하는 최선의 방법이 무엇이냐는 문제에 몰두했다. 자유, 평등, 존엄, 정의, 입헌주의 등 우리의 정치 전통을 채우는 기본 용어들은 고대부터 전해져온 것이다. 지금은 대체로 경시되지만 기독교가 중세에 발전시킨 정치철학은 개인의 존엄성, 인격 개념, 권리와 그에 따른 의무, 무엇보다 중요한 시민사회와 다양한 결사, 폭정에 불가피하게 이끌리는 인간의 성향을 미연에 막는 최고의 방편인 제한된 정부 개념 등을 강조했다. 자유주의의 가장 기본적인 호소력은 과거를 거부하는 것이 아니라 서구에서 정치적 정체성의 근간을 이루는 기본 개념들에 의존하는 데 있었다.

자유주의의 설계자들은 고전 전통과 기독교 전통의 언어와 용어를 받아들였다. 그렇지만 그 의미와 실천은 바꾸었다. 그들은 특히 인간을 근본적으로 관계 맺는 동물 — '사회적 · 정치적 동물' — 로 보는 고전적 · 기독교적 인간관을 거부했고, 인간 본성을 근본적으로 재정의함으로써 자유와 권리, 정의를 최선으로 성취할 수 있다고 주장했다. 그 결과 서구 지식인들의 정치적 열망이 훨씬 더 접하기 쉽고 대중적인 열망이 되었지만, 그 대가로 자유와 평등, 정의와 같은 과거의 이상들을 훼손하는 정치적 세계가 수립되었다. 자유주의는 그릇된 인간학에 근거해 과거와 결별했다. 그렇지만 동시에 과거의 이상들은 더욱 보편적이고 확고한 이상이 되어갔는데, 그 원인은 상당 부분 자유주의가 이것들을 실현하지 못하면서 불만을 키운 데 있었다.

한때 서구의 철학과 관행 사이에는 엄청난 괴리가 있었다. 자유, 평등, 정의 같은 이상들은 노예제, 예속, 불평등, 여성의 기여 무시, 전제적인 계층제와 법 적용 같은 널리 퍼진 관행들과 공존했다. 그 시절 자유주의는 서구의 가장 근본적인 철학적 약속이 중대한 성공을 거둔다는 신호, 일상의 관행이 이상에 더 가까워져야 한다는 광범한 요구의 표명이었다.

그런데 자유주의는 이런 이상들을 내세우면서도 인간 본성 개념을 일그러뜨리고 그 일그러진 개념의 소산인 정치와 경제, 교육,

기술 적용을 통해 결국 이상을 배신했다. 지난 수백 년처럼 오늘날에도 우리가 말하는 이상과 우리의 실천 사이에는 엄청난 괴리가 있는데, 스스로 표방하는 이상을 구현하지 못하는 것이 자유주의 자체의 고질병이기 때문이다. 차이점이라면 지금은 자유주의의 이데올로기적 성격 때문에 그 괴리를 알아채기가 어렵다는 것이다. 우리는 '자유'를 현시대의 근본적인 약속으로 받아들이지만, 삶의 큰 영역들에서 자유는 줄어들고 있는 것으로 보인다.

예컨대 많은 시민들은 정부를 상대로 실질적인 통제력이나 발언권을 거의 행사하지 못한다고 생각한다. 선진 민주주의 국가에서 많은 유권자들의 투표 동기에는 나의 목소리가 정부에 들린다는 굳은 믿음이 아니라 자치에 대한 권리 주장을 더 이상 인정하지 않는 체제에 반대표를 던진다는 신념이 반영되어 있다. 이와 동시에 소비자 선택 같은 영역들이 기하급수로 팽창함에 따라 많은 이들이 끝내 채울 수 없는 갈망을 채우려다 감당 못할 빚을 지고 있다. 우리는 시민으로서 우리의 지도자도, 개인으로서 우리 자신의 욕구도 사실상 거의 다스리지 못하고 있다.

자유주의 치하에서 우리는 시민의 강력함을 자신하면서도 정치적 허약함을 경험하고, 깊은 종속 상태의 표현일 뿐인 수많은 선택에 관여하고 있다. 우리는 운전할 자동차의 종류 따위는 얼마든지 선택할 수 있지만, 영혼을 죽이는 그런 지루한 선택을 하면서 인생의 태반을 보낼지 말지 선택할 권리는 별로 없다. 그러는 내내 자유주의는 우리가 자유롭다고 주장하며, 불안이 만연하고 불만이 커지고 있음에도 우리는 말과 행동의 가치가 같다고 믿는다.

자유주의 이후 시대로 나아가려면, 자유주의가 초기에 감탄스러운 열망을 바탕으로 호소력을 발휘했으나 대개 그런 열망의 변질에 의존해 성공해왔다는 것을 인식해야 한다. 자유주의 옹호자들은 여성이 불평등한 조건에서 해방된 것을 자유주의의 성공 사례로 곧잘 거론하고, 자유주의에 대한 비판은 무조건 여성을 자유주의 이전의 속박 상태로 다시 밀어넣자는 제안으로 간주한다. 그러나 그들이 말하는 여성해방의 주된 실질적 성과는 여성 다수를 시장자본주의의 노동력으로 투입한 것이며, 이는 웬델 베리 같은 전통주의자들뿐 아니라 낸시 프레이저Nancy Fraser 같은 마르크스주의 정치이론가들도 몹시 미심쩍어하는 해방의 형태다.[1] 자유는 국왕의 전횡만이 아니라 고용주의 전횡으로부터도 독립하는 것이라는 공화국 초기의 주장들은 이제 거의 잊었다. 오늘날 우리가 꼽는 여성해방의 가장 중요한 증거는 여성이 생물학에서 점차 벗어난다는 것, 그리하여 실체가 없는 다른 신체—미국이라는 '법인'—에 이바지하고 또 실질적인 정치적 자유를 모조리 효과적으로 제거하는 경제질서에 참여한다는 것이다. 자유주의는 여성이 가정에서 자유로워지는 것이 곧 해방이나 마찬가지라고 단정하지만, 실은 여성에게나 남성에게나 인간을 훨씬 더 에워싸는 굴레를 씌운다.

자유주의는 일군의 고귀한 정치적 이상에 호소하며 부상했으나 결국 새롭고 포괄적인 퇴화를 초래했다. 더 무정하게 말하자면, 자유주의 설계자들은 두루 공유하는 정치적 이상을 의도적으로 전유한 다음 자유, 민주주의, 공화주의의 새로운 정의로부터 이득을 가장 많이 얻을 수 있는 사람들에게 유리하도록 그것을 전복했다.[2] 자유주의의 성공을 발판으로 삼는다는 것은, 자유주의가 초기에 발휘한 호소력의 정당성과 실패의 깊은 이유를 둘 다 인식한다는 것을 의미한다. 이것은 시민의 자치와 개인의 자치 둘 모두의 형태로 실질적인 자유를 제공한다는 뜻이지, 소비자주의적·성적 방종을 자율성으로 착각하는 오해와 체제 내 시민의 무력함을 결합한 자유의 대용물을 제공한다는 뜻이 아니다. 자유주의는 서구의 이상에 복이자 재앙이었으며, 어쩌면 그 실패와 거짓 약속, 충족되지 않은 갈망으로 우리를 더 나은 무언가로 이끄는, 불가피한 단계인지도 모른다.

이데올로기의 종언

처음에 자유주의는 '인간을 있는 그대로' 받아들이겠다고, 인간 본성을 직시하는 현실주의를 새로운 정치의 기반으로 삼겠다고 주장했다. 그러나 '있는 그대로'의 인간을 운운하는 주장은 자연상태에서 인간이 근본적으로 자율적인 존재였다는 허구를 전제하는 것이었다. 이처럼 인간 본성을 왜곡하는 견해를 중심으로 형성된 정치 · 사회 · 경제질서는 사람들을 자연상태 속 인간의 이미지에 맞추어 개조했을 뿐 아니라, 예상대로 관계 맺는 삶이라는 현실로부터 해방하기까지 했다. 자유주의는 언제나 인간이 어떻게 살아야 한다는 '당위'를 동력으로 삼으면서도 이런 규범적 책무를 중립성이라는 외피로 감추었다. 경쟁 이데올로기들과 마찬가지로 자유주의는 자신의 비전을 실현하기 위해 거대한 정치 · 경제기구를 불러냈으며, 그 과정에서 인간성을 재형성하는 동시에 훼손했다. 더욱 인간적인 정치는 하나의 이데올로기를 다른 이데올로기로 대체하고픈 유혹을 피해야 한다. 정치와 인간 공동체는 아래에서부터, 경험과 실천에서부터 퍼져나가야 한다.

자유주의의 가장 해로운 허구 중 하나는 동의 이론, 즉 자율적이고 합리적이고 계산적인 사람들이 '권리 보호'를 유일한 목표로 삼는 정부를 수립하기 위해 추상적인 계약을 맺었다는 가상 시나리오였다. 이 이론은 '선택하지 않은' 모든 사회와 관계를 '임의적인 것'으로, 그리하여 위법은 아닐지라도 미심쩍은 것으로 격하한다. 오늘날 자유주의는 스스로를 정치 프로젝트에서 사회 프로젝트로, 더 나아가 가족 프로젝트로 확대하는 데 성공했고, 대체로 모든 사회적 유대를 녹이는 용해제로 작용한다. 게다가 자유주의가 더 강한 저항—특히 자유주의의 전제를 근본적으로 거부하는 종교기관의 저항—에 부딪힐 때면, 정부가 갈수록 눈에 띄게 나서서 종교

와 가족의 관행과 믿음을 통제하려는 노력을 통해 자유주의 프로젝트를 추진하고 있다.[3]

자유주의는 사람들이 완전하고 완벽하게 자율적이고 개인적인 경우에만 어떤 관계나 유대에 '동의'할 수 있다는 입장을 취한다. 그런 경우에만 공리주의적 관계의 형태에 의식적·의도적으로 참여할 수 있고, 또 그런 유대가 만족스럽지 않은 것으로 판명되면 변경할 수 있다는 것이다. 나는 프린스턴대학에서 가르치던 시절에 얼마 전 출간된 아미시에 관한 책을 소재로 나누었던 냉랭한 대화를 기억한다. 우리는 럼스프린가Rumspringa 관행 — 문자 그대로의 의미는 '이리저리 돌아다니기' — 에 대해 토론했는데, 이는 아미시 청소년들이 공동체와 분리된 채 현대 자유주의 사회가 제공하는 것들에 참여해야 하는 의무 기간을 가리킨다.[4] 분리 기간은 보통 약 1년이며, 기한이 되면 청소년은 두 세계 중 하나를 선택해야 한다. 90퍼센트에 달하는 압도적 다수는 아미시로 돌아가 세례를 받고 자유주의 사회의 쾌락을 더 이상 즐기지 못하게 하는 공동체의 규범과 제약을 받아들인다. 내 예전 동료들 중 일부는 이 사실을 아미시 청소년들이 실은 자유로운 개인으로서 '선택'한 것이 아니라는 증거로 받아들였다. 누군가는 "우리는 그들을 자유롭게 할 방법을 고려해야 할 겁니다"라고 말했다. 완벽한 자유주의적 동의는 완벽하게 해방된 개인을 요구하며, 아미시 청소년들이 가족, 공동체, 전통의 끌어당김에 호응하고 있었다는 증거는 그들이 자유롭지 않았음을 나타낸다.

자유주의는 그런 유대를 미심쩍은 것으로 만드는 한편 특정한 삶의 형태, 일군의 신념, 그리고 세계관을 받아들이도록 청소년에게 영향을 끼치는 자유주의의 방식을 감춘다. 이런 삶과 신념, 세계관이 자유주의 자체 외부의 어떤 기준에 따라 평가되는 일은 결코 없다. 아미시의 전통 문화—다른 사례를 생각할 수도 있다—는 자기네 청소년에게 이 문화 안에 남을지 말지 선택할 권리를 주지만, 자유주의는 선택지를 딱 하나만 주면서도 선택권 행사로 간주한다. 자유주의에 대한 묵인은 아무리 경솔한 묵인일지라도 '암묵적 동의'이지만, 전통 공동체의 구성원 지위는 '억압' 또는 '허위의식'이다.

이런 이중 잣대에 따르면 종교와 문화, 가족의 구성원 지위는 우연히 타고나는 것이다. 그러나 자유주의 역시 오늘날 선진 서구에서, 그리고 점점 더 나머지 세계에서도 사람들이 각자의 의도와 무관하게 물려받는 것이다. 그 어떤 대안이든 자유주의의 개입이 필요한, 몹시 의심스러운 것으로 간주된다. 더욱이 자유주의는 문화 자체가 더 뿌리 깊은 동의의 형태임을 간과한다. 문화와 전통은 여러 세대가 미래 세대를 위한 선물로서 기꺼이 축적하고 전달해온 관행과 경험의 산물이다. 이 유산은 더 뿌리 깊은 자유, 즉 세대들이 대대로 세계와 그리고 서로 간에 상호작용해온 자유의 산물이다. 그것은 집단 관행의 산물이며, 각 세대는 종래의 결론과 다른 결론에 이를 경우 물려받은 관행과 경험을 변경할 수도 있다.

　기존의 문화적 · 종교적 관행을 유지하면서 새로운 공동체를 건설하려면 현재 자유주의 자체를 조장하는 수동적 묵인의 자세보다 훨씬 더 성실하고 자각적인 자세가 필요할 것이다. 오늘날 자유주의 자체가 반성하지 않는 사람들을 조용히 형성한다는 것, 그리고 새로운 문화를 발전시키기 위해 의식적인 노력과 숙의, 반성, 동의가 필요하다는 것은 아이러니다(그리고 주장하건대 자유주의 시대의 혜택이다). 의식적으로 새로운 문화를 발전시켜야 한다는 말은 특히 종교 공동체와 관련해 '참'이다. 오늘날 자유주의는 인간 스스로 부과하는 제약과 구속을 갈수록 적대시하고, 특히 개인적 · 성적 자율성의 영역(물론 이 영역만은 아니지만)에서의 제약과 구속을 혐오하는 입장—많은 이들이 자유주의의 배신이 아니라 완성으로 여기는 입장—이기 때문이다. 그렇지만 이런 갈등이야말로 앞으로 자유주의가 세계를 얼마만큼 자기 이미지대로 개조할지를 보여주고, 그리하여 이제 황혼기에 이르러 잔해를 쌓아가는 자유주의 외부에서 살아남을 대안 공동체와 새로운 문화가 필요한 이유를 알려준다.

탈자유주의적 실천의 도래와 이론의 새로운 탄생을 향해

자유주의가 제공하는 냉정하고 관료제적이고 기계화된 세계를 대체할 유기적인 세계에 대한 갈망이 커지고 있다는 증거가 이미 있다. 그런 갈망은 정통 종파들의 전통에서 특히 뚜렷하게 나타나긴 하지만(아미시 같은 자족적 공동체만이 아니라 가톨릭교도, 개신교도, 유대교도 등의 국제적 운동에서도 그런 갈망이 점점 커지고 있다), 로드 드레어 Rod Dreher가 저서에서 가장 흥미롭게 제안하고 탐구한 베네딕트 선택지 Benedict Option(6세기의 수도자 베네딕트가 로마제국의 몰락에 뒤이은 도덕적 혼란상에 충격을 받고 숲으로 물러나 기독교도를 위한 새로운 삶의 방식과 공동체를 창안한 선택을 가리킨다—옮긴이)에 대한 관심도 높아지고 있다.[5] 배려, 인내, 겸손, 경외, 존경, 정숙 등을 관습화하려는 노력은 특정한 신앙이 없는 자급자족 농민들과 '급진 살림꾼들 radical homemakers' 사이에서도 뚜렷하게 나타난다. 이들은 (신앙인들과 마찬가지로) 가정 내에서, 그리고 지역 공동체와 시장 내에서 옛 관행을 재발견하고 새 관행을 만들어냄으로써 자유주의가 제거하려는 새로운 문화 형태의 성장을 촉진하고자 한다.[6]

흔히 대항문화라 불리는 그런 노력은 대항-반문화로 이해하는 편이 더 낫다. 오늘날 반문화의 한복판에서 문화를 건설하는 일은 그야말로 난제인데, 현대의 자유주의가 문화의 풍경을 단조로운 황무지로 만들었을 뿐 아니라 경쟁자들을 질시하고 적대시하기도 했기 때문이다. 문화는 아래에서부터 위로 건설되며, 유기체처럼 다음 세대에 전달하는 방식으로 자기 DNA를 보존한다. 따라서 새로운 문화를 건설하려는 자의식적 노력은 문화적 관행의 유기적인 기원 및 발전과 기본적으로 상충한다. 하지만 자유주의 탓에 문화의 풍경이 메마른 독특한 맥락에서는 무언가 새로운 것이 필요하다. 자유주의가 우리에게 물려준 기본 설정값이 선택에 기반하는 철학임을 고려하면, 자발적인 의도와 계획, 행동으로부터 언젠가 비자발적인 문화의 풍경이 생겨날 수 있다는 것은 아이러니다.

새로운 문화를 건설하려는 노력은 공동체 내의 문화를 유지하는 관행, 가정경제와 '폴리스 생활'(시민들의 공동 참여로부터 생겨나는 자치의 형태)을 촉진하는 관행을 확립하는 데 초점을 맞추어야 한다. 그런 관행들은 모두 자유주의의 추상화와 비인격화를 거부하는 지역 환경에서 생겨난다. 추억하는 풍습과 상호 의무 역시 그렇다. 문화는 가정 안에서 가장 직접적인 방식으로 함양되고 전달되지만, 가족들의 공동체 안에서 특히 출생과 성년, 결혼, 죽음을 둘러싼 의례를 중심으로 발전한다. 문화는 지역의 상황을 고려하고 지역의 지리와 역사로부터 양분과 영감을 얻곤 한다. 문화는 할리우드나 매디슨가街에서 포장된 목소리가 아니라 특정 장소의 목소리에서 연원하는 이야기와 노래를 통해 기억을 대대로 전달한다. 그리고 'culture'라는 단어가 시사하듯이 문화는 거의 언제나 '제의cult'와 연관되는데, 이는 지역적인 것이 보편적이고 영원한 것,

신성하고 숭고한 것과 묶여 있고 궁극적으로 이것들을 표현한다고 이해하는 시각이다. 그런 지역적 관행은 유일하게 진정한 다양성, 문화의 다양성을 낳는다. 문화는 다수이지만 인간적인 진리, 하나의 문화를 초월하고 따라서 여러 국민의 찬양을 받을 수 있는 진리에 근거한다.

대항-반문화는 가정경제에 중점을 둔 경제적 관행, 즉 가정의 번영을 뒷받침하는 데 그치지 않고 가정을 다시 소규모 경제로 바꾸려 하는 관행 역시 필요로 한다. 가정경제를 발전시키려면 지역의 지식과 기예를 우선하고 효용과 편의성을 거부해야 한다. 그리고 재화를 스스로 만들고 충당하는 능력 ─부모와 자녀의 노동을 통해 가정에 필요한 물자를 자급하는 능력 ─을 소비와 낭비보다 소중히 여겨야 한다. 건물 짓기, 고치기, 요리하기, 식물 심기, 음식 저장하기, 퇴비 만들기 같은 솜씨는 가정의 독립성과 통합성을 떠받칠 뿐 아니라 문화와 공동 시민생활의 기본 원천인 관행까지 발전시킨다. 모든 세대는 이런 솜씨를 익히면서 자연의 요구와 선물, 한계를 배운다. 자연의 리듬과 방식에 동참하고 자연을 칭송하는 법을 배운다. 그리고 현대 시장이 자유의 대용물을 제공하며 유발하는, 문화를 파괴하는 무지와 게으름에서 벗어나는 법을 배운다.

가정경제의 솜씨를 익히는 동시에 수행해야 하는 더 어려운 과제는 현대 경제의 추상적이고 비인격적인 성격에 최소한으로만 참여하는 것이다. 가정에서 익힌 솜씨와 성향은 경제적 거래를 하면서 우정과 장소, 역사를 고려하는 가정들의 경제로 확대되어야 한다. 얼굴을 맞대지 않는 익명성을 중시하는 경제는 시민들이 서로, 그리고 세계와 맺는 결정적인 관계를 제대로 보지도 듣지도 말하지도 못하도록 조장한다. 현대 경제는 우리가 구입하고 사용하는 재화의 원천과 운명에 대한 무지를 부추기며, 그렇게 만연한 무지는 다시 소비에 탐닉하는 사람들의 무관심을 조장한다. 자유주의 정치와 마찬가지로 현대 경제는 단기간에만 신경을 쓰도록 부추기고, 우리의 시간 지평을 좁혀 과거를 알지 못하고 미래를 걱정하지 않게 만든다. 그런 경제는 채무자를 양산하는데, 그들은 현재를 위해 살고 미래가 스스로를 돌볼 것이라고 자신하면서 정작 미래가 존재할 가능성을 낮추는 방식으로 지구의 재화를 소비한다. 그에 반해 지역 시장은 시간과 장소에 기초하는 관계를 조성하고, 우리의 시야를 개인적인 선택 너머로 확장한다. 지역 시장에서 판매자와 구매자는 거래를 하면서 자신들의 관계가 더 나은 공동체를 건설하는 데 어떻게 도움이 될지를 의식하며, 이익의 일부가 친구와 이웃, 그리고 아직 태어나지 않은 세대를 위해 지역에 재투자되리라 생각한다.

가정경제와 지역 내 교환에 더 역점을 두는 노력은 반드시 자치를 강화하려는 노력을 동반해야 한다. 오늘날 정치적 건강을 가늠하는 척도는 선거연령 인구 중에 실제로 투표하는 비율이다. 비록 지난 몇 차례 선거에서 높아지긴 했으나 시민적 건강의 징표라고

하는 이 비율마저 50퍼센트에서 60퍼센트 사이를 맴돌았다. 전 국민이 대통령 선거 정치에 집착하고 정치적 대화와 토론의 대상이 연방정부에서 생기는 쟁점으로 축소되는 것은 시민적 건강이 아니라 질병의 징후다. 정치는 대체로 구경하는 스포츠로 축소된 채 수동적인 인구를 위한 오락거리로서 판촉되고 포장되고 있다. 선거는 자치의 외양을 제공하지만, 선거의 주된 기능은 우리가 피고용인과 소비자의 삶으로 돌아가기 전까지 아직 남은 시민적 욕구를 채워주는 것이다.

토크빌은 1820년대 후반 미국을 방문했을 때 미국인들의 정치적 자립정신에 깊은 인상을 받았다. 중앙집권화된 귀족적 질서를 순순히 묵인하는 동료 프랑스인들과 달리, 미국인들은 지역의 문제를 해결하기 위해 선뜻 모이곤 했다. 그 과정에서 그들은 '결사의 기술'을 배웠다. 그들은 대체로 멀리 있는 중앙정부에 무관심했으며, 중앙정부는 비교적 적은 권한을 행사했다. 지역의 타운 정치는 '민주주의 학교'였다. 토크빌은 미국 시민들이 각자의 목표만이 아니라 집단의 풍습과 관행, 이로운 변화를 위해서도 공동생활의 재화를 확보하는 데 헌신한다고 칭송했다. 시민 참여의 가장 큰 이점은 세계가 아니라 시민생활에 참여하는 사람들 간의 관계에 미치는 영향에 있다고 그는 주장했다. "공무에 반드시 참여해야 하는 시민들은 사적인 이해관계에서 벗어나야 하고, 때때로 자신의 일이 아닌 무언가를 살펴봐야 한다. 공공 업무를 공동으로 처리하기 시작하자마자 개개인은 기존에 생각하던 것만큼 자신과 동료 시민들이 무관하지 않다는 것, 그리고 동료들의 도움을 받으려면 자신도 그들에게 자주 도움을 주어야 한다는 것을 알게 된다."[7]

한동안 이런 관행은 자유주의 사회의 개방성 덕을 보는 대안 공동체들 안에서 발전할 것이다. 대안 공동체들은 자유주의 틀 안에서의 '선택지'로 여겨질 것이고, 더 넓은 문화에서 의심을 받으면서도 자유주의 질서의 본업을 위협하지 않는 한 대체로 존속할 수 있을 것이다. 그렇지만 이런 공동체 안에서 배우는 교훈으로부터 실행 가능한 탈자유주의적 정치 이론이 생겨날 가능성이 있다. 그 이론은 자유주의의 인간학적 가정과는 근본적으로 다른 가정에 입각할 것이다. 다시 말해 상상 속 자연상태로부터 시작하거나 국가와 시장에 양다리를 걸치는 세계로 결론을 맺지 않을 것이고, 오히려 인간의 실제 관계성, 사회성, 그리고 추상적인 인류가 아니라 다른 사람들을 위해 개인의 편협한 이익을 희생하는 학습된 능력에 의거할 것이다. 자유주의 질서가 무너질수록 그런 대항문화는 선택지가 아닌 필수로 여겨질 것이다.

그럼에도 우리는 성공하는 동시에 실패하는 자유주의에 뒤이어 새롭고 더 나은 이론을 고안하고픈 유혹에 저항해야 한다. 애당초 자유주의와 후속 이데올로기들을 낳았던 것이 바로 포괄적인 이론을 찾으려는 노력이다. 문화와 자유학예를 복원하고 개인주의와 국가주의를 제약하고 자유주의의 기술을 제한하자는 외침은 틀림없이 의문을 불러일으킬 것이다. 인종과 종족, 성에 대한 편견에서 기인하는 불평등과 불공정을 사전에 방지하고 지역의 귀족정치 또는 신권정치를 법으로 금지하기 위해 포괄적인 방책을 마련해야 한다는 요구가 제기될 것이다. 그렇게 요구하는 사람들은 언제나 자유주의의 헤게모니 확장에 이바지했거니와, 팽창하는 국가와 시장이 우리를 종속시키고 우리 운명에 대한 통제력을 앗아가고 있는데도 우리가 그 어느 때보다도 자유롭고 평등하다며 자축했다.

이제 우리는 자유주의가 겉으로 내세우는 목표와 정반대로 불평등을 심화하고 자유를 제약함으로써 세계 지배를 계속 확대할 가능성을 고려해야 한다. 어쩌면 다른 길, 독특한 대항문화 공동체를 형성하려는 선의의 노력에서부터 시작하는 길이 있을지 모른다. 그런 공동체의 삶은 자유주의가 조장하는 듯한 뿌리 뽑히고 비인격화된 삶과는 확연히 다를 것이다. 자유주의의 완성이 가시화될수록, 자유주의의 고질적인 실패 탓에 점점 더 많은 사람들이 경제와 사회, 가정의 불안정성과 불확실성에 빠질수록, 시민사회의 제도가 개인 자유라는 명분 아래 속 빈 강정이 되어갈수록, 그리고 토크빌의 예측대로 언제나 완벽하다는 자유의 상태에서 우리가 '독립적이고 약한' 존재임을 깨달을수록, 대항문화를 실천하는 공동체들은 한때 이런 공동체를 특이하고 미심쩍은 것으로 치부했을 법한 사람들에게 등대요 야전병원으로 보일 것이다. 결국 대안 공동체의 성과와 본보기로부터 지금의 경험과 다른, 실제로 실천하고 서로 교육하는 공동 자치에 토대를 두는 정치생활 경험이 생겨날지도 모른다.

　오늘날 우리에게 필요한 것은 지역 환경에서 함양하는 실천이다. 새롭고 실현 가능한 문화, 가정 내 솜씨에 바탕을 두는 경제, 시민들의 폴리스 생활을 만들어내는 데 초점을 맞추는 실천이다. 더 나은 이론이 아니라 더 나은 실천이 필요하다. 종래와 다른 환경과 그것을 고무하는 철학은 마침내 '자유롭다'고 불릴 자격을 얻을 것이다. 지난 500년간 진행된 철학적 실험이 수명을 다한 지금, 새롭고 더 나은 길을 건설해야 한다는 것은 분명하다. 오늘날 인간 자유의 가장 위대한 증거는 자유주의 이후의 자유를 상상하고 구현하는 우리의 능력에 있다.

| 감사의 말 |

나는 이 책을 단기간에 썼다. 그렇지만 집필하기 전까지 수십 년 동안 숙고했다. 그런 까닭에 많은 이들에게 빚을 졌고, 몇몇에게는 이제야 너무 늦게 감사의 말을 전하게 되었다.

친구이자 스승인 케리 맥윌리엄스에게 진 갚을 수 없는 빚은 이 책 어디를 펼치더라도 뚜렷하게 드러난다. 윌리엄스가 자유주의의 진통에 관해 책을 썼더라면 나보다 훨씬 잘 썼을 것이다. 그렇지만 위스키를 홀짝이고 웃음을 터뜨리는 사이사이 세계의 현황을 주제로 그와 딱 한 번만 더 대화할 수 있다면, 나는 그런 책을 내주고 대화할 기회를 선택할 것이다.

이 책은 러트거스대학과 프린스턴대학에서 처음 구상했다. 조지 카텝, 로버트 P. 조지, 작고한 폴 지그문트 등 두 대학에서 너그럽게 대화해준 분들에게 감사드린다. 2008~2009년 때맞춰 연구비를 지원해준 '미국의 이상과 제도American Ideals and Institutions'의 제임

270

스 매디슨 프로그램과 이곳 부소장인 브래드 윌슨에게 감사드린다.

이 책의 아이디어 중 태반은 조지타운대학에 재직하는 동안 숙성되었다. 나는 조슈아 미첼, 제임스 V. 샬 예수회 신부, 스티븐 필즈 예수회 신부, 그리고 고인이 된 두 친구 진 베스키 엘시테인과 조지 케리에게 빚을 졌다. 가장 고마운 우정과 지원을 보내준 이는 빌 멈마다. 토크빌 포럼의 가장 빛나는 시절을 함께했던 학생들을 생각하면 지금도 절로 감탄이 나온다.

노터데임대학에서 우리의 삶은 한결같은 우정으로 충만했다. 필립 무뇨스, 수전 콜린스, 존 오캘러헌, 숀과 크리스텔 켈시 부부, 데이비드 오코너, 필립 베스, 존과 얼리사 너지 부부, 프란체스카 머피, 존 베츠, 존 카바디니, 제라드 브래들리, 릭과 니콜 가넷 부부, 제프 포야노브스키, 마티진 크레머스, 빌 미스캠블 신부, 데이비드 솔로몬, 카터 스니드, 글래든 파핀, 댄 필포트, 마이크 그리핀, 애나와 마이클 모얼랜드 부부, 그리고 브래드 그레고리에게 감사드린다. 노터데임대학의 두 가지 핵심 프로그램인 '윤리문화센터'와 '종교와 공적 생활 탐구를 위한 토크빌 프로그램'은 고맙게도 이 책을 완성할 수 있도록 후하게 지원해주었다. 준비작업을 도와준 미미 테이세이라에게도 감사드린다.

내가 감사를 표할 수 있는 것보다 더 많은 친구들이 수많은 방식으로 도움을 주었다. 이 책에서 우리가 나눈 대화의 결실을 찾을 수 있기를 깊이 감사하는 마음으로 소망한다. 채드 펙놀드, 프랜시스 X. 메이어, 로드 드레어, 빌 맥클레이, 제레미 비어(책의 제목을 제안해주었다), 마크 헨리, 제이슨 피터스, 제프 폴릿, 마크 미첼, 브래드 버저, 필립 블론드, 신디 서시, 댄 마호니, 존 시어리, 수전 맥윌리엄스, 브래드 클링글리, 마이클 핸비에게 고마움을 전한다. 러스티 레노, 데이비드 밀스, 댄 매카시, 존 레오, 스콧 스티븐스는 이 책에 실린 몇몇 장의 초기 버전을 발표할 때 도움을 주었다. 특히 오랜 세월 현명한 조언과 우정을 나누어준 스티브 우린에게 고마움을 전한다.

버지니아대학의 문화고등연구원에, 특히 일찍이 이 프로젝트에 관심을 보여준 제임스 데이비슨 헌터와 존 오언 4세에게 감사드린다. 내게 짧게 쓰라고 다그치고 너무도 투지 있게 이 책을 옹호해준 예일대학 출판부의 빌 프루히트에게도 고마움을 표한다.

책을 인쇄하기 직전에 오래된 두 친구 벤저민 바버와 피터 롤러가 세상을 떠났다. 나의 스승인 벤과, 소중한 대화 상대이자 친구였던 피터가 살아 있다면 우리가 나눈 숱한 대화와 논쟁의 결실을 읽을 수 있었을 것이다. 그들의 목소리와 생각은 여기에, 그리고 그들이 어루만진 많은 삶에 남아 있다. 그렇긴 해도 여전히 두 사람이 그립다.

아내 잉게와 우리의 자녀 프랜시스, 에이드리언, 알렉산드라에게는 목이 메어 뭐라 말을 못하겠다.

이 책을 쓴다는 소문이 돌기 시작한 뒤 너무도 오랜 세월이 지났으므로, 여기서 거론하진 않았지만 마땅히 고마움을 전해야 할 분들이 틀림없이 많을 것이다. 예나 지금이나 그분들에게 진심으로 감사드린다.

근래 미국에서는 체제의 정당성 위기에 대한 이야기가 무성하다. 위기 담론을 촉발한 계기는 무엇보다 도널드 트럼프의 대통령 당선이었다. 설마설마했던 트럼프가 보란 듯이 당선되자 민주당 진영은 물론 공화당 진영에서도 현행 체제가 민의를 제대로 반영하지 못하는 것 아니냐는 우려의 목소리가 나왔다. 정치의 양극화와 민주주의의 위기를 지적하는 목소리가 여전히 우세하긴 하지만, 이 책의 저자처럼 일각에서는 정당성 위기의 원인으로 자유주의의 실패를 지목하고 있다.

이 책을 보고 먼저 든 생각은 제목이 의아하다는 것이었다. 왜 자유주의는 '실패하는가'가 아니라 '실패했는가'였다. 현재형이 아닌 과거형 동사였다. 민주주의와 더불어 자유주의가 위기를 맞았다는 데에는 수긍할 수 있지만 그렇다고 이미 실패했다고 단정하는 것은 너무 성급한 판단이 아닐까 하는 생각이 들었다. 족히 500년간 존속해왔고 20세기 들어 파시즘과 공산주의라는 막강한 경쟁자들마저 물리치고 전 세계를 장악한 자유주의가 이미 실패했다니? 어째서 실패했다는 걸까?

이 의문에 저자는 더욱 의아한 답을 내놓는다. 바로 자유주의가 성공했기 때문에 실패했다는 것이다. 이 역설적인 답을 저자의 관점에서 풀어서 말하면, 자유주의는 스스로 정한 계획과 목표를 달성했다는 점에서 성공했다. 그러나 그것은 자유주의의 소멸을 예비하는 '패배나 다름없는 승리', 장차 자유주의를 허물어뜨릴 병폐들을 낳은 성공이었다. 저자에 따르면 민의를 반영하지 못하는 정당정치, 경제 양극화, 시민 간 분열, 포퓰리즘과 권위주의의 부상 같은 병폐들은 자유주의의 얼개 안에서 정책이나 기술적 해법으로 바로잡을 수 있는 부수적인 문제가 아니다. 자유주의 자체의 내적 모순에서 기인하는 문제다. 컴퓨터에 비유하자면, 단순히 프로그램 오류나 버그가 아니라 애당초 잘못 설계된 운영체제 때문에 생기는 문제다. 따라서 자유주의의 병폐를 자유주의적 조치로 치유하자는 주장은 불난 집에 기름을 붓자는 격이다.

저자의 이런 진단의 바탕에는 이샤야 벌린의 '소극적 자유와 적극적 자유' 논의, 퀜틴 스키너의 '자유주의 이전의 자유' 논의를 떠올리게 하는 두 가지 상반된 자유관, 즉 고대적 자유관과 근대적 자유관이 있다. 먼저 고대 세계에서 우세했던 자유의 의미는 자신의 욕구와 자신이 속한 정치체를 스스로 다스리는 학습된 역량이었다. 달리 말해 자유란 절제, 지혜, 중용, 정의 같은 덕목들을 몸에 익힘으로써 개인 수준과 정치체 수준에서 자치를 실천할 수 있는 역량이었다. 고대적 세계관에서 인간이란 본성적으로 관계 맺는 동물, 사회적·정치적 동물이므로 정치체와 분리된 개인의 자유, 정치 이전의 자유는 성립할 수 없었다.

근대 자유주의의 창시자들은 이 오래된 자유관을 뚜렷이 거부하고 자유의 의미를 새롭게 규정하려 했다. 이를 위해 그들은 애초에 자연상태에 있었던 개인들이 사회계약을 맺어 정치사회를 이루었다고 가정했다. 그리고 자연상태에서 개인들은 선천적으로 자유로운 존재, 저마다 따로 떨어져 관계를 맺지 않는 자율적인 존재였다고 전제했다. 이렇게 자연상태를 떠올림으로써 자유주의 창시자들은 고대적 자유의 의미를 뒤집었다. 이제 자유는 함양하는 것이 아니라 타고나는 것이 되었다. 정치체와 불가분한 것이 아니라 개인적인 것이 되었다. 자기 규율의 상태가 아니라 타인에게 위해를 가하지 않는 선에서 하고 싶은 대로 하는 상태가 되었다.

자유주의는 이 새로운 자유 개념을 받아들여 '개인의 자율성 확대'를 당위이자 목표로 설정했다. 고전적 자유주의자와 진보적 자유주의자 모두 이 목표를 공유한다. 다만 목표를 달성하는 최선의 방법을 두고 논쟁할 뿐이다. 전자는 국가의 개입을 줄이고 시장의 힘으로 달성해야 한다고 주장하고, 후자는 시장보다 공정한 국가의 프로그램으로 달성해야 한다고 주장할 뿐이다. 자율성을 확대하려면 규범, 관행, 문화, 전통, 공동체 등 개인이 직접 선택하지 않은 사회의 제약으로부터, 그리고 자연의 제약으로부터 개인을 해방해야 한다. 그런데 현실의 개인은 특정한 시공간과 관계 안에서 태어나고 또 살아간다. 그러므로 개인을 해방하고 자율성의 영역을 최대한 넓게 보호하려면 국가의 역할을 확대할 수밖에 없다. 국가만이 "가족부터 교회까지, 학교부터 마을과 공동체까지, 비공식적이고 익숙한 기대와 규범으로 행동을 통제하는 모든 형태의 결사와 관계로부터" 개인을 해방할 정당한 권리를 보유하기 때문이다. 이런 이유로 저자는 자유주의 체제에서 개인주의와 국가주의가 나란히 전진한다고 주장한다. "국가는 개인주의의 주된 동력이 되어가고, 개인주의는 국가의 권력과 권한을 확대하는 주된 원천이 되어가고 있다." 결국 자유주의는 '국가 팽창 → 개인 파편화 → 국가 팽창'이라는 악순환, 개인의 자유를 지켜준다던 국가가 삶의 거의 모든 측면에서 자유를 침해하는 역설적인 순환에 갇히고 만다.

그런데 저자의 진단대로 자유주의가 애당초 잘못 설계되었고 내적 모순에 시달렸다고 하면, 어떻게 수백 년간 지배적인 이데올로기로서 호소력을 발휘할 수 있었을까? 저자에 따르면 자유주의의 호소력은 무엇보다 고대부터 중세 후기까지 발전한 서구 정치 전통의 고귀한 이상들을 지키겠다고 약속한다는 데서 나온다. 다시 말해 자유주의는 존엄, 자유, 평등, 정의 같은 이상들을 이어가겠다고 약속함으로써 호소력을 발휘한다. 그렇지만 자유주의는 이 이상들의 용어는 받아들이되 그 의미와 실천은 바꾸었다. '자유주의적 인간'의 의미는 공동체 속 인간이 아니라 자연상태 속 인간이다. '자유주의적 자유'의 의미는 자치하는 역량이 아니라 외부 제약의 부재다. 이처럼 자유주의는 오래된 이상들을 내세우면서도 그 개념을 일그러뜨리고 "그 일그러진 개념의 소산인 정치와 경제, 교육, 기술 적용을 통해 결국 이상을 배신했다." 그 귀결은 이 책에서 지적하는 자유주의의 병폐들이다. 다시 말해 개인주의와 국가주의의 동맹, 실제 문화들을 대체하는 자유주의적 단일문화 또는 반문화, 자유를 어떻게 획득하고 선용하는지 가르치는 자유교육과 자유학예의 붕괴, 엘리트층의 우위를 공고히 하는 새로운 귀족정, 시민들이 자치 경험에서 멀어지고 정치를 그저 구경하는 시민권의 퇴화 같은 병폐들의 근본 원인은, 자유주의의 주장과 현실 사이의 간극이 갈수록 벌어져왔다는 데 있다.

여기까지가 저자의 대략적인 주장이다. 그런데 과연 이것이 자유주의에 대한 공정한 평가일까? 저자는 자유주의의 호소력은 주로 고전고대와 중세 정치 전통의 목표를 이어간다는 데서 나온다고 말한다. 이게 전부일까? 자유주의 고유의 강점과 장점, 매력, 호소력은 없을까? 저자는 "자유주의를 뺀 다른 어떤 정치철학도 실제로 번영을 촉진하고, 비교적 안정적인 정치를 제공하고, 개인의 자유를 일정하고 예측 가능한 방식으로 증진할 수 있음을 입증하지 못했다"라고 말한다. 그렇지만 이런 위업을 이루어낸 자유주의만의 호소력은 말하지 않는다. 어쩌면 그 호소력은 저자가 자유주의의 맹점과 결점으로 꼽는 것들 중에 있을지도 모르겠다.

어쨌거나 이 책은 공정한 평가를 내리기 위해 쓴 책은 아니다. 오히려 자유주의를 뒤흔들기 위해 쓴 책이다. 이 책의 편집자 서문에도 나오듯이 지배적인 담론을 교란하고 현존 질서를 더욱 근본적으로 사유하도록 유도하기 위해 쓴 급진적인 자유주의 비판서다. 지배적인 담론을 교란한다는 저자의 목적은 상당한 성공을 거둔 것으로 보인다. 《뉴욕 타임스》에만 서평이 세 차례나 실리는 등 미국 전역은 물론이고 독일, 프랑스, 덴마크, 이탈리아, 에스파냐, 멕시코, 칠레에 이르기까지 세계 곳곳에서 마흔 편이 넘는 매체 서평을 받으며 뜨거운 논쟁을 불러일으켰으니 말이다. 한국에서도 논쟁이 일어나 자유주의 체제에 대해, 무엇보다 자유의 의미에 대해 더 깊게 생각하는 계기가 되기를 기대한다.

서문

1. Václav Havel, "The Power of the Powerless", in *Open Letters: Selected Writings, 1965-1990* (New York: Vintage, 1992), 162.
2. Wilson Carey McWilliams, "Democracy and the Citizen: Community, Dignity, and the Crisis of Contemporary Politics in America", in *Redeeming Democracy in America*, ed. Partick J. Deneen and Susan J. McWilliams (Lawrence: University Press of Kansas, 2011), 27.

서론: 자유주의의 종말

1. Adrian Vermeule, *Law's Abnegation: From Law's Empire to the Administrative State* (Cambridge: Harvard University Press, 2016).
2. Thomas L. Friedman, *The Lexus and the Olive Tree* (New York: Anchor, 2000), 7.
3. David Brooks의 글 "Organization Kid"에 대한 학생의 에세이, 2018년 노터데임대학의 정치철학과 교육 수업 중에 제출. 저자 소유.
4. Wendell Berry, "Agriculture from the Roots Up", in *The Way of Ignorance and Other Essays* (Emeryville, CA: Shoemaker and Hoard, 2005), 107-8.
5. Nicholas Carr, *The Shallows: What the Internet Is Doing to Our Brains* (New York: Norton, 2010).
6. Sherry Turkle, *Alone Together: Why We Expect More from Technology and Less from Each Other* (New York: Basic, 2011).

7. Lee Silver, *Remaking Eden: How Genetic Engineering and Cloning Will Transform the Family* (New York: HarperPerennial, 1998); Mark Shiffman, "Humanity 4.5", *First Things*, November 2015.

1장 지속 불가능한 자유주의

이 장 일부의 초기 버전은 2012년 8월 *First Things*에 "Unsustainable Liberalism" 으로 발표되었다. 그 원본의 일부를 이 책에 다시 싣도록 허락해준 데 감사드린다.

1. 흔히들 근대 초 자유주의 전통에서 연원했다고 생각하는 많은 제도의 전근대적 기원에 대한 최고의 안내서는 여전히 Charles Howard McIlwain의 *The Growth of Political Thought in the West: From the Greeks to the End of the Middle Ages* (New York: Macmillan, 1932)다. 같은 저자의 *Constitutionalism, Ancient and Modern* (Ithaca, NY: Cornell University Press, 1940)도 보라. 또 다른 유익한 자료는 John Neville Figgis, *Studies of Political Thought: From Gerson to Grotius* (Cambridge: Cambridge University Press, 1907) 다.

2. Brian Tierney, *The Idea of Natural Rights: Studies on Natural Rights, Natural Law, and Church Law, 1150-1625* (Grand Rapids, MI: Eerdmans, 1997); Paul E. Sigmund, *Natural Law in Political Thought* (Lanham, MD: University Press of America, 1981); Richard Tuck, *Natural Rights Theories: Their Origins and Development* (Cambridge University Press, 1982); Larry Siedentop, *Inventing the Individual: The Origins of Western Liberalism* (Cambridge: Harvard University Press, 2014).

3. Niccoló Machiavelli, *The Prince*, ed. and trans. David Wooton (Indiana-polis: Hackett, 1995), 48.

4. Francis Bacon, *Of the Advancement of Learning*, in *The Works of Francis Bacon*, 14 vols., ed. James Spedding, Robert Leslie Ellis, and Douglas

Denon Heath (London: Longmans, 1879), 3: 294-95.

5. Francis Fukuyama, "The End of History", *The National Interest*, Summer 1989.

6. Thomas Hobbes, *Leviathan*, ed. Edwin Curley (Indianapolis: Hackett, 1994), 229.

7. Ibid., 143.

8. John Locke, *Second Treatise of Government*, ed. C. B. MacPherson (Indianapolis: Hackett, 1980), 40.

9. Francis Bacon, *Valerius Terminus, Of the Interpretation of Nature*, in Spedding, Ellis, and Heath, *The Works of Francis Bacon*, 3: 218.

2장 개인주의와 국가주의 통합하기

1. Bill Bishop, *The Big Sort: Why the Clustering of Like-Minded America Is Tearing Us Apart* (New York: Houghton Mifflin Harcourt, 2008); Marc J. Dunkelman, *The Vanishing Neighbor: The Transformation of America Community* (New York: Norton, 2014); Charles A. Murray, *Coming Apart: The State of White America, 1960-2010* (New York: Crown Forum, 2012); Robert D. Putnam and David E. Campbell, *American Grace: How Religion Divides and Unites Us* (New York: Simon and Schuster, 2010).

2. Bertrand de Jouvenel, *The Pure Theory of Politics* (Indianapolis: Liberty Fund, 2000), 60.

3. Locke, *Second Treatise of Government*, ed. C. B. Macpherson (Indianapolis: Hackett, 1980), 32.

4. 예를 들어 미국 헌법은 "과학과 유용한 기술의 진보를 촉진"할 책임을 의회에 적극적으로 지운다.

5. John Stuart Mill, "Considerations on Representative Government", in *On Liberty and Other Essays*, ed. John Gray (Oxford: Oxford University

Press, 2008), 232.

6. Karl Polanyi, *The Great Transformation*: *The Political Origins of Our Time* (Boston: Beacon, 2001). 근래에 Brad Gregory가 권위 있는 저서 *The Unintended Reformation*: *How a Religious Revolution Secularized Society* (Cambridge: Belknap Press of Harvard University Press, 2012)에서 비슷한 주장을 했다.

7. 특히 Polanyi, *The Great Transformation*, 45-58을 보라.

8. Ibis., 147.

9. 산업주의에 대한 가장 강력한 고발은 남부 저자들의 저술에서 찾아볼 수 있으며, 그런 까닭에 이들의 저술은 부당한 경제질서에 대한 변론으로 일축되곤 한다. 예를 들어 The Twelve Southerners, *I'll Take My Stand*: *The South and the Agrarian Tradition* (New York: Harper, 1930). 이런 고발에 대한 Wendell Berry의 *The Hidden Wound* (Boston: Houghton Mifflin, 1970)를 보라.

10. E. F. Schumacher, *Small Is Beautiful*: *Economics as if People Mattered* (New York: Harper and Row, 1975); Stephen Marglin, *The Dismal Science*: *How Thinking Like an Economist Undermines Community* (Cambridge: Harvard University Press, 2008).

11. John M. Broder and Felicity Barringer, "The E.P.A. Says 17 States Can't Set Emmission Rules", *New York Times*, December 20, 2007, http://www.nytimes.com/2007/12/20/washington/20epa.html?_r=0.

12. John Dewey, *Individualism, Old and New* (Prometheus, 1999), 37, 39.

13. Herbert Croly, *The Promise of American Life* (Cambridge: Harvard University Press, 1965), 280.

14. Walter Rauchenbusch, *Theology for the Social Gospel* (Louisville, KY: Westerminster John Knox Press, 1997).

15. 오바마 캠프의 원래 광고 '줄리아의 삶'은 캠프 웹사이트(http://www.barackobama.com/life-of-julia/)에서 삭제되었다. 현재 '줄리아의 삶'을 검색해 나오는 결과는 대부분 원래 광고에 대한 갖가지 풍자와 비판이다. 광고에

대한 이야기들은 지금도 찾아볼 수 있으며, 오바마 캠프의 오점인 이 광고의 내용을 전반적으로 알려준다. 예를 들어 https://www.newyorker.com/news/daily-comment/oh-julia-from-birth-to-death-left-and-right 참조.

16. Marglin, *The Dismal Science*.

17. Hannah Arendt, *Origins of Totalitarianism* (New York: Harcourt, Brace, 1951); Erich Fromm, *Escape from Freedom* (New York: Farrar and Rinehart, 1941); Robert A. Nisbet, *The Quest for Community: A Study in the Ethics of Order and Freedom* (Wilmington, DE: ISI, 2010). *The Quest for Community*의 출간 기록은 시사하는 바가 많다. 1953년 옥스퍼드대학 출판부에서 출간한 이 책은 1960년대 후반까지 절판 상태였다가 이 시기 신좌파와 함께 인기를 얻었다. 그 이후 다시 2010년까지 절판이었다가 《뉴욕 타임스》의 보수주의자 칼럼니스트 Ross Douthat의 새로운 서문을 붙여 (보수적인 출판사 Intercollegiate Studies Institute press를 통해) 복간되었다. 니스벳의 주장은 미국에서 정치적으로 안착하지 못하고 왼쪽의 신좌파와 오른쪽의 사회보수주의자들 사이를 돌아다녔다. 그럼에도 독자들이 이 책을 계속 찾는다는 사실은 파시즘과 공산주의가 저물고 몰락했음에도 니스벳의 분석이 여전히 유의미하다는 것을 시사한다. E. J. Dionne, *Why Americans Hate Politics* (New York: Simon and Shcuster, 1992), 36을 보라.

18. Nisbet, *The Quest for Community*, 145.

19. Alexis de Tocqueville, *Democracy in America*, trans. George Lawrence (New York: Harper and Row, 1969), 672.

3장 반문화로서의 자유주의

1. Mario Vargas Llosa, *Notes on the Death of Culture: Essays on Spectacle and Society* (New York: Farrar, Straus and Giroux, 2015), 58.

2. Polanyi, *The Great Transformation*. 또한 William T. Cavanaugh, "'Killing for the Telephone Company': Why the Nation-State Is Not the Keeper of the Common Good", in *Migrations of the Holy: God, State, and the*

Political Meaning of the Church (Grand Rapids, MI: Eerdmans, 2011).

3. 파트타임 정치학자 겸 풀타임 버몬트 주민인 찰스 피시는 지난날 농사를 지은 선조들의 이런 견해를 포착해 차분하고 아름답게 표현했다. "할머니와 삼촌들은 신성과 역학 법칙의 작용 사이 중간쯤에서 신의 손길과 자연의 이치가 공존한다 고 상상했다. 신과 자연, 양자의 관계를 묘사하라는 압력이나 그런 관계가 존재 한다고 믿는지 여부를 분명히 밝히라는 압력을 받았다면, 그들은 불편해했을 것 이다. 날씨나 질병 탓에 해를 입었을 때 그들이 거론한 것은 신이 아닌 자연이었 지만, 그들에게 자연은 단순히 악의적인 힘이 아니었다. 유용한 형태로 묶인 사 물들의 정교한 결속을 자연이 끊어내려 할 때면 그들은 자연과 싸워야 했지만, 자연의 재생력과 성장력을 이용할 때면 자연과 협력한다고 느끼기도 했다. 그들 은 '자연력 이용하기'라는 표현을 이의 없이 잠자코 들었을 테지만, 십중팔구 가 장 불완전한 방식으로만 자연력을 이용할 수 있다고 생각했을 것이다. 그들은 자연을 통해 뛰어난 일을 해낼 수 있었지만, 자연 자체가 그들의 통제 아래 있 다는 생각은 그들에게 신성모독까진 아니라 해도 오류로, 어쩌면 교만으로 비쳤 을 것이다. 그들이 만물의 영장이 아님을 일깨우는 것들이 많이 있었다. (…) 그 들은 각자의 소임을 모든 힘과 재주를 쏟아 수행하면서도, 자신들이 신비의 중 심에서 일한다는 것, 신비의 운동에 영향을 줄 수도 없고 그것을 예측할 수도 없 음을 알고 있었다." Charles Fish, *In Good Hands: The Keeping of a Family Farm* (New York: Farrar, Straus and Giroux, 1995), 102-3.

4. John Dewey, *Reconstruction in Philosophy* (1920; New York: New American Library, 1950), 46.

5. Ibid., 48.

6. Tocqueville, *Democracy in America*, 508.

7. Ibid., 548.

8. Ibid., 557-58.

9. Thomas Hobbes, *On the Citizen*, ed. and trans. Richard Tuck and Michael Silverthorne (Cambridge: Cambridge University Press, 1998), 102.

10. Thomas Jefferson, *A Summary View of the Rights of British America. Set Forth in Some Resolutions Intended for the Inspection of the Present*

Delegates of the People of Virginia. Now in Convention. By a Native, and Member of the House of Burgesses (Williamsburg: Clementina Rind, 1774).

11. 베리의 견해를 파악하기에 가장 좋은 텍스트는 그의 에세이가 아니라 소설이다. 가상의 지역 포트윌리엄(Port William)에서 펼쳐지는 베리의 소설은 사람들과 장소와 땅 사이의 강한 유대를 두드러진 특징으로 하는 (완벽하진 않지만) 목가적인 공동체 환경을 묘사한다. 베리가 자신의 소설에 대해 말한 대로 "상상한 장소 덕분에 (…) 나는 내 고향의 풍경과 이웃을 세상에서 유일무이한 장소로, 신의 산물로, 인간이 어떻게 평가하든 그것을 조롱하는 본질적인 신성함을 지닌 산물로 보는 법을 배웠다." Berry, "Imagination in Place", in *The Way of Ignorance*, 50-51.

12. Wendell Berry, "Sex, Economy, Freedom, and Community", in *Sex, Economy, Freedom, and Community: Eight Essays* (New York: Pantheon, 1994), 120.

13. Ibid., 120-21.

14. Ibid., 157.

15. 자유주의적 '표준화'―가장 흔한 형태는 국가 수준에서, 그리고 점점 더 국제 수준에서 법을 부과하는 것이다―에 대한 이런 비판은 자칫 좌파 또는 민주당만이 표준화를 한다는 주장으로 비칠 수 있다. 그렇게 생각하지 않도록 반례를 들자면, Nina Mendelson의 기고문 "Bullies along the Potomac", in *New York Times*, July 5, 2006, http://www.nytimes.com/2006/07/05/opinion/05mendelson.html이 있다. Mendelson은 공화당이 통제한 의회가 2001년부터 5년간 (주들의 권리를 고집하기는커녕) 이른바 '전국균일식품법'을 비롯해 "대기 오염부터 소비자 보호에 이르는 여러 영역에서 주의 권한에 우선하는" 법률 27건을 제정했다고 말한다. 또 교육 영역에서 부시 대통령의 획기적인 '낙제학생방지' 프로그램이 어떻게 표준화를 초래했는지, 혹은 부시 행정부의 교육장관 마거릿 스펠링스가 꾸린 미래고등교육위원회가 표준화라는 유인으로 고등교육 분야를 어떻게 위협했는지 생각해보라.

16. 베리의 입장은 지성사가 Christopher Lasch의 여러 비판 및 우려와 상당

히 비슷하다. Lasch, *The True and Only Heaven: Progress and Its Critics* (New York: Norton, 1991)와 *The Revolt of the Elites and the Betrayal of Democracy* (New York: Norton, 1994)를 보라.

17. 지역 다양성 옹호는 농업 다양성에서 시작하지만 거기서 끝나지는 않는다. 그런 다양성은 바람직한 농사를 위해서만이 아니라 균질한 계(系)가 격변 ─ 자연적인 것이든 테러리즘 같은 인위적인 것이든 ─ 에 취약할 가능성을 예방하기 위해서도 필요하다. Berry, "Some Notes for the Kerry Campaign, If Wanted", *The Way of Ignorance*, 18을 보라. 베리는 존 케리가 자신의 조언에 유의하리라는 착각에 거의 빠지지 않았는데, 그 판단이 옳았던 것으로 보인다.

18. 이런 의미에서 외부에서 강요하는 '논리'에 대한 베리의 비판은 Michael Oakeshott의 비판과 비슷하다. Oakeshott의 "Rationalism in Politics", in *Rationalism in Politics and Other Essays* (New York: Basic, 1962)와 *The Politics of Faith and the Politics of Scepticism* (New Haven: Yale University Press, 1996)을 보라.

19. Aleksandr Solzhenitsyn, "A World Split Apart", in *Solzhenitsyn at Harvard*, ed. Ronald Berman (Washington, DC: Ethics and Public Policy Center, 1980), 7.

20. Stephen Gardner, "The Eros and Ambitions of Psychological Man", in Philip Rieff, *The Triumph of the Therapeutic: Uses of Faith after Freud* (Wilmington, DE: ISI, 2006), 244.

21. Simone Polillo, "Structuring Financial Elites: Conservative Banking and the Local Sources of Reputation in Italy and the United States, 1850-1914", Ph.d. diss., University of Pennsylvania, 2008, 157. 이 연구는 Matthew Crawford, *Shop Class as Soul Craft: An Inquiry into the Value of Work* (New York: Penguin, 2010)를 읽다가 주목하게 되었다.

22. Polillo, "Structuring Financial Elites", 159에서 인용.

23. "No Longer the Heart of the Home, the Piano Industry Quietly Declines", *New York Public Radio*, January 6, 2015, http://www.thetakeaway.org/story/despite-gradual-decline-piano-industry-stays-alive/.

4장 기술과 자유 상실

1. Brett T. Robinson, *Appletopia* (Waco, TX: Baylor University Press, 2013).

2. Nicholas Carr, *The Shallows: What the Internet Is Doing to Our Brains* (New York: Norton, 2010).

3. Sherry Turkle, *Alone Together: Why We Expect More from Technology and Less from Each Other* (New York: Basic, 2011).

4. Neil Postman, *Technopoly: The Surrender of Culture to Technology* (New York: Vintage, 1993).

5. Ibid., 28.

6. Francis Fukuyama, *The End of History and the Last Man* (New York: Free Press, 1992); Francis Fukuyama, *Our Posthuman Future: Consequences of the Biotechnology Revolution* (New York: Farrar, Straus and Giroux, 2002).

7. Daniel J. Boorstin, *The Republic of Technology: Reflections on Our Future Community* (New York: Harper and Row, 1978), 5.

8. Stephen Marche, "Is Facebook Making Us Lonely?" *Atlantic*, May, 2012.

9. Richard H. Thomas, "From Porch to Patio", *Palimpsest*, August, 1975.

10. 이 관행은 존 윈스럽(John Winthrop)의 자주 인용되지만 거의 읽히지 않는 설교 〈기독교 박애의 본보기〉와 맥을 같이한다. 윈스럽은 청교도 이민자 공동체의 성원들이 기독교 박애를 통해 서로 긴밀히 결속해야 한다고 말했다. "지금 이런 난파를 피하고 우리의 후손을 부양할 유일한 길은 미카의 조언을 따르고, 의롭게 행동하고, 자비를 사랑하고, 우리의 신과 함께 겸손하게 걷는 것입니다. 이 목표를 위해 우리는 한 사람으로 결합해야 합니다. 우리는 형제애 안에서 서로를 위안해야 합니다. 타인에게 필수품을 제공하기 위해 우리 자신의 여분을 기꺼이 줄여야 합니다. 최대한 온유하고 친절하고 끈기 있고 관대하게 우리의 익숙한 교류를 함께 유지해야 합니다. 서로를 기쁨으로 받아들여야 합니다. 타인의 처지를 우리 자신의 처지로 여겨야 합니다. 함께 기뻐하고, 함께 슬퍼하고, 함께 노동하고 고생하고, 언제나 같은 조직의 성원들로서 우리의 위원회와 공동체를 염두에 두어야 합니다." John Winthrop, "A Model of Christian Charity",

in *The American Puritans: Their Prose and Poetry*, ed. Perry Miller (New York: Columbia University Press, 1982), 83.

11. Stephen Maglin, *The Dismal Science: How Thinking Like an Economist Undermines Community* (Cambridge: Harvard University Press, 2008), 18.

12. Boorstin, *The Republic of Technology*, 9.

5장 자유학예에 반대하는 자유주의

1. Clark Kerr, *The Uses of the University*, 5th ed. (Cambridge: Harvard University Press, 2001), 199.

2. http://www.utexas.edu/about/mission-and-values.

3. C. P. Snow는 '두 문화'에 관한 고전적 서술에서 인문학자들이 과학을 공부해야 하는 이유는 쉽게 정당화할 수 있었지만, 과학자들이 인문학을 공부해야 하는 이유를 조리 있게 밝히는 데는 애를 먹었다. C. P. Snow, *The Two Cultures* (Cambridge: Cambridge University Press, 1965).

4. Ruthellen Josselson이 대비시킨 '신앙의 해석학과 의심의 해석학'을 보라. "The Hermeneutics of Faith and the Hermeneutics of Suspicion", *Narrative Inquiry* 14, no. 1 (2004): 1-28.

5. 이 역사에 대한 보다 충실한 논의로는 Anthony Kronman, *Education's End: Why Our Colleges and Universities Have Given Up on the Meaning of Life* (New Haven: Yale University Press, 2006), 특히 3-4장을 보라.

6. 인간 본성을 바꾸는 기술의 능력에 대한 낙관적 신념과 급진페미니즘을 결합하는 고전적 저술은 여전히 Shulamith Firestone, *The Dialectic of Sex* (New York: Morrow, 1970)다.

7. Steven Levy, "GU NAACP President Discusses Diversity Issues", *Hoya*, October 19, 2010. "나는 돈과 돈의 부재뿐 아니라 우리의 소비주의적인 자본주의 사회와 경제에 참여할 기회의 부재 역시 곤경으로 느낀다. 많은 소수집단은 자신들이 나머지 국민들과 같은 경쟁의 장에 있지 않다고 생각한다." http://

www.thehoya.com/gu-naacp-president-discusses-diversity-issues/.
한 연구는 '자본주의 사회'의 기대에 순응하지 않는 분야에서 지도적 위치에 있었던 학생들이 엘리트 칼리지 입학과 관련해 상당한 불이익을 당한다는 것을 보여주었다. Russell Nieli는 그 연구를 이렇게 요약한다. "고등학교 ROTC, 4-H 클럽, 또는 '미국미래농부들(Future Farmers of America)' 같은 공화당 지지 주(red state)의 활동에 참여한 경우, NSCE 종합 데이터베이스에 따른 경쟁력 있는 사립 칼리지들에 입학할 확률이 현저히 낮아졌다. 이런 활동에서 지도적 위치에 있었거나 칭호와 상을 받았던 학생들이 입학 불이익을 제일 많이 당했다. Espenshade와 Radford에 따르면, '청소년 ROTC, 4-H, 미국미래농부들 같은 경력 지향적 활동'에서 장교가 되거나 상을 받는 것은 '학생을 아주 까다롭게 선발하는 기관들의 입학 결과에 상당히 부정적인 영향을 준다.' 이런 활동에서 두각을 나타내는 것은 '60퍼센트에서 65퍼센트 낮은 입학 가능성과 관련이 있다.'" Russell Nieli, "How Diversity Punishes Asians, Poor Whites, and Lots of Others", Minding the Campus, July 12, 2010. http://www.princeton.edu/~tje/files/Pub_Minding%20the%20campus_How%20Diversity%20Punishes%20Asians,%20Poor%20Whites%20and%20Lots%20of%20Others.pdf.

8. Wilson Carey McWilliams, "Politics", *American Quarterly* 35, nos. 1-2 (1983): 27. 이런 평가를 확인해주는 최근 증거로는 정치학자 James Stimson의 다음 진술이 있다. "빈민 구역에 사는 사람들의 행동을 관찰할 때 우리가 보는 것은 경기 하락이 노동계급에 끼치는 영향이 아니라, 경제적 역경에 직면한 다른 사람들은 다른 곳에서 기회를 추구하고 또 찾을 때 집에 틀어박혀 지내면서 역경을 받아들이기로 선택한 아주 엄선된 사람들이다. (…) 겁이 많고 사회적 의미에서 보수적이고 야망이 없는 사람들은 그대로 머무르며 경기 하락을 받아들인다." 달리 말해 백인 노동계급의 불리한 처지는 그들 자신의 잘못이라는 것이다. Thomas B. Edsall, "The Closing of the Republican Mind", *New York Times*, July 13, 2017. https://www.nytimes.com/2017/07/13/opinion/republicans-elites-trump.html.

9. 한 지역사회 칼리지의 총장인 매트 리드(Matt Reed)는 지난 1980년대에 앨

런 블룸(Allan Bloom) 같은 부류에 반대했다고 인정하면서도, 보수적인 입법자들이 인문학 재정을 공격적으로 삭감한 이후 그런 보수적인 인문학 옹호자들이 어디로 갔는지 의아해한다. "앨런 블룸이라면 플로리다 법안에 어떻게 반응할지 나는 상상할 수밖에 없다. 명실상부한 보수적 문화 전사라면 누구든 입법자들이 교과과정을 지시한다는 생각에 기절초풍할 것이다. 현재 보수주의자들은 지적 전통을 지킨다는 생각을 포기했고, 비용 삭감이 그 자체로 좋다는 데 동의했다. 그들은 에드먼드 버크를 옹호하느니 그저 온라인으로 비즈니스 입문을 수강하고서 일과를 끝내는 편이 더 쉽다고 결론 내렸다." "Remember the Canon Wars?" Inside Higher Ed, April 11, 2013, https://www.insidehighered.com/blogs/confessions-community-college-dean/remember-canon-wars. 또한 Jonathan Marks, "Conservatives and the Higher Ed 'Bubble'", Inside Higher Ed, November 15, 2012, https://www.insidehighered.com/views/2012/11/15/conservative-focus-higher-ed-bubble-undermines-liberal-education-essay.

10. 교육기관 이름 변경의 역사는 유익한 정보를 준다. https://en.wikipedia.org/wiki/List_of_university_and_college_name_changes_in_the_United_States.

11. Wendell Berry, "Faustian Economics: Hell Hath No Limits", *Harper's*, May 2008, 37-38.

6장 새로운 귀족정

1. Murray, *Coming Apart*.

2. Locke, *Second Treatise of Government*, 23, 26.

3. F. A. Hayek, *The Constitution of Liberty*, ed. Ronald Hamowy (Chicago: University of Chicago Press, 2011), 96.

4. Ibid., 95-96.

5. Tyler Cowen, *Average Is Over: Powering America Past the Age of the Great Stagnation* (New York: Dutton, 2013), 258.

6. Ibid.

7. John Stuart Mill, *On Liberty*, in Gray, *On Liberty and Other Essays*, 12-13.

8. Ibid., 65.

9. Ibid., 67.

10. Ibid., 68.

11. Ibid., 72.

12. Edmund Burke, *Reflections on the Revolution in France*, ed. J. G. A. Pocock (Indianapolis: Hackett, 1987), 76.

13. Ibid., 29, 49.

14. Robert B. Reich, "Secession of the Successful", *New York Times*, January 20, 1991; Christopher Lasch, *The Revolt of the Elite and the Betrayal of Democracy* (New York: Norton, 1994).

15. Murray, *Coming Apart*, Robert A. Putnam, *Our Kids: The American Dream in Crisis* (New York: Simon and Schuster, 2015).

7장 시민권의 퇴화

1. Fareed Zakaria, "The Rise of Illiberal Democracy", *Foreign Affairs*, November-December, 1997, 22-43. 자카리아는 이후 저서에서 이 에세이를 확장했다. *The Future of Freedom: Illiberal Democracy at Home and Abroad* (New York: Norton, 2007).

2. William Galston, "The Growing Threat of Illiberal Democracy", *Wall Street Journal*, January 3, 2017, http://www.wsj.com/articles/the-growing-threat-of-illiberal-democracy-1483488245.

3. Jason Brennan, *Against Democracy* (Princeton: Princeton University Press, 2016). 2016년 도널드 트럼프가 당선된 이후 브레넌은 《워싱턴 포스트》에 기고한 글에서 이렇게 말했다. "유권자 대다수는 선거에 관한 기본적인 사실을 총체적으로 잘못 알고 있으며, 그들 다수는 만일 정보에 더 밝다면 거부할 만한 정책을 옹호한다. 우리가 저질 정부를 갖는 이유는 유권자들이 자신들이 무얼 하고 있는지 거의 모르기 때문이다." "The Problem with Our Government

Is Democracy."

4. Bryan Caplan, *The Myth of the Rational Voter: Why Democracies Choose Bad Policies* (Princeton: Princeton University Press, 2007); Jeffrey Friedman, "Democratic Incompetence in Normative and Positive Theory: Neglected Implications of 'The Nature of Belief Systems in Mass Publics'", *Critical Review* 18, nos. 1-3 (2006): i-xliii; Damon Root, *Overruled: The Long War over Control of the U.S. Supreme Court* (New York: St. Martin's, 2014).

5. Edward A. Purcell, *The Crisis of Democratic Theory: Scientific Naturalism and the Problem of Value* (Lexington: University Press of Kentucky, 1973), 98.

6. Walter J. Shepard, "Democracy in Transition", *American Political Science Review* 29 (1935): 9.

7. Ibid., 18.

8. John Dewey, *The Public and Its Problems* (1927; Athens, Ohio: Swallow, 1954), 183-84.

9. John Dewey, "My Pedagogic Creed", in *The Early Works of John Dewey, 1882-1898*, ed. Jo Ann Boydston, vol. 5 (Carbondale: Southern Illinois University Press, 1967-72).

10. Purcell, *The Crisis of Democratic Theory*, 95에서 인용.

11. Ibid., 103에서 인용.

12. James Madison, Alexander Hamilton, and John Jay, *The Federalist* ed. George W. Carey and James McClellan (Indianapolis: Liberty Fund, 2001), no. 10, p. 46.

13. Ibid. (강조는 저자)

14. Ibid., no. 34, p. 163.

15. Ibid., no. 34, p. 164.

16. Ibid., no. 17, p. 80.

17. Ibid., no. 46, p. 243; ibid., no. 17, p. 81.

18. Ibid., no. 17, p. 81. (강조는 저자)

19. Ibid., no. 46, p. 244.

20. Ibid., no. 27, p. 133. (강조는 저자).

21. "민주주의 조직이 성장할수록 진리를 분배하는 전신기와 기관차를 비롯한 과학이 함께 성장하는 것은 우연이 아니다. 인간이 진리를 깨달을수록 동료들과 합일하는 운동이 더 완전해진다는 것, 진실은 이것 하나뿐이다." John Dewey, "Christianity and Democracy", in Boydston, *Early Works*, 4:9.

22. Tocqueville, *Democracy in America*, 243.

23. Ibid.

24. Ibid., 46에서 인용.

24. Ibid., 515.

26. Ibid., 57.

27. Ibid., 243-44.

28. 제이슨 브레넌은 이렇게 썼다. "정치 참여가 줄어드는 것은 **좋은 출발**이지만 우리는 아직 갈 길이 멀다. 우리는 더 많은 참여가 아니라 더 적은 참여를 바라야 한다. 이상적으로 말하면, 평균적인 사람의 관심사에서 정치가 작은 부분만을 차지해야 한다. 이상적으로 말하면, 대다수 사람들이 그림, 시, 음악, 건축, 조각상, 태피스트리, 자기(瓷器)에, 또는 어쩌면 미식축구, 자동차 경주, 트랙터 견인 경주, 유명인에 대한 소문, 맛집 탐방으로 하루하루를 채워야 한다. 이상적으로 말하면, 대다수 사람들이 정치를 일절 걱정하지 않아야 한다." Brennan, *Against Democracy*, 3.

결론: 자유주의 이후의 자유주의

1. Wendell Berry, "Feminism, the Body and the Machine", in *What Are People for?* (New York: North Point, 1990); Nancy Fraser, *Fortunes of Feminism: From State-Managed Capitalism to Neo-Liberal Crisis* (New York: Verso, 2013).

2. Cavanaugh, "'Killing for the Telephone Company.'"

3. 오바마 행정부는 종교의 자유를 '숭배의 자유'로 좁게 정의하고자 공격적으로 노력했을 뿐 아니라, 부모와 자녀의 관계를 자유주의적 정치 용어로 정의하여 국가의 감시 아래 두고자 노력했다. 예를 들어 Samantha Goldwin, "Against Parental Rights", *Columbia Law Review* 47, no. 1 (2015)을 보라.

4. Tom Shachtman, *Rumspringa: To Be or Not to Be Amish* (New York: North Point, 2007).

5. Rod Dreher, *The Bnedict Option: A Strategy for Christians in a Post-Christian Nation* (New York: Sentinel, 2017).

6. Shannon Hays, *Radical Homemakers: Reclaiming Demosticity from a Consumer Culture* (Left to Right, 2010).

7. Tocqueville, *Democracy in America*, 510.

Arendt, Hannah. *The Origins of Totalitarianism*. New York: Harcourt, Brace, 1951.

Bacon, Francis. *Of the Advancement of Learning*. In *The Works of Francis Bacon*, 14 vols. ed. James Spendding, Robert Leslie Ellis and Douglas Denon Heath. London: Longmans, 1879.

_____. *Valerius Terminus*, "Of the Interpretation of Nature." In Spedding, Ellis and Heath, *The Works of Francis Bacon*.

Barringer, Felicity, and John M. Broder. "E.P.A. Says 17 States Can't Set Emission Rules." *New York Times*, December 20, 2007.

Berry, Wendel. "Agriculture from the Roots Up". In *The Way of Ignorance: And Other Essays*. Emeryville, CA: Shoemaker and Hoard, 2005.

_____. "Faustian Economics: Hell Hath No Limits." *Harper's*, May 2008, 37–38.

_____. "Feminism, the Body and the Machine." In *What Are People For?* Berkeley, CA: Counterpoint, 1990.

_____. *The Hidden Wound*. Boston: Houghton Mifflin, 1970.

_____. *Sex, Economy, Freedom, and Community: Eight Essays*. New York: Pantheon, 1994.

Bishop, Bill. *The Big Sort: Why the Clustering of Like-Minded America Is Tearing Us Apart*. New York: Houghton Mifflin Harcourt, 2008.

Bloom, Allan. *The Closing of the American Mind: How Higher Education Has Failed Democracy and Impoverished the Souls of Today's Students*. New York: Simon and Schuster, 1987.

Boorstin, Daniel J. *The Republic of Technology: Reflections on Our Future Community*. New York: Harper and Row, 1978.

Brennan, Jason. *Against Democracy*. Princeton: Princeton University Press, 2016.

_____. "The Problem with Our Government Is Democracy." *Washington Post*, Novermber 10, 2016.

Burke, Edmund. *Reflections on the Revolution in France*, ed. J. G. A. Pocock, 1790; Indianapolis: Hackett, 1987.

Caplan, Bryan. *The Myth of the Rational Voter: Why Democracies Choose Bad Policies*. Princeton: Princeton University Press, 2007.

Carr, Nicholas G. *The Shallows: What the Internet Is Doing to Our Brains*. New York: Norton, 2010.

Cavanaugh, William T. "'Killing for the Telephone Company': Why the Nation-State Is Not the Keeper of the Common Good." In *Migrations of the Holy: God, State, and the Political Meaning of the Church*. Grand Rapids, MI: Eerdmans, 2011.

Cowen, Tyler. *Average Is Over: Powering America Past the Age of the Great Stagnation*. New York: Dutton, 2013.

Crawford, Matthew. *Shop Class as Soul Craft: An Inquiry into the Value of Work*. New York: Penguin, 2010.

Croly, Herbert. *The Promise of American Life*. 1909; Cambridge: Harvard University Press, 1965.

Deneen, Patrick. "Against Great Books: Questioning our Approach to the Western Canon." *First Things*, January 2013.

Dewey, John. *The Early Works of John Dewey, 1882-1898*. Vol. 5, ed. Jo Ann Boydston. Carbondale: Southern Illinois University Press, 1967-72.

_____. *Individualism, Old and New*. 1930; Amherst, NY: Prometheus, 1999.

_____. *The Public and Its Problems*. 1927; Athens, Ohio: Swallow, 1954.

_____. *Reconstruction in Philosophy*. London: University of London Press,

1921.

Dionne, E. J., Jr. *Why Americans Hate Politics*. New York: Simon and Schuster, 1992.

Dreher, Rod. *The Benedict Option: A Strategy for Christians in a Post-Christian Nation*. New York: Sentinel, 2017.

Dunkelman, Marc J. *The Vanishing Neighbor: The Transformation of American Community*. New York: Norton, 2014.

Figgis, John Neville. *Studies of Political Thought: From Gerson to Grotius*. Cambridge: Cambridge University Press, 1907.

Firestone, Shulamith. *The Dialectic of Sex: The Case for Feminist Revolution*. New York: Bantam, 1971.

Fish, Charles. *In Good Hands: The Keeping of a Family Farm*. New York: Farrar, Straus and Giroux, 1995.

Foucault, Michel. *The Order of Things: An Archaeology of the Human Sciences*. New York: Vintage, 1994.

Fraser, Nancy. *Fortunes of Feminism: From State-Managed Capitalism to Neo-Liberal Crisis*. New York: Verso, 2013.

Friedman, Jeffrey. "Democratic Incompetence in Normative and Positive Theory: Neglected Implications of 'The Nature of Belief Systems in Mass Publics.'" *Critical Review* 18, nos. 1–3 (2006): i–xliii.

Friedman, Thomas L. *The Lexus and the Olive Tree*. New York: Farrar, Straus and Giroux, 1999.

Fromm, Erich. *Escape from Freedom*. New York: Farrar and Rinehart, 1941.

Fukuyama, Francis. "The End of History?" *National Interest*, Summer 1989.

———. *The End of History and the Last Man*. New York: Free Press, 1992.

———. *Our Posthuman Future: Consequences of the Biotechnology Revolution*. New York: Farrar, Straus and Giroux, 2002.

Galston, William. "The Growing Threat of Illiberal Democracy." *Wall Street Journal*, January 3, 2017.

Gardner, Stephen. "The Eros and Ambitions of Psychological Man." In Philip Rieff, *The Triumph of the Therapeutic: Uses of Faith after Freud*, 40th anniversary ed. Wilmington, DE: ISI, 2006.

Goldwin, Samantha. "Against Parental Rights." *Columbia Law Review* 47, no. 1 (2015).

Gregory, Brad S. *The Unintended Reformation: How a Religious Revolution Secularized Society*. Cambridge: Belknap Press of Harvard University Press, 2012.

Habermas, Jürgen. *Legitimation Crisis*, trans. Thomas McCarthy. Boston: Beacon, 1975.

Hanson, Victor Davis, and John Heath. *Who Killed Homer: The Demise of Classical Education and the Recovery of Greek Wisdom*. New York: Free Press, 1998.

Havel, Vaclav. "The Power of the Powerless." In *Open Letters: Selected Writings, 1965-1990*. New York: Vintage, 1992.

Hayek, F. A. *The Constitution of Liberty*, ed. Ronald Hamowy. Chicago: University of Chicago Press, 2011.

Hayes, Shannon. *Radical Homemakers: Reclaiming Domesticity from a Consumer Culture*. Left to Right, 2010.

Hobbes, Thomas. *Leviathan*, ed. Edwin Curley. 1651; Indianapolis: Hackett, 1994.

_____. *On the Citizen*, ed. and trans. Richard Tuck and Michael Silverthorne. 1642, Cambridge: Cambridge University Press, 1998.

Jefferson, Thomas. *A Summary View of the Rights of British America. Set Froth in Some Resolutions Intended for the Inspection of the Present Delegates of the Peoplo of Virginia. Now in Convention. By a Native, and Member of the House of Burgesses*. Williamsburg: Clementina Rind, 1774.

Josselson, Ruthellen. "The Hermeneutics of Faith and the Hermeneutics of Suspicion." *Narrative Inquiry* 14, no. 1 (2004): 1-28.

Jouvenel, Bertrand de. *The Pure Theory of Politics*. Indianapolis: Liberty Fund, 2000.

Kerr, Clark. *The Uses of the University*, 5th ed. Cambridge: Harvard University Press, 2001.

Korn, Sandra Y. L. "The Doctrine of Academic Freedom." *Harvard Crimson*, Feburary 18, 2014.

Kronman, Anthony. *Education's End: Why Our Colleges and Universities Have Given Up on the Meaning of Life*. New Haven: Yale University Press, 2006.

Lasch, Christopher. *The Revolt of the Elites and the Betrayal of Democracy*. New York: Norton, 1994.

————. *The True and Only Heaven: Progress and Its Critics*. New York: Norton, 1991.

Lepore, Jill. "Oh, Julia: From Birth to Death, Left and Right." *New Yorker*, May 7, 2012.

Levin, Yuval. *The Great Debate: Edmund Burke, Thomas Paine, and the Birth of Right and Left*. New York: Basic, 2014.

Levy, Stephen. "GU NAACP President Discusses Diversity Issues." *Hoya*, October 19, 2010.

Lipset, Seymour M. *Political Man: The Social Bases of Politics*. Garden City, NY: Doubleday, 1960.

Locke, John. *Second Treatise of Government*, ed. C. M. MacPherson. 1689; Indianapolis: Hackett, 1980.

Lukianoff, Greg, and Jonathan Haidt. "The Coddling of the American Mind." *Atlantic*, July 2015.

Machiavelli, Niccolò. *The Prince*, ed. and trans. David Wooton. Indianapolis: Hackett, 1995.

Marche, Stephen. "Is Facebook Making Us Lonely?" *Atalantic*, May 2012.

Marglin, Stephen. *The Dismal Science: How Thinking Like an Economist*

Undermines Community. Cambridge: Harvard University Press, 2008.

Marks, Jonathan. "Conservatives and the Higher Ed 'Bubble.'" Inside Higher Ed, November 15, 2012.

McIlwain, Charles Howard. *Constitutionalism, Ancient and Modern*. Ithaca, NY: Cornell University Press, 1940.

_____. *The Growth of Political Thought in the West: From the Greeks to the End of the Middle Ages*. New York: Macmillan, 1932.

McWilliams, Wilson Carey. "Democracy and the Citizen: Community, Dignity, and the Crisis of Contemporary Politics in America." In *Redeeming Democracy in America*, ed. Patrick J. Deneen and Susan J. McWilliams. Lawrence: University Press of Kansas, 2011.

_____. "Politics." *American Quarterly* 35, nos. 1–2 (1983): 19–38.

Mendelson, Nina. "Bullies along the Potomac." *New York Times*, July 5, 2006.

Mill, John Stuart. "Considerations on Representative Government." In *On Liberty and Other Essays*, ed. John Gray. Oxford: Oxford University Press, 2008.

Murray, Charles A. *Coming Apart: The State of White America, 1960–2010*. New York: Crown Forum, 2012.

Nieli, Russell K. "How Diversity Punishes Asians, Poor Whites, and Lots of Others." Minding the Campus, July 12, 2010.

Nisbet, Robert A. *The Quest for Community: A Study in the Ethics of Order and Freedom*. Wilmington, DE: ISI, 2010.

"No Longer the Heart of the Home, the Piano Industry Quietly Declines." *New York Public Radio*, January 6, 2015.

Oakeshott, Michael. *The Politics of Faith and the Politics of Scepticism*. New Haven: Yale University Press, 1996.

_____. *Rationalism in Politics and Other Essays*. New York: Basic, 1962.

Polanyi, Karl. *The Great Transformation: The Political Origins of Our Time*. 1994; Boston: Beacon, 2001.

Polillo, Simone. "Structuring Financial Elites: Conservative Banking and the Local Sources of Reputation in Italy and the United States, 1850–1914." Ph.D. diss., University of Pennsylvania, 2008.

Potsman, Neil. *Technopoly: The Surrender of Culture to Technology*. New York: Vintage, 1993.

Purcell, Edward A. *The Crisis of Democratic Theory: Scientific Naturalism and the Problem of Value*. Lexington: University Press of Kentucky, 1973.

Putnam, Robert D. *Our Kids: The American Dream in Crisis*. New York: Simon and Schuster, 2015.

Putnam, Robert D., and David E. Campbell. *American Grace: How Religion Divides and Unites Us*. New York: Simon and Schuster, 2010.

Rauschenbusch, Walter. *Technology for the Social Gospel*. 1917; Louisville, KY: Westminster John Knox Press, 1997.

Reed, Matt. "Remember the Canon Wars?" Inside Higher Ed, April 11, 2013.

Reich, Robert B. "Secession of the Successful." *New York Times*, January 20, 1991.

Robinson, Brett T. *Appletopia: Media Technology and the Religious Imagination of Steve Jobs*. Waco, TX: Baylor University Press, 2013.

Root, Damon. *Overruled: The Long War for Control of the U.S. Supreme Court*. New York: St. Martin's, 2014.

Schumacher, E. F. *Small is Beautiful: Economics as if People Mattered*. New York: Harper and Row, 1975.

Shachtman, Tom. *Rumspringa: To Be or Not to Be Amish*. New York: North Point, 2007.

Shepard, Walter J. "Democracy in Transition." *American Political Science Review* 29 (1935).

Shiffman, Mark. "Humanity 4.5", *First Things*, November, 2015.

Siedentop, Larry. *Inventing the Individual: The Origins of Western Liberalism*. Cambridge: Harvard University Press, 2014.

Sigmund, Paul E. *Natural Law in Political Thought*. Lanham, MD: University Press of America, 1981.

Silver, Lee M. *Remaking Eden: Cloning and beyond in a Brave New World*. New York: Avon, 1997.

Snow, C. P. *The Two Cultures*. Cambridge: Cambridge University Press, 1965.

Solzhenitsyn, Aleksandr. "The World Split Apart." In *Solzhenitsyn at Harvard*, ed. Ronald Berman. Washington, DC: Ethics and Public Policy Center, 1980.

Thomas, Richard H. "From Porch to Patio." *Palimpsest*, August 1975.

Tierney, Brian. *The Idea of Natural Rights: Studies on Natural Rights, Natural Law, and Church Law, 1150-1625*. Grand Rapids, MI: Eerdmans, 1997.

Tocqueville, Alexis de. *Democracy in America*, Trans. George Lawrence. New York: Harper and Row, 1969.

Tuck, Richard. *Natural Rights Theories: Their Origins and Development*. Cambridge: Cambridge University Press, 1982.

Turkle, Sherry. *Alone Together: Why We Expect More from Technology and Less from Each Other*. New York: Basic, 2011.

Twelve Southerners. *I'll Take My Stand: The South and the Agrarian Tradition*. New York: Harper, 1930.

Vargas Llosa, Mario. *Notes on the Death of Culture: Essays on Spectacle and Society*. New York: Farrar, Straus and Giroux, 2015.

Vermeule, Adrian. *Law's Abnegation: From Law's Empire to the Administrative State*. Cambridge: Harvard University Press, 2016.

Winthrop, John. "A Model of Christian Charity." In *The American Puritans: Their Prose and Poetry*, ed. Perry Miller. New York: Columbia University Press, 1982.

Zakaria, Fareed. *The Future of Freedom: Illiberal Democracy at Home and Abroad*. New York: Norton, 2007.

_____. "The Rise of Illiberal Democracy." *Foreign Affairs*, November-December, 1997.

왜 자유주의는 실패했는가
자유주의의 본질적인 모순에 대한 분석

1판 1쇄 2019년 4월 12일

지은이 | 패트릭 J. 드닌
옮긴이 | 이재만

펴낸이 | 류종필
편집 | 최형욱, 이정우
마케팅 | 김연일, 김유리
표지 디자인 | 박미정
본문 디자인 | 성인기획
교정교열 | 오효순

펴낸곳 | (주) 도서출판 책과함께
주소 (04022) 서울시 마포구 동교로 70 소와소빌딩 2층
전화 (02) 335-1982
팩스 (02) 335-1316
전자우편 prpub@hanmail.net
블로그 blog.naver.com/prpub
등록 2003년 4월 3일 제25100-2003-392호

ISBN 979-11-88990-30-6   03300

이 도서의 국립중앙도서관 출판시도서목록(CIP)은
서지정보유통지원시스템 홈페이지(http://seoji.nl.go.kr)와
국가자료종합목록시스템(http://www.nl.go.kr/kolisnet)에서 이용하실 수 있습니다.
(CIP제어번호 : CIP2019010898)